김교신 평전
세속성자, 일상에서 영원을 일구다

전인수 지음

김교신 평전
― 세속성자, 일상에서 영원을 일구다

초판 1쇄 발행 2024년 6월 5일

지 은 이	전인수
펴 낸 이	민대홍
교정윤독	강은주, 담안유, 송미령
펴 낸 곳	서로북스
출판등록	2014.4.30 제2014-141호
주　　소	경기도 파주시 회동길 480 A-407호
전자우편	minkangsan@naver.com
팩　　스	0504-137-6584

ISBN 979-11-87254-53-9 (03990)

ⓒ 전인수, 2024, printed in Paju, Korea

이 책은 저작권법에 따라 보호받는 저작물이므로 무단 전재와 복제를 금합니다. 내용의 전부 또는 일부를 재사용하려면 반드시 저작권자와 서로북스 양측의 동의를 받아야 합니다. 책값은 뒤표지에 있습니다.

김교신

세속성자, 일상에서 영원을 일구다

평전

추천사

이재근(광신대학교 교회사 교수)

 필자가 신앙생활을 시작한 지 40여 년이 훌쩍 지났다. 신학과 기독교 역사 공부를 한 지도 벌써 30년 가까이 지났다. 학자와 교수로 서양교회사와 한국교회사를 연구하고 글을 쓰며, 학생들 앞에 서서 가르친 지도 벌써 10여 년이 지났다. 그 과정에서 수백, 수천 명의 기독교 인물을 만났다. 그중 일부에 대해서는 책과 논문으로도 써냈고, 역시 그중 일부에 대해서는 어디서든 존경하고 흠모하는 대상이라고 소개도 했다. 그러나 그가 쓴 글을 읽을 때, 그가 산 삶을 마주할 때, 필자를 예외 없이 옷깃 여미게 만들고, 또 무릎 꿇고 싶을 만큼 숙연해지게 만드는 기독교 역사 속 인물을 꼽으라면 그는 단연 김교신이다. 대쪽 같고 올곧으며 타협하지 않는 조선 선비 같은 그의 신앙과 삶은 그만큼 많은 이들에게 경외의 대상이다. 저자 전인수가 맺음말에 해당하는 14장에서 표현한 대로, 김교신의 삶은 섬돌 위에 가지런히 놓인 조선산 고무신이나 짚신과도 같았다.
 기독교 신앙의 선교적이고 문화적인 특징을 강조한 역사가 앤드루 월스는 역사상 존재한 모든 기독교의 전파 및 수용 과정에는 '토착화' 원리와 '순례자' 원리가 동시에 작동했다는 유명한 주장을 펼쳤다. 특정 문화의 시공간에 종속되지 않고 이를 초월하는 복음의 보편성이 '순례자'의 원리다. 그러나 전파되고 수용된 복음은 동시에 그 특정문화의 시공간에서 늘 뿌리 내리며 '토착화'한다. 김교신은 기독교 복음의 순례자적 보편성을 '성서'라는 표현 안에서, 그 복음이 한국 토양과 한국인의 심성에 뿌리 내리는 원리를 '조선'이라는 표현 안에 녹여 냈다. 그가 발간한 잡지 '성서조선'은 그 원리를 설파하고 시험하고 적용하는 무대였고, '조선산 기독교'는 그런 설파와 시험과 적용의 열매였다.

저자 전인수는 대학 시절에 처음 김교신에 대해 들은 후, 신학과 역사 공부라는 산을 오르는 여정의 정상부에서 김교신에 대한 연구로 박사학위를 받았다. 그러나 그는 정상에 도착한 것으로 그 여정을 끝내지 않았다. 정상에서 이어지는 능선을 따라 또 다른 몇 봉우리를 지나며 김교신에 대한 연구를 발굴하고 수정하고 확장했다. 이 책은 그런 발굴과 수정과 확장의 결과물이다. 연구 대상에 대한 주관적 존경심과 애정을 유지하면서도, 동시에 그에 대한 객관적 거리감을 두고 비평적인 전기를 작성하는 일은 실현이 지극히 어려운 도전이다. 그러나 저자는 그 일을 훌륭히 해낸 것으로 보인다. 가장 고유하고 독특한 조선산 기독교인 김교신에 대한 최신이자 최선의 연구 중 하나로, 이 책은 반드시 언급되고 인용되고 읽혀야 한다.

추천사

김용재 (강서대학교 총장)

전인수 교수가 저술한 『김교신 평전』은 일제 강점기 한국 기독교의 걸출한 인물 중 한 명이었던 김교신에 대해 마치 재미있는 이야기를 들려주듯이, 그러나 마음에 아련하면서도 작은 열정의 불씨를 만들어 주는 책이다. 우리나라 믿음의 선진인 김교신 개인의 일생을 통해 1900년대 초 한국의 역사와 문화, 당시 기독교의 모습을 볼 수 있다. 안타까운 점은 영웅 단명이라 하였는데, 한국 기독교의 헌신적인 인물이 단명했다는 것이다. 환자들을 간호하다가 전염병에 걸려 소천했는데, 그 헌신과 사랑은 역시 김교신이 우리나라 기독교의 중요한 인물이며 사랑의 사도라는 것을 말해준다.

김교신은 나라의 독립을 위해 일했고, 사회의 부조리를 타파하기 위해 정의를 외치는 선지자였고, 예수의 복음을 전하며 제자를 양육했던 사도였다. 또한 "산상수훈을 강해하면서 그 문구를 아무리 해설할지라도 성서 본문 이외의 것은 나올 수 없고, 고래(古來)의 주석이 거개 사족(蛇足)의 감을 면치 못한다"고 말한 성서학자이기도 했다. 선지자와 사도와 신학자의 모습을 겸비한 김교신은 민족과 사회의 문제를 해결하고자 기꺼이 십자가의 길을 선택했다. 그래서 선택한 것이 성서와 기독교의 신앙으로 우리 민족을 다시 세우는 길이었다. 이런 관점에서 당시 여러 문제를 내포하고 있는 제도적인 교회를 비판했고, 하나님의 자리를 대신하고 있는 교회에 경종을 울렸다. 그가 주장하는 '무교회주의'도 이런 맥락에서 이해해야 한다. 전인수 교수의 책은 김교신의 무교회주의가 무엇인지, 그가 무엇을 외치고 있는지 잘 말해준다. 전인수 교수는 무교회주의를 다 받아들이라고 말하는 것이 아니다. 다만 김교신이 왜 그렇게 외쳤으며, 현대교회는 왜, 어떤 점에서 그 소리에 귀를 귀울여 듣고 반성하며 변화해야 하는지 말해주고 있다.

한국 교회는 김교신이 외쳤던 소리에 귀를 기울여야 한다. 환골탈태하는 노력을 해야 한다. 이 세상과 세대가 급변하고 있는데, 이를 한탄하는 어리석은 푸념을 버리고 변화와 흐름에 맞추어 복음의 진리를 전하며 실천해야 한다. 이런 점에서 전인수 교수의 『김교신 평전』은 매우 가치 있고, 의미 있는 책이다.

추천사

김정옥(김교신의 넷째 딸, 광주 효성문화재단 이사장)

"평전을 너무 잘 썼어요. 어떻게 그렇게 속속들이 우리 가족에 대해 알고 있어요? 둘째 언니랑 통화했는데 언니도 책을 잘 읽었다고 합니다." 나는 2015년 전인수 교수에게 직접 전화를 걸어 이렇게 칭찬한 적이 있다. 전인수 교수는 우리 아버지 김교신의 생애를 기록할 수 있는 적임자이다. 그는 이미 『김교신 평전: 조선을 성서 위에』(2012)를 통해 이를 증명했다. 전인수 교수는 『김교신 평전』을 쓸 당시 우리 가족과 본격적인 소통이 없었다. 그럼에도 그런 훌륭한 작품을 썼다. 그가 김교신에 관한 기록을 속속들이 읽었다는 뜻이리라.

이번 『김교신 평전』은 이전 책을 기본으로 새로 쓴 책이다. 전인수 교수가 추천사를 부탁했을 때 나의 첫마디는 이랬다. "책을 또 썼어요? 이전 책도 아주 잘 썼는데." 이 말에 내가 전인수 교수를 얼마나 신뢰하며 이 책을 얼마나 기쁜 마음으로 추천했는지 알 수 있을 것이다.

우리 아버지 김교신이 한국교회의 지침으로 부활한다니 마음 한구석이 아려온다. 비로소 아버지가 한국교회에서 대접을 받고 있다는 생각에서다. 한편으로는 아버지를 부활시킬 만큼 한국교회가 어려워져 버렸나 하는 한숨이기도 하다. 아버지는 무교회주의자로 알려져 오랫동안 한국교회의 비판 대상이 되었다. 그런데 나는 아버지가 참 교회를 회복하려고 평생을 헌신하신 분이라고 믿고 있다. 허울뿐인 교회 말고 성서가 말한 영적 공동체, 참 에클레시아로서의 교회 말이다. 이 한마디에 김교신 선생의 방향성이 담겨 있다.

김교신선생기념사업회 총무로서 오랫동안 수고해 오신 전인수 교수에게 고마움을 전한다. 이 책 또한 유족으로서 그에게 빚진 것 같다. 그래서 남은 여생 더 뜨겁게 아버지의 마음을 한국교회에 전해 주고 싶다. 내 마지막 길은 이 길로만 채워질 것이다. 아버지에 대해 일본인이 쓴 책 『김교신의 신앙과 저항』을 번역한 이유도 이 때문이다. 전인수 교수가 나를 위로한다. "그렇게 미안해 할 필요 없어요. 김교신 선생 자체가 우리에게는 가장 큰 선물이니까요."

추천사

이계절 선교사(인도 예수전도단 최전방선교학교SOFM 교장)

오랫동안 신비와 오해 속에 갇혀 있었던 선각자 김교신 선생의 본모습이 최근 10여 년 동안 많이 알려지고 있어서 감사하다. 그러나 아직도 많은 한인 선교사들은 그의 사상을 가장 잘 표현하는 '조선산 기독교'와 '조선 김치 냄새나는 기독교'라는 말을 들을 때 감동하기보다는 고개를 갸우뚱한다. 그만큼 한국의 기독교가 서양화 되어 있기 때문이다.

그렇다면 성경은 '서양산' 기독교를 소개하고 있을까? 그렇지 않다. 사도행전 15장은 우상숭배와 간음을 제외하고 모든 민족이 자신의 문화 속에서 예수님을 예배할 수 있다고 결론짓는다. 즉 성경은 문화의 다양성을 추구한다. 그러므로 조선에서 서양산 기독교를 거부하고 조선산 기독교를 외친 김교신 선생님은 성경의 기독교를 추구한 것이다!

아직도 선교지에서 이해하기 힘든 서양산 기독교를 퍼뜨리고 있는 선교사들은 왜 성경이 미전도종족에게 불필요한 문화의 짐을 지우지 말라고 하는지, 왜 100년 전 김교신 선생님이 조선 사람들이 이해할 수 있는 복음을 전하자고 했는지 치열한 고민을 해야 한다. 그래야 건강한 열매를 많이 맺을 수 있다.

머리말

　내가 김교신(金教臣, 1901-1945)에 대해 처음 듣기는 서강대 학부에서 역사를 전공하던 때였다. 한국천주교회사를 가르쳤던 정두희 교수가 수업 중 한국 개신교 안에도 우리가 눈여겨 볼만한 인물이 많이 있다고 하면서 김교신 선생을 소개해 주었다. 특히 그가 개구리를 통해 우리 민족의 희망을 이야기했다는 점이 가슴을 뜨겁게 하였다. 훗날 연세대학교 연합신학대학원에서 교회사를 공부할 때 그 이야기가 '성서조선사건'임을 알게 되었다. 그럼에도 나는 당시 1801년 신유박해 때 신앙의 자유를 얻기 위해 가톨릭교회의 교황에게 군대를 요청했던 황사영(黃嗣永, 1775-1801)에 대한 석사 논문에 온 정신이 집중되어 있어 김교신에게 큰 관심을 갖지 못했다. 그러다가 연세대학교 대학원에서 박사과정을 하면서 김교신에 대해 본격적으로 공부할 수 있는 기회가 생겼다. 민경배 교수는 오랫동안 김교신을 '민족교회론'의 핵심인물로 부각시켜 왔고, 그의 제자인 서정민 교수는 김교신에 대한 단행본을 썼다. 내가 김교신에 입문하게 된 데에는 두 분의 영향이 컸다. 김교신은 나의 박사 논문의 한 주제가 되었다.

　한국교회 대다수는 김교신을 오랫동안 무교회주의자라는 굴레를 씌워 이단시하였다. 교회사를 살펴보면 때로 한 시대에 이단으로 비판받았던 사상이 사실은 기독교의 본질을 더 잘 드러낸 경우가 있다. 본질에 충실했기 때문에 부패한 교회에 그들의 사상은 칼같이 날카롭게 다가왔다. 김교신은 1920-1940년대 활동했는데 당시 조선교회는 그의 사상을 담을 수 있는 그릇이 되지 못했다. 그래서 김교신은 비정통이라는 굴레 안에 갇혔다. 그런 한국교회에서 근래 김교신이 재평가되고 있는 모습은 상전벽해가 따로 없다는 생각이 들게 한다. 이런 변화를 이끌어내는 데 많은 선학들의 연구와 김정옥 여사와 같은 유족의 노고가 있었다. 그러나 무엇보다 김교신이 한국사회에 다시 고개를 내민 이유에는 김교신 자신의 신앙과 삶이 자리 잡고 있다. 곧 김교신이 재조명되는 까닭은 그 자신의 존재 자체에 있다. 김교신의 힘은 그의 신앙과 삶 자체이다. 그의 삶과 신앙을 찬찬히 마주하다 보면 뭔가 숙연해지고 이런 인물을 비정통이라는 올무로 잡아둔다는 것이 너무나 부당하다는 생각이 드는 것이다.

　이 책은 단편적으로만 다루어왔던 김교신의 삶을 차분하게 정리하고 싶은 개인적 욕구에서 출발하였다. 나는 김교신을 역사적·신앙적으로 살펴보려 노력하였다. 한 인물을 묘사하는 데 있어 역사적으로 접근하는 것은 가장 기본적이면서도 중요하다. 또 김교신은 신앙적 접근을 하지 않고는 파악할 수 없는 인물이다. 기독교 신앙을 제외하고 그를 그려보려는 모든 시도는 실패할 것이다. 김교신에게 기독교 신앙은 삶을 움직이는 실체였기 때문이다.

　나는 이 책에서 한국교회가 부활할 수 있는 하나의 지침으로 김교신을 그렸다. 특히 신앙을 삶으로 드러내고자 했던 일상의 영성을 부각시켰다. 예수께서는 은밀한 중에 보시는 하나님 아버지에 대해 자주 말씀하셨다. 이 말을 김교신처럼 뼈저리게 느끼며 산 사람이 한국에 있었을까. 하나님이 보고 계시기 때문에 단 하루의 삶도 그는 허투루 살 수 없었다. 김교신은 링컨의 전기를 읽다가 "위대하고 진실한 생애의 기록은 비록 그 생애의 극소한 일부분일지라도 사람을 깊이 감동시키는 힘이 들어찼다"고 말했는데 사실 김교신의 삶이 그랬다. 김교신은 진리인 하나님의 말씀을 우리 임의대로 할인할 수 없다고 생각했다. 그에게는 미지근함이란 없었다. 한 제자는 김교신이 미지근한 태도를 참 싫어했다고 말한다. 김교신은 "차거나 뜨겁거나 할 것이지 반숙반랭(半熟半冷)이 제일 가증하다. 사상으로나 행동으로나 중성적 인물에게는 기대할 것이 없다"고 말했다. 곧 예수의 교훈을 적당히 할인하여 믿으려거든 차라리 믿지 말라는 것이다. 종교개혁 500주년을 보낸 우리는 한국교회가 500년 전의 중세교회와 너무 닮아버린 것이 아닌가 한탄한다. 이런 한국교회를 볼 때 루터의 종교개혁을 좀 더 급진적으로 철저하게 완성하고자 했던 무교회주의를 살펴보고, 자신의 신앙적 토대를 성서로 삼고 그리스도만을 바라보고자 했던 김교신을 탐구해볼 필요가 있다. 그는 종교개혁 500주년을 기념행사로만 마무리해 버린 한국교회가 부활할 수 있는 여러 지침을 제공해 준다. 그럼에도 김교신에게도 많은 한계가 있었다. 본서는 이점도 놓치지 않으려고 노력하였다.

    나는 『김교신 : 조선을 성서 위에』(춘천: 삼원서원, 2012)라는 책을 10여 년 전에 낸 적이 있다. 독자들의 과분한 사랑을 받았다. 이후 나는 4년 동안 김교신선생기념사업회 총무로 일하면서 그를 연구하는 이들과 동역하고 유족들을 자주 뵙는 기회를 얻었다. 김교신에 대한 이해가 전보다 더 깊어지면서 늘 책을 새로 쓰고 싶은 욕구를 강하게 느꼈다. 이 책은 그 고민의 결과물이다. 많은 부분을 다시 썼으며 새로운 사실을 첨부했고, 전에 잘못 서술한 부분을 고쳤다. 그래서 새로운 책이 되었다.

김교신은 산상수훈을 강해하면서 그 문구를 아무리 해설할지라도 성서 본문 이외의 것은 나올 수 없고, 고래(古來)의 주석이 대체로 사족(蛇足)의 감을 면치 못한다고 말했다. 맞는 말이다. 많은 주석서를 보기보다는 그저 성서를 읽으면 되는 것처럼 김교신에 관한 글을 여러 권 읽기보다 김교신이 직접 쓴 글을 읽는 것이 낫다. 이 책도 김교신에 대한 사족에 지나지 않는다. 김교신에 대한 연구는 나에게 아직 현재 진행형이라는 말로 이 책의 부족함을 대신하고 싶다. 그저 이 글이 김교신을 안내하는 하나의 지도가 될 수 있기를 바란다. 김교신에 대한 본격적인 학문적 논의는 별도의 책으로 조만간 정리해서 출판할 계획을 갖고 있다. 그 책은 김교신에 대한 나의 생각이 담긴 좀더 학문적인 글이 될 것이다. 이 일도 하나님께서 속히 이루어주시기를 기도한다.

이 책을 쓰는데 많은 분들의 도움이 있었다. 이 글에는 김교신선생기념사업회 전 회장인 이만열 교수, 현재 기념사업회 회장을 맡고 계신 박상익 교수, 함께 기념사업회에서 운영위원으로 일했던 이화여대 양현혜 교수, 청어람 아카데미 양희송 대표, 익두스 박찬규 대표, 무교회 김철웅 선생의 땀과 수고가 서려 있다. 동시에 김교신 선생 유족들에게도 감사함을 전한다. 무엇보다 김교신의 두 딸 김시혜, 김정혜 여사께 감사드린다. 두 분이 없었다면 책 내용의 상당부분이 빈 공간으로 남아있었을 것이다. 가족사에 대한 많은 이야기를 들려주시고 귀한 사진을 제공해 주신 것은 잊지 못할 은혜다. 그리고 평생 김교신을 알려 오신 고(故) 노평구 선생, 평전을 써서 김교신을 알리는데 선구자적 역할을 하신 고(故) 김정환 선생의 수고에 감사드린다. 연세대학교 대학원에서 가르침을 주신 서정민 교수와 대학원 선후배들, 그리고 한국기독교역사연구소 여러 선생들께 감사한다. 평생 학문 활동을 같이 할 강서대학교의 김용재 총장과 조재형 박사, 김해영 박사께도 감사함을 전한다. 마지막으로 사랑하는 아내 송희와 어머니, 성산동 교회 이준 목사, 어려운 여건 속에서도 출판을 결정해 주신 서로북스의 민대홍 목사께 고마움을 전하고 싶다. 민대홍 목사는 김교신을 알려야 한다는 목적의식 하나로, 나에게 먼저 연락을 했고 출판을 결정해 주셨다. 모두 하나님의 은혜다.

2024년 5월
저자 전인수

차례

추천사 4

머리말 11

제1장 일가문중의 기대를 한 몸에 받다 21
엄격한 유가적 분위기에서 자라다 26
함흥농업학교 시절 3·1운동에 참여하다 30

제2장 일본 유학으로 우치무라 간조의 제자가 되다 33
도쿄고등사범학교에 들어가다 34 교회 신자에서 무교회주의자로 42
십자가 대속 신앙을 붙들다 47 「성서조선」 동인(同人) 51
방학 중 조선에서 전도 활동을 하다 55

제3장 「성서조선」 창간 : 조선을 성서 위에 세워야 59
조선인이라는 철저한 자기 인식을 갖다 60
영생여자고등보통학교에서 가르치다 63
「성서조선」, 숙명이 되다 67 아! 조선아 72

제4장 기독교와 유교가 조화를 이룬 집 79
공덕리 활인동으로 이사오다 80 아버지 김교신 82
공덕리의 특이한 집 86

제5장 양정학교에서 '양칼'이라는 별명을 얻다 91
사직서를 품고 연회를 베풀다 95 인문학적 지리박물학 선생 97
양정학교에서 물에산에 모임을 시작하다 106 생활신학, 자전거 신학 108
우리는 조선에서 온 양정이다 111 학생들이 붙여 준 별명 115

제6장 김교신의 무교회주의: 생(生)의 기독교 119
　　　성서만으로 예수를 믿을 수 있다 123　조선교회의 비판적 인식 126
　　　자연이 우리의 예배처 129　생(生)의 기독교 131

제7장 조선산 기독교: 조선인은 조선인의 신앙을 137
　　　조선인의 민족적 정서를 담아낸 조선산 기독교 139
　　　성서 vs 서구 기독교 143　조선산 기독교와 기독교의 토착화 145

제8장 김인서와 벌인 논쟁: 무교회주의는 잘못된 신앙인가 147
　　　우치무라는 영적 제국주의자이다 150
　　　언제 일본인에게 복음을 듣지 말라 하더냐 152
　　　논쟁의 핵심: 무교회주의에 대한 불신 155

제9장 장도원과 벌인 논쟁: 성서조선운동에 대한 노선의 불일치 159
　　　교회와 협력하자. 나와 함께 하지 않겠는가 162
　　　교회에 대한 근본 개념에 차이가 있다 167
　　　논쟁의 핵심: 성서조선운동에 대한 노선의 불일치 169

제10장 최태용과 벌인 논쟁: 무교회주의의 본질에 대한 입장 차이 171
　　　무교회주의의 사명은 기성 교회를 공격하는 데 있지 않다 177
　　　무교회주의의 핵심은 교회 안의 비진리를 비판하는 것이다 179
　　　무교회주의의 본질은 진리를 천명하며 복음을 살아내는 것이다 180
　　　논쟁의 핵심: 무교회주의의 본질에 대한 입장 차이 182

제11장 일본인도 회개하지 않으면 망한다 187
　　　소록도 한센인들을 "우리 문둥아"라고 부르다 188
　　　류석동, 「성서조선」을 떠나다 194　공덕리를 떠나 정릉으로 이사가다 196
　　　교회에 대해 전향적 입장을 갖다 198　하나님의 때를 기다리다 202
　　　『상록수』가 아쉬워 『최용신 소전』을 출판하다 209

제12장 성서조선사건: 아 전멸은 면했나 보다 213
「성서조선」에 대한 검열과 폐간 문제 214
양정중학교를 사직하고 미국 유학을 생각하다 216
조선 기독교계에 "우리를 이용하라"고 외치다 219
우치무라 선생 10주기 기념강연회로 구로사키 고키치가 오다 220
경기중학교에 부임하다 222   '성서조선사건'으로 수감되다 227
수감생활, 인생의 대학이자 최고 학부 233

제13장 흥남 일본질소비료회사에 취업하다 243
석방 후 만주 도문에서 일하다 244
서본궁 조선인 노동자 사택촌의 관리계장이 되다 248
발진티푸스에 감염되어 이 세상을 떠나다 255

제14장 김교신, 한국 기독교에 어떤 유산을 남겼나 263
성서로 조선을 다시 세우다 267   참된 에클레시아 268
일상의 영성: 세속 성자 271   기독교는 복음적이고 예언적이다 274
한국적인 기독교를 꿈꾸다 276   김교신의 한계를 생각하다 279

참고문헌 283

연표 292

일러두기

* 나이는 한국식으로 계산하였다.
* 여기서 말하는 조선은 한국을 의미한다. 일제 강점기에 한국을 조선이라고 불렀기 때문에 조선이라는 단어를 그대로 사용하였다. 해방 이후를 지칭할 때는 한국이라고 썼다.

김교신의 삶이 드러나는 지역들

제1장
일가문중의 기대를 한 몸에 받다

김교신 평전

어둠, 20세기를 맞이한 조선을 표현하기에 적합한 말이다. 구약성서 창세기의 창조 기사에는 "저녁이 되고 아침이 되니"라는 말이 반복되는데, 하루의 시작을 밤으로 본 것이다. 깊은 어둠 속에서 아침이 밝아온다. 조선의 20세기 벽두도 아침이 아닌 어둠으로 시작되고 있었다. 어둠은 고난이요 아픔이다. 인생을 조금만 살아도 알 수 있다. 그것이 얼마나 비통하고 가슴을 먹먹하게 하는지. 그럼에도 어둠이 지나야 아침이 오게 되어 있다. 이것이 기독교의 역사인식이다. 김교신은 일제가 조선을 강제로 병탄하려는 야욕을 드러낸 시기에 태어났다. 일제는 교묘하고 치밀하게 조선을 식민지화하려는 작업을 진행했고, 1910년 그 일에 마침표를 찍었다. 그렇게 조선은 주권을 잃었다.

김교신은 경주 김씨로, 1901년 4월 18일 함경남도 함흥군 남주동면 사포리에서 태어났다. 함흥은 한반도 동북부에 위치하고 있는 도시다. 조선을 건국한 이성계의 근거지이며 그가 왕위에서 물러났을 때 머물렀던 곳이기도 하다. 김교신은 함흥차사 박순과 함께 함흥에 갔다가 죽음을 면한 병조판서 김덕재(金德載)의 후예이다. 할아버지는 김태집(金泰集)으로 진사(進士) 출신이었고, 가까운 조상 중에서는 공조참판(工曹參判), 조봉대부(朝奉大夫), 참봉(參奉), 통정(通政)을 지낸 이들도 있었다.

김교신의 아버지는 김념희(金念熙, 1883-1903)로, 그는 1903년 11월

만 이십 세의 나이에 폐결핵으로 사망했다.[1] 당시 폐병은 생사를 장담할 수 없는 무서운 병이었다. 폐병은 한국 목회자들과 인연이 깊다. 1930년대 전설적인 부흥사 이용도(李龍道, 1901-1933) 목사를 삼십 대에 거꾸러뜨린 것도 이 병이었다. 이용도는 지금은 감리교신학대학교가 된 협성신학교 재학 시절인 1925년 겨울 폐병 3기의 진단을 받았고, 요양차 갔던 평안남도 강동(江東)에서 첫 부흥회를 인도하게 되었다.[2] 그는 침상에서 죽든 강단에서 죽든 마찬가지라는 심정으로 부흥회에 뛰어들어 전설적인 부흥사로 남았지만 1933년 10월 폐병으로 사망하고 만다. 나이 겨우 33살 이었다. 또 한경직(韓景職, 1903-2000) 목사가 폐병으로 목회자의 길에 들어선 것도 유명한 이야기다. 폐병은 학자가 되려던 한경직을 목회자로, 삶의 방향을 급격히 전환시켰다. 그는 프린스턴 신학원을 졸업한 후 예일대학에서 교회사로 박사 학위를 받고 싶어했으나 폐병에 걸리고 말았다. 그는 고국으로 돌아가 3년만 일하다가 죽어도 좋으니 살려달라는 간절한 기도를 드렸다. 투병생활 중에 그는 학자로서 유명세를 떨치고 싶었던 바람이 세상 야심은 아니었는지 회개했다. 2년 동안의 투병 끝에 그는 건강을 회복했다.[3] 김념희는 상황이 달랐다. 폐병이 그를 신앙으로 이끌지 못했다. 그는 기독교를 접하지 못하고 죽었던 것이다. 너무 어렸을 때 아버지가 사망함으로써 김교신은 아버지와 기억에 남을 만한 어떤 추억도 쌓지 못했다. 훗날 김교신은 육신의 아버지와 맺지 못한 인격적인 관계를 하

---

1   김념희는 음력 9월 25일 사망하였다. 김교신의 둘째 딸 김시혜의 회고에 의하면 할아버지의 제삿날은 자신을 비롯한 집안의 어린이들에게는 떡 해 먹는 날로 생각되었다고 한다.
2   변종호 편저, 『이용도목사전집 2』(서울: 장안문화, 2004), 190; 변종호, "사랑으로 타오른 생명의 불꽃," 『이용도목사전집 4』, 136-138.
3   조성기, 『한경직 평전』(서울: 김영사, 2003), 63-77.

나님 아버지와 맺어 갔다. 아버지에 대한 결핍이 하늘 아버지에 대한 갈망으로 이끌었는지도 모른다.

어머니는 양신(楊慎, 1882-1963)으로, 김교신이 세 살 때 남편을 여의었다. 그때 그녀 역시 이십대 꽃다운 청춘이었다. 김교신은 모친이 전형적인 귀부인 타입으로 우아하고 아름다웠다고 회고했다. 양신에 관한 일화가 하나 있다. 남편이 사망한지 얼마 되지 않아 러일전쟁이 터졌다. 함흥일대에서 일본군과 러시아군 사이에 격전이 벌어지면서 함흥성의 주요 시설이 큰 피해를 입게 되었다. 러시아 병사들이 함흥에 침입하여 동네 여인들이 모인 규방(閨房)의 문을 열려고 하였다. 이때 양신은 재빨리 문고리를 잠갔다. 그리고 문고리가 헐거워지자 자신의 손가락을 문빗장 삼아 피가 나도록 저항했다. 러시아 병사가 조선 여인을 겁탈하지 못하도록 끝까지 버텼던 것이다. 후일 양신은 장성한 아들을 마치 남편처럼 의지했다. 어머니와 아들의 관계는 남들이 부러워할 만큼 돈독했다. 김교신은 어머니의 말이라면 군말 없이 순종했다. 어머니도 아들을 존경하여 존대어에 가까운 말씨를 썼다.

김교신은 동생이 한 명 있었다. 김교량(金教良, 1903-?)으로 아버지가 죽은 지 10일 만에 태어난 유복자였다.[4] 김교신은 동생의 존재 자체만으로도 위로를 얻었다. 둘은 두 살 터울로 각별한 사이였다. 그러나 처음부터 그랬던 것은 아니다. 형과 동생은 "흑(黑) 백(白)처럼 만사가 달랐던 사람"이었다.[5] 동생이 일본에서 유학하게 된 것도 형 곁에 있으면 혹시나 공부를 하지 않을까 하는 집안의 바람 때문이었다. 이때까지만 해도 김교신은 동생 때문에 마음고생이 적지 않았다. 그는 동생

---

4 김교신, "연락(宴樂)의 통지,"(1942. 3) 『김교신 전집 1』, 374.
5 김교량에 대한 저자의 질문에 2010년 10월 26일 김교신의 셋째 딸 김정혜 여사가 답한 내용이다. http://cafe.daum.net/sisterskim

과 사이가 어그러진 것이 권위적인 자신 때문이었다고 자책하였다.

작은아버지 김충희(金忠熙, 1884-1939)는⁶ 함흥에서 유력자였다. 그는 1915년 지진제(地鎭祭), 즉 땅에 드리는 제사에 조선인 대표로 선출되었는데 독농가(篤農家)이자 군참사(郡參事)로 소개되고 있다.⁷ 함경남도 도참사(道參事)를 지냈던 김충희가 동일인일 가능성이 높다.⁸ 그는 함흥에서 지역 유지로서 지역과 연관된 산업, 경제, 교육 활동에 활발히 참여하였다. 식민지 시절이다 보니 일제의 조선통치에 협력하는 활동에도 참여했을 것이다.⁹ 1919년에는 구 농공은행(農工銀行)의 중역인 유력자 출신들을 조선식산은행 상담역으로 추천하여 간담회를 개최했는데, 김충희는 함흥 지점 고문을 담당하였다.¹⁰ 1921년에는 김충희가 국민협회 간사로 활동한다는 기사가 있다.¹¹

몇 년 전 구십이 넘은 김교신의 둘째 딸 김시혜 여사와 면담을 한 적이 있는데, 그녀는 작은 할아버지인 김충희를 또렷이 기억하고 있었

---

6 김교신의 7촌 조카인 김이희에 의하면 김충희는 중추원 참의이며 식산은행(殖産銀行) 감독을 지냈다고 한다. 그러나 김충희는 중추원 참의가 아닌 함흥군 군참사와 함경남도 도참사를 지낸 것으로 보인다. 또한 김충희는 김이희의 증언대로 조선식산은행의 고문역을 담당했다. 김이희, "집안에서 들은 이야기," 『김교신 전집 별권』, 397 참고. 이 때문에 김충희가 사망했을 때 "식산은행 관계자 기타 다수 조객이 역두에 참렬하여 은근한 조의를 표하여" 주었던 것이다. 김교신, "1938년 9월 13일(화) 일기," 『김교신 전집 6』, 437.

7 "鮮人獻穀決定, 今明日中 地鎭祭擧行," 『每日申報』(1915. 5. 21)

8 한국사데이터베이스 홈페이지, 2020년 3월 11일 최종 접속, http://db.history.go.kr/. 조선총독부 직원록을 참고할 것.

9 함흥군 남주동면 사포리에 사는 한용이(韓用離)라는 청년이 김충희를 평소 친일파로 생각하고 있었는데, 그를 형사 입건시키기 위해 허위로 독립운동을 도모하는 서류를 작성하여 총독부 관방으로 발송했다가 발각된 사건이 있었다. 이 김충희가 김교신의 숙부 김충희일 가능성이 높다. "독립서류(獨立書類)를 총독관방(總督官房)," 『조선일보』(1921. 5. 7) 참고.

10 "殖銀相談役會," 『每日申報』(1919. 8. 24)

11 "國民協會 시찰," 『每日申報』(1921. 2. 6)

다. 김충희는 둥근 얼굴에 금테 안경을 쓰고 뚱뚱했으며 자주 일본 만 또(マント, 망토)를 착용했다고 한다. 김충희는 김씨 가문에서 상당한 영향력을 갖고 있었다. 김교신의 이름도 그가 지은 것이다. 그는 한학에 상당한 조예가 있어 '신'(臣)자라는 유래 깊은 명자(名字)를 붙여주었다.[12] 그런데 왜 숙부가 이름을 지었을까. 아버지가 생존해 있었는데 말이다. 이때 이미 병이 깊었던 것일까. 그런데 한편으로 생각해 보면 동생이 제안한 이름을 형이 받는 것은 매우 자연스러운 일이다. 훗날 숙부 김충희가 죽기 전 김교신에게 남긴 마지막 말은 "너를 본 것은 형님을 본 것이요, 동생을 본 것이요, 조카를 본 것이다"였다. 김교신을 볼 때 형님을 보는 듯 했다는 것이다. 김교신도 그렇지 않았을까. 숙부를 통해 아버지를 보았다는 것은 전혀 이상하지 않다. 숙부가 죽자 김교신은 묘소를 참배하고 눈물을 흘렸다. 김교신에게 숙부는 아버지와 같은 존재로 존경하는 집안의 큰 기둥이었다.

엄격한 유가적 분위기에서 자라다

김교신은 어린 시절 아명(兒名)으로 불렸다.[13] 다만 그 이름이 무엇인지는 알려져 있지 않다. 그는 당시 동네 아이들과 함께 목욕하고 소에게 풀을 먹이며 평범하게 자랐다. 그러나 몸이 매우 약했고 학생시절에는 신경쇠약과 소화불량으로 고생했다. 김교신은 훗날 서울 양정고등보통학교에서 학생들을 지도할 때 어린 시절 이야기를 하곤 했다.

12　김교신, "1939년 11월 20일(월) 일기," 『김교신 전집 7』, 166. 김교신이 자신의 이름을 지어준 이를 "돌아가신 어른"이라고 지칭했는데 어법상으로나 내용상으로나 숙부 김충희를 가리킨다. '어른'은 다른 사람의 아버지를 높여 부를 때 사용하고 친부에게는 사용하지 않는다. 김교신의 장남 이름을 지어준 이도 김충희였다.

13　김교신, "1937년 11월 26일(금) 일기," 『김교신 전집 6』, 309.

한번은 어머니께 거짓말한 것을 후회하면서 운 적이 있었다. 그 거짓말은 숙모의 손그릇에서 동전 몇 푼을 훔친 것이 발단이 되었다. 숙모는 김교신을 의심했다. 그러나 어머니 양신은 그럴 리가 없다며 철석같이 아들을 두둔했다. 어머니에게 실망감을 안겨드린 죄책감에 흘린 눈물이었다.

김교신은 엄격한 유가적 분위기에서 성장했다. 그는 어려서 서당에 다녔다. 당시 서당은 신식교육을 받기 전 전통교육을 시키는 초등 학문기관이었다. 근대적인 교육기관이 들어서면서 서당은 점차 해체되고 있었다. 그는 서당에서 경서를 공부하면서 삶의 기본 윤리와 품성을 길렀다. 서당에서 학생들은 일반적으로 『천자문』, 『소학』의 단계를 지나 『대학』, 『논어』, 『맹자』, 『중용』 등 사서(四書)를 배우고 이후 『서경』, 『시경』, 『예기』, 『주역』, 『춘추』 등을 배웠다. 서당 교육은 배운 것을 익힐 때까지 외우게 하는 강독(講讀), 시나 글을 짓는 제술(製述), 붓글씨로 글을 익히는 습자(習字)로 이루어졌다.[14] 김교신이 서당에서 어느 정도 유교 경전을 공부했는지는 알 수 없으나 이 시절에 배운 『논어』나 『맹자』는 훗날 성서를 유교적 관점으로 이해하는 발판이 된다. 강독도 김교신이 성서를 가르칠 때 자주 활용하던 방식이었다. 서당교육은 유교를 비롯한 조선의 전통적인 가치에 대해 긍정적인 바탕을 형성시켰다고 볼 수 있다. 서구와 일본의 가치가 조선의 가치를 급격하게 대체해 가던 시기였기에 이점은 특히 의미 있다. 김교신의 학자적 기질, 신앙적 자세, 신앙교육법, 심지어 애국심까지 유교에 토대를 두었다고 보는 이도 있다.[15] 김교신이 공맹의 제자였다는 것은 결코

---

14 송찬섭, 『서당, 전통과 근대의 갈림길에서』(파주: 서해문집, 2018), 68-78.
15 오지원, 「김교신의 신앙연구」(백석대 기독교 전문대학원 박사학위논문, 2009), 83-87.

지나친 말이 아니다.

김교신은 서당을 나와 함흥보통학교에 입학했다. 1910년 무렵만 해도 보통학교 취학률이 1퍼센트에도 미치지 못했던 시절이다. 가장 기초적인 보통학교에 가는 일도 쉬운 일이 아니었으며, 대부분의 사람들은 전통적인 서당교육만 받았다. 보통학교 학생이 서당 학생을 수적으로 추월하기는 1923년부터였다.[16] 그렇게 본다면 김교신을 보통학교에 보낸 모친의 선택은 자식에 대한 깊은 애정과 높은 교육열에서 비롯된 것이었다. 보통학교 1학년 때의 담임 선생은 김교신에게 깊은 인상을 남겼다. 그는 참된 용기에 대한 가르침을 주었다. 선생에 대한 김교신의 인상은 이렇다. "간밤 꿈에 보통학교 제1학년 때의 우리 선생님을 뵈었다. 나에게 참 용기를 교시해 주신 선생님이어서 지금이라도 선생이라면 꿈에도 그 선생님이다."[17]

김교신은 열 살 무렵부터 일기를 쓰기 시작한다. 일기는 공자의 제자 증자(曾子)가 매일 세 가지로 자신의 몸을 살폈던 것(吾日三省吾身)처럼 하루하루 자신을 성찰하도록 했다. 어렸을 때 김교신은 성격이 단도직입적이어서 부당한 일에는 일절 타협이 없었다. 또 매사에 엄격하여 정진하는 성격이었다. 이런 태도는 깨끗하고 도덕적인 기독교인으로 서고자 했던 그의 일면을 이해하는 데 도움이 된다. 일가 문중도 이런 품성을 가진 김교신에게 큰 기대를 했다.

김교신은 열두 살 때인 1912년에 결혼 하게 된다. 아내 한매(韓梅, 1897-1989)는 네 살 연상이었다. 한매도 동향 사람으로 본가는 함흥 주북면 흥덕리였다. 사실 김교신이 일본으로 유학가기 전까지는 아내

---

16 최규진, 『일제의 식민교육과 학생의 나날들』(파주: 서해문집, 2018), 28-29.
17 김교신, "1936년 12월 8일(화) 일기," 『김교신 전집 6』, 139.

가 공부시키며 길렀다고 보아야 한다. 어린데다가 몸도 약했으니 말이다. 김교신이 이른 나이에 결혼한 것은 당시의 조혼 풍속도 있었지만 대를 잇기 위한 가문의 염려가 작용했던 것으로 보인다. 김시혜가 들려준 이야기에 따르면 본래 김교신은 여덟 살에 혼인할 예정이었는데 할아버지가 돌아가시는 바람에 3년 상을 치르느라 늦어졌다고 한다. 김교신의 아내는 가정에 매우 헌신적이었고 묵묵히 집안일을 감당해 나갔다. 함경도 사람이라 말투에 사투리가 묻어 나왔다.

 김교신과 한매는 요즘 젊은 부부처럼 애정을 과시하는 모습은 아니었다. 일본에서 유학까지 했던 김교신에 비해 부인은 학벌이랄 것이 없었다. 원래는 한글도 몰랐다. 시어머니 양신이 "부부간에 편지도 주고받지 못하면 사랑도 식는다"며 한글을 가르쳐 주었다. 부부가 서울에서 살 때 한매는 김교신과 나이 차가 확연히 나 보였다. 김교신의 집에서 기숙했던 한 학생의 기억에 의하면 처음 한매가 김교신의 아내라는 말을 듣고 깜짝 놀랐다고 한다. 그 학생은 한매를 큰 형수 정도로 생각하고 있었던 것이다. 김교신도 자신의 아내를 전형적인 시골 아낙네로 묘사하였다. 많은 아이들을 키우면서 농사까지 감당해야 했던 한매로서는 자신을 가꿀 만한 여유가 없었다. 그렇지만 두 사람 사이에는 부부의 애틋함이 있었다. 김교신은 1933년 어느 날 일기에 "아내가 기다려져"라며 정겨움을 드러냈다.[18] 서로 떨어져 있을 때는 편지로 사랑을 담담하게 나누었다. 김씨 문중은 한매가 계속해서 딸을 낳자 첩을 들이라며 압박했지만 김교신은 듣지 않았다.

 김교신은 보통학교를 졸업한 후 함흥농업학교에 진학하였다. 당시

---

18 김교신, "1933년 5월 3일(수) 일기," 『김교신 일보』, 152. 『김교신 일보』는 김교신선생기념사업회 엮음, 『김교신 일보』 (서울: 홍성사, 2016)를 참고하였다.

중등교육은 고등학교 진학을 위한 인문계열과 졸업한 뒤에 취업하기 위한 실업계열이 있었다. 실업학교에는 농업, 상업, 공업, 수산학교 등이 있었는데 조선인을 위한 실업학교는 대부분 농업학교였다. 보통학교를 졸업한 학생은 고등보통학교만이 아니라 실업학교도 들어가고 싶어 했기 때문에 경쟁률이 치열하였다.[19]

이 당시 김교신은 장녀 진술(1916-2014)을 낳게 된다. 김교신의 나이 열여섯 살인 1916년의 일이었다. 딸과 나이 차가 열다섯 살밖에 나지 않았다. 요즘으로 치면 김교신은 중학교 3학년에 불과했지만 그 무렵 중등학교 고학년 학생은 '사회적 나이'로 보자면 성인이었다.[20] 맏딸이 이화여자전문학교에 다닐 때 기차 안에서 김교신이 남편이 아니냐는 오해를 받아 다시는 아버지와 여행을 다니지 않겠다고 말해 가족들의 폭소를 유발하였다.

함흥농업학교 시절 3·1운동에 참여하다

1919년, 김교신은 함흥에서 3·1운동에 참여하였다. 3·1운동은 한민족이 일제의 식민지화를 원천적으로 거부하고 일제의 식민지 지배 정책에 전면적으로 저항한 운동이다. 이 운동에 천도교와 기독교 등 종교인들이 적극적으로 동참하였다. 조선인들의 저항에 일제는 무시무시한 군부의 무단통치를 문화통치로 바꾸어야만 했다.[21] 총독부는 한글신문의 간행을 허용하고 조선인에게 집회 결사의 자유를 부분적으로 인정하는 등 유화 조치를 취했다. 헌병 경찰 제도는 보통 경찰 제

---

19 최규진, 『일제의 식민교육과 학생의 나날들』, 35.
20 최규진, 『일제의 식민교육과 학생의 나날들』, 148.
21 박찬승, 『한국독립운동사』(서울: 역사비평사, 2014), 94-106.

도로 개편되었다. 이런 유화적인 식민통치 방식을 문화통치라고 부른다.[22] 이러한 전환은 식민통치를 더 굳건하게 다지고 안정적으로 가져가려는 조치로서, 조선인을 회유하고 분열시키려는 속내가 있었다.

김교신이 함흥에서 3·1운동에 참여한 사실은 일부 친척이나 지인들의 증언으로만 알려져 오다가 십여 년 전 공식적으로 확인되었다. 함흥지방법원 이시카와(石川信重) 검사는 당시 김교신을 "농 2년생, 독립운동에 찬성·가맹함", "주모자는 몰랐지만 독립운동 행위에 찬성함"이라고 기록하며 기소유예로 처분하였다.[23] 한 친척의 회고에 의하면 김교신은 3·1운동 당시 태극기를 만들어 교회와 보통학교에 보냈다고 한다. 또 김교신의 만세운동 참여로 숙부 김충희의 집이 가택수색을 받게 되었다는 이야기도 있다. 수색 당시 권총과 대한제국 시기 교과서가 발견되어 문제가 되었다고 한다.[24]

당시 함흥고등보통학교 3년생이었던 한림(韓林, 1900-?)은 김교신보다 더 적극적으로 3·1운동에 참여하여 기소되었다. 이시카와 검사는 그에게 징역 6개월 형을 구형했다.[25] 한림은 서대문형무소에 수감되었고, 2심에서 태형 90대의 처분을 받았다. 그동안 김교신이 1918년 함흥농업학교를 졸업하였고[26] 1919년 3월 일본으로 건너간 것으로[27] 알려져 있었지만, 김교신은 3·1운동 당시 함흥농업학교 2학

---

22 김정인·이준식·이송순, 『식민지 근대와 민족 해방 운동』(서울: 푸른역사, 2016), 111.
23 독립기념관 한국독립운동사연구소, 『함흥지방법원 이시키와 검사의 3·1운동 관련자 조사 자료 I』(천안: 독립기념관, 2019) 참고.
24 김이희, "집안에서 들은 이야기," 『김교신 전집 별권』, 397.
25 독립기념관 한국독립운동사연구소, 『함흥지방법원 이시키와 검사의 3·1운동 관련자 조사 자료 I』 참고.
26 김정환, 『김교신: 그 삶과 믿음과 소망』(서울 : 한국신학연구소, 1994), 17.
27 박상익, "김교신 전집을 복간하면서," 『김교신 전집 1』, 8.

년이었고, 또 유학 시기도 3월이 아닌 그보다 최소 몇 개월 더 걸렸을 것으로 보인다. 왜냐하면 김교신은 한림과 함께 유학을 떠났는데, 한림의 복역 기간 및 유학 준비 기간을 고려하면 꽤 많은 시간이 필요했을 것이기 때문이다. 김교신이 함흥농업학교를 졸업했다고 본다면 유학 시기는 1920년 3월로 볼 수 있다. 김교신은 유학을 함께 간 인물에 대해 "그는 소학교 이래의 동창이오 동일(同日) 동시(同時)에 동차(同車)를 타고 동양(同樣)한 청년다운 청운의 지(志)를 품고 도쿄(東京)로 가서 같은 하숙의 한 방에서 기거하여 가장 '나라는 사람'을 잘 아는 우인"이라고[28] 말했는데, 그가 다름 아닌 한림이다.

어쨌든 김교신은 함흥농업학교를 졸업하고 일본으로 유학을 떠난다. 일본 유학을 갈 때 숙부에게 눈물로 호소했으나 처음에는 허락을 받지 못했다고 한다. 김시혜의 증언에 의하면 유학비용을 대준 사람은 외숙부였다.[29] 외숙부는 어머니 양신의 오빠로 삼평(三平)에서 첫째가는 부자였다고 한다. 마음이 얼마나 간절했는지 김교신은 도쿄로 유학을 보내 달라며 방을 이리저리 구르면서 모친에게 떼를 썼다는 것이다. 양신은 친오빠의 도움으로 논 20마지기를 얻었고 이 돈으로 유학을 보낼 수 있었다. 그때 양신도 기뻐서 어쩔 줄 몰라 했다.[30] 힘들게 간 일본 유학은 김교신의 전 생애를 바꾸는 변곡점이 된다.

---

[28] 김교신, "나라는 사람," 「성서조선」 제138호(1940. 7), 10.
[29] 김교신의 둘째 딸 김시혜 여사의 증언. http://cafe.daum.net/sisterskim
[30] 2016년 7월 29일(금) 김시혜 여사와의 인터뷰

제2장
일본 유학으로
우치무라 간조의 제자가 되다

도쿄고등사범학교에 들어가다

20세기 초 일본은 동아시아 학생들이 유학을 가고 싶어 하는 나라로 꼽혔다. 일본은 일찍이 서구 문명을 수용하여 근대화에 성공했고 서양 국가의 식민지로 전락하지 않았기에 아시아에서 큰 주목을 받았다. 또한 일제가 문화정책을 실시한 뒤 문화운동에 대한 조선인의 열기가 높아지면서[31] 조선에서도 일본 유학생 수가 빠르게 증가하였다. 물론 1920년대 이후는 유학처로 미국이 떠오르기 시작했다.[32] 그러나 미국 유학은 현실적으로 어려운 점이 많았다. 1920년 초 도쿄에서 한 달 유학비용은 책값, 하숙비 등을 포함해서 50엔 정도가 들었다.[33]

1930년대 초 조선인 자작농의 1년 평균 수입이 544엔이고 소득수준이 높은 편이던 평양 시민의 89퍼센트가 1년 소득 1,000엔이었다는 점을 감안하면 보통의 조선인들은 이 비용을 감당하기 어려웠

---

31 정미량, 『1920년대 재일조선유학생의 문화운동』 (서울: 지식산업사, 2012), 13-14. 학생들이 일본을 선택한 이유는 이 외에도 여권 발급의 용이성, 서구 유학을 위한 디딤돌, 언어의 편리성과 졸업 후 취업 고려 등이 있었다. 오성철, 『근대 동아시아의 학생문화』 (파주: 서해문집, 2018), 226-227.

32 정미량, 『1920년대 재일조선유학생의 문화운동』, 32.

33 정미량, 『1920년대 재일조선유학생의 문화운동』, 40. 또한 1926년 12월 이후 시기인 쇼와(昭和)기 당시 일본 제국대학의 수업료는 연 120엔이었으며 이 수업료를 빼고도 다른 학비가 평균 월 47엔이 들었다. 이 비용들을 합산하면 1년에 684엔 가량 된다.

다.³⁴ 일본 유학 비용은 일반 가정에서는 엄두를 내기 힘든 큰 액수였다. 이런 비싼 유학 비용 때문에 일하면서 공부하는 고학생으로 일본에 건너가는 경우가 많았다. 그래서 학교를 그만둔 학생들은 큰 사회적 문제가 되었다.

당시 학생이라는 사회적 집단은 엘리트라는 이미지가 늘 따라 다녔다.³⁵ 더구나 유학생들은 단순한 학생이 아니라 조선의 미래를 개척할 사명자로 인식되었다. 그들은 조선에서 선별된 소수였다. 조선 사회는 유학생들에게 선구자로서의 역할과³⁶ 조선민족의 문화적 실력양성에 공헌하기를 요구하였다.³⁷ 그들은 조선에서 서구의 발전과정을 이끌어야 하는 계몽주의자들이었다.³⁸ 학생의 모자와 교복은 선망의 대상이자 기대감과 책임감이기도 했다. 김교신도 이런 사회적 분위기 때문에 유학생이라는 자부심과 함께 책임감으로 어깨가 무거웠을 것이다.

당시는 공부뿐만 아니라 일자리를 찾아서 많은 조선인이 일본으로 건너갔다. 도일(渡日)하는 방법은 한 가지였다. 기차를 타고 부산까지 갔다가 그곳에서 다시 시모노세키로 가는 배로 갈아탔다. 이 배를 '관부연락선'이라고 한다. 시모노세키(下關)와 부산(釜山)을 오가는 배라는 뜻이다. 다시 시모노세키에서 도쿄를 가려면 산요선(山陽線) 기차를 타고 하루 밤낮을 달려야 했다. 김교신도 함흥에서 서울을 거쳐 부산에 갔다가 배를 타고 일본으로 건너갔다. 부산은 조선과 일본을 잇는 중심 항구였다. 1923년에는 제주도와 오사카를 잇는 직항로가 개설되면

---

34 정종현, 『제국대학의 조센징』(서울: 휴머니스트, 2019), 73.
35 오성철, 『근대 동아시아의 학생문화』, 21.
36 오성철, 『근대 동아시아의 학생문화』, 245.
37 정미량, 『1920년대 재일조선유학생의 문화운동』, 24.
38 오성철, 『근대 동아시아의 학생문화』, 298-300.

서 제주도에서도 일본에 갈 수 있었다.[39]

김교신이 일본에서 유학했던 때는 정확히 다이쇼(大正) 데모크라시 시기(1912-1926)와 일치한다. '다이쇼'는 요시히토(嘉仁)가 일본의 천황으로 있던 시기를 가리킨다. 그의 통치 기간에 일본에서는 일시적으로 정당 내각이 구성되는 등 정치, 사회, 문화 각 방면에서 민주주의와 자유주의의 경향이 나타나고 개인의 욕망, 평등 등이 공공연하게 힘을 얻었다. 그래서 이 시기를 '다이쇼 데모크라시'라고 부른다. 본격적인 침략전쟁이 시작되는 1930년대에 비해 여러 방면에서 일본 사회가 숨을 돌릴 수 있었던 때였다. 1920년대 문화정치는 이 다이쇼 데모크라시를 식민지 조선에 적용했다는 의미가 있다.[40]

김교신은 한림과 수도인 도쿄에 도착한 뒤 바로 하숙집을 구했다. 그들은 같은 하숙방에 기거하였다. 기쿠이정(喜久井町) 35번지가 그들이 처음 기숙했던 곳이다.[41] 이후 김교신은 진학을 위해 세소쿠영어학교(正則英語學校)에 들어갔다. 입학 시기는 1920년 4월경이었을 것이다. 이 학교는 고등학교나 대학에 들어가기 위해 영어를 공부하는 일종의 예비학교였다. 당시 그를 가르쳤던 사람은 사이토 히데사부로(齊藤秀三郎)였다. 히데사부로는 일본 영어학계의 최대 거인이라 불렸다. 그가 이 학교를 세운 이유는 당시 일본 영어교수법을 변칙(變則)이라고 보고 정칙(正則)으로 가르쳐야 한다고 생각했기 때문이다.[42] 김교신은 그에게

---

39 미즈노 나오키·문경수, 『재일조선인: 역사, 그 너머의 역사』 한승동 역(서울: 삼천리, 2016), 52-53.
40 김정인·이준식·이송순, 『식민지 근대와 민족 해방 운동』, 116
41 김교신, "1939년 1월 1일(일) 일기," 『김교신 전집 7』, 10. 김교신이 조선으로 돌아오기 직전 하숙했던 곳은 N옹의 집이었다. 그는 유학생활을 마친지 10여 년 만인 1938년 N옹 댁을 찾아 소학생이었던 막내딸이 스물 두 살이 다 되어간 것에 감개무량해 하였다. 김교신, "1938년 12월 30일(금) 일기," 『김교신 전집 6』, 494.
42 김정곤, "한국무교회주의의 초석 김교신의 유교적 에토스에 대한 고찰," 「퇴계학논

영문법, 에머슨(Ralph Waldo Emerson)의 『논문집』, 칼라일(Thomas Carlyle)의 『의상철학』 등을 배웠다. 그러나 김교신에게 강렬한 인상을 주었던 것은 학문보다는 오히려 히데사부로의 생활태도, 그 중에서도 시간관념이었다. 그는 'punctual'(시간을 지키는) 이란 단어를 학생들에게 남다른 열정으로 설명하였다. 말년에는 "자녀 6인의 결혼식 때문에 평생 6일을 허비하였다"고 탄식할 정도였다. 일본에서 김교신을 만나 평생 친구로 남았던 함석헌(咸錫憲, 1901-1989)에 의하면 히데사부로는 "일생에 가족과 담화함에 십분 이상을 소비하는 일이 없이" 영문학에 몰두하였다고 한다.[43] 시간을 정확히 지키고, 한시도 낭비하지 않으려는 태도에서 김교신은 남다른 인상을 받았다.

김교신은 매우 진중하고 말수가 적었다. 수험준비를 하던 시절 그의 성격을 잘 보여주는 일화가 있다. 연말에 함흥이 고향인 수험생들이 모여 송년회를 가졌다. 흥이 한참 무르익었을 때 한 사람씩 돌아가며 노래를 부르기로 하였다. 자기 차례가 되자 김교신도 유행가 한 곡조를 뽑았다. 내키지는 않았지만 흥을 깨고 싶지 않았기 때문이다. 이를 지켜보던 한림이 배를 잡고 웃었다. 한림은 평상시 김교신의 성격을 너무나 잘 알고 있었기에 어울리지 않는 유행가를 어색하게 부르는 모습을 견딜 수 없었던 것이다. 다른 이야기도 있다. 함께 공부하던 조선인 유학생들은 매주 수요일 오후에 함께 모여 놀기로 하였다. 다른 날은 공부에 몰두하자는 의도였다. 그런데 학생들은 하숙집에 김교신만 없으면 수요일이 아니라도 자유롭게 모였다. 그러나 김교신이 있는 날이면

집」 제10호(2012. 6), 4쪽 각주 4번.
43 함석헌, "성령이 임하시면," 「성서조선」 제132호(1940. 1), 8.

먼 곳에서 온 친구라도 돌아가야만 했다.⁴⁴ 친구들에게 김교신이 어떤 존재였는지를 보여주는 일화이다.

1920년대 초반 도쿄고등사범학교 재학 당시 교복을 착용한 김교신의 모습이다. 그는 키가 170cm였다. 160cm 초반대가 조선인 평균 신장이었던 그때 큰 키에 속했다. 유학 당시 사진에서는 하이칼라(high collar)식과 짧은 머리 두 종류의 머리 스타일을 볼 수 있다.

김교신은 1922년 4월 도쿄고등사범학교 영어과에 입학한다. 당시 중등 교원이 되려면 보통 일본에 있는 고등사범학교를 나와야 했다.⁴⁵ 사범학교는 모범적인 교사를 양성하는 곳이었기 때문에 다른 교육기관에 비해 분위기가 엄격하였다. 그는 이 시절 이시가와(小石川)에서 자

---

44 김교신, "나라는 사람," 「성서조선」 제138호(1940. 7), 9-10. 김교신은 자신이 교우(交友)에 원활치 못한 성격을 타고 났다고 말했다. 이런 얘기를 한 데에는 성서연구회에 참석하는 어떤 지인이 김교신이 가까이 하기 힘든 성격이라는 남의 이야기를 전했기 때문이다. 이에 김교신은 자신의 천성이 그렇다고 대답하였다[김교신, "1940년 6월 8일(토) 일기," 『김교신 전집 7』, 247-248 참조]. 반면 함석헌은 김교신이 사람을 잘 사귄다고 하면서 그런 면을 크게 부러워하였다[함석헌, "김교신과 나," 「나라사랑」 제17집(1974. 12), 94.].
45 최규진, 『일제의 식민교육과 학생의 나날들』, 88.

취 생활을 했다고 한다.[46]

1923년 김교신은 영어과에서 박물과로 전과하였다. 당시 박물학은 동물학, 식물학, 광물학, 지질학, 지리학을 총체적으로 가리키는 말이었다. 그가 박물과로 전과한 이유는 무엇이었을까. 혹자는 김교신이 애국심 때문에 전과했다고 말하지만, 직접적인 이유로 보기는 어렵다. 애국심은 박물학이 아니라도 영어를 비롯한 다른 학과를 통해서도 충분히 표출할 수 있기 때문이다. 김교신은 자연에서 직접 가르침을 얻고자 했다. 그는 문법책보다 암석과 화석에 더 큰 흥미를 느꼈다.[47] 농업학교 출신이었다는 점은 그의 관심을 짐작케 한다. 이와 더불어 김교신은 아버지를 비롯한 조상들이 일찍 죽은 이유가 풍수지리설과 관련이 있는지 과학적으로 규명하고 싶어 했다. 이것도 전과의 중요한 이유였다. 우치무라 간조(內村鑑三, 1861-1930)와의 관련성도 생각할 수 있다. 곧 김교신이 우치무라와 동일한 신앙의 발자취를 밟고 싶어 했을 수 있다는 것이다. 우치무라는 십대에 도쿄외국어학교 영어과에서 공부하였다. 그리고 삿포로농학교에서 공부했으며, 미국 애머스트대학에서는 이학사 학위를 받았다. 신앙을 단순한 이론적 지식의 축적으로 보지 않고 실존적 진정성을 가진 하나의 실험으로 인식했던 우치무라의 신앙관과 자연과학자의 눈으로 성서를 이해하려고 했던 성서방법론이 김교신의 전과에도 영향을 미치지 않았을까.

---

46   무라오 리키지로, "김교신 형," 『김교신 전집 별권』, 108.

47   김교신, "1934년 8월 28일(화) 일기," 『김교신 전집 5』, 206; 김교신, "1935년 5월 4일(토) 일기," 『김교신 전집 5』, 311.

1927년 도쿄고등사범학교 졸업 기념으로 조선인 재학생들과 함께 찍은 사진이다. 맨 앞줄 제일 오른쪽이 김교신, 두 번째 줄 가운데가 함석헌이다. 그 바로 뒤에 양인성이 보인다. 함석헌은 윤리역사과에서 공부하였고 이듬해인 1928년 졸업하였다.

김교신은 박물과로 전과한 후 동물학자인 오카아사 지로(丘淺次郎)의 지도를 받았다. 그는 동물로 풍자를 잘했다. 수업 때 멈추지 않는 풍자를 바라보는 일은 일대장관이었다고 한다. 특히 오카아사는 영혼의 존재를 부인했는데 김교신은 그의 과학적 입장은 존중했지만 영혼의 존재는 믿었다. 오카아사는 학생들에게 졸업 후에도 박물학만을 연구하라고 권할 정도로 전공에 대한 자존심이 강했던 스승이었다. 후지모토(藤本治義) 교수는 김교신에게 지질학을 가르쳤다. 김교신은 도쿄고등사범학교에서 만난 모든 선생이 당대 일류의 대가로서 자신들을 가르치기에는 아까운 석학이었다고 말했다.[48] 박물학에 대한 지식은 그가 성서를 이해하는 중요한 수단이 된다.

---

48 김교신, "포도원 노래,"(1938. 1) 『김교신 전집 2』, 369.

유학 시절 김교신은 운동에 흥미를 갖기 시작했다. 조선에 있을 때와는 비교되지 않을 정도로 몸이 회복되었다. 그는 학생 스포츠클럽 활동에 참여하였는데, 처음에는 정구, 유도, 미식축구, 농구 등을 접하다가 마지막에는 마라톤부를 선택했다. 달리기는 다른 사람과 경쟁하거나 많은 시간을 들이지 않고도 충분히 땀을 흘릴 수 있었기 때문이다. 그는 도쿄-하코네(箱根) 간 역전경주(驛傳競走)에 참가하는 등 선수로 활약하였다. 이것이 훗날 양정고등보통학교 교사 시절 학생들과 마라톤을 해도 뒤지지 않았던 이유이다.[49]

도쿄고등사범학교 재학 시절 마라톤부에서 활동했던 김교신의 모습이다.
(두 번째 줄 왼쪽 첫 번째)

---

49 1936년 양정고등보통학교 전교생 마라톤 대회가 열렸을 때 김교신은 전교에서 22등을 했다.

교회 신자에서 무교회주의자로

일본에서 김교신은 인생의 전환점이 되는 기독교 신앙을 갖게 되었고, 신앙의 가장 중요한 토대를 닦아 주었던 스승 우치무라를 만났다. 김교신은 1920년 4월 18일 처음으로 교회에 갔다. 이 신앙의 영적 생일은 우연히도 그의 생일과 동일했다.

> 내가 처음 전도받기는 1920년 4월 16일 저녁에 동경시 우시코메구 야라이정(東京市 牛込區 失來町) 거리를 지나다가 동양선교회 성서학원 재학생 마쓰다(松田)라는 청년의 노방 설교에 깊이 감동함이 있어 4월 18일(일요일)부터 우시코메 야라이정 홀리네스 교회에 출석하여 처음으로 신약 성서를 매득(買得)하게 된 것이 신앙의 시작이었다. 그 후 동년 6월 27일에 그 교회에서 시미즈 쥰죠(淸水俊藏) 목사에게 세례를 받고 매 일요일과 목요일마다 신앙의 진취(進就)를 기뻐하였던 것이 일지(日誌)에 기록되었으니……50

김교신은 성결교회에서 신앙이 성장하는 기쁨을 누렸다. 그러나 기쁨은 오래가지 못했다. 교회의 분란으로 자신이 따르던 목사가 쫓겨나는 것을 보며 신앙의 기초까지 흔들렸다. 이때 그를 잡아준 곳이 우치무라의 성서 집회였다. 그는 교회를 떠났고 우치무라의 집회에 안착하였다.

그렇다면 교회를 다니기 전 김교신은 기독교를 어떻게 생각하고 있었을까. 이 점을 짚은 후 이야기를 계속해 보자. 김교신의 회고에 의하면 그는 15세 즈음에 기독교의 교훈은 좋으나 기도하는 것은 미신 같다고

---

50 김교신, "우치무라 간조론에 답하여,"(1930. 8)『김교신 전집 2』, 277.

여겼다.⁵¹ 일본 유학 중에 같이 기숙생활을 했던 한림이 전도하자 그리스도는 처녀의 사생아라고 거부하였고 마리아의 처녀 잉태를 도저히 믿을 수 없었다고 말했다. 그는 논리적으로 이해할 수 없는 동정녀 탄생을 받아들일 수 없었던 것이다. 한림은 김교신의 반박에 흥분한 기색으로 그리스도의 신성(神性)을 변호하였다. 그는 3·1운동 참여로 서대문형무소에서 복역하던 중 예수를 영접했다.⁵² 김교신은 학창시절 기독교를 하나의 도덕이나 윤리적 가르침으로는 가치 있다고 생각했지만 기도와 기적은 미신적이며 비과학적이라고 보았다. 그는 유교적 윤리에 충실했으며 과학을 비롯한 자연과학을 신뢰했다. 1910년대 후반 이광수(李光洙, 1892-1950)가 교회 목회자들이 무식하고 미신적이라고 비판한데서 알 수 있듯이 당시 조선 사회에는 기독교의 일부 교리에 대해 비과학적이라는 인식이 강하게 일어났다. 김교신의 비판은 이런 사회 분위기 속에서 이해할 수 있다. 그런데 여기서 놓쳐서는 안 되는 사실이 바로 한림의 가교 역할이다. 김교신을 전도하려는 그의 노력이 없었다면 김교신이 일본에서 바로 신앙을 갖기는 힘들었을 것이다.

51　김교신, "고 이종근 군,"(1940. 11) 『김교신 전집 1』, 292.
52　김교신, "1931년 8월 8일(토) 일기," 『김교신 전집 5』, 55; 김교신, "방합(蚌蛤)을 위하여 변(辯)함,"(1934. 4) 『김교신 전집 1』, 234-235.

「동아일보」(1929. 11. 1)에 실린 한림의 사진이다. 한림은 도쿄의 와세다대학(早稻田大學)에 다녔다. 김교신에 의하면 그는 소학교부터 대학까지 수석을 놓치지 않았다고 한다.[53] 본래 김교신을 전도할 정도로 신앙에 열정이 있었으나 유학 시절 좌경학생, 곧 사회주의자가 되었다. 1920년대 마르크스주의는 일본 학생층을 사로잡았는데, 이는 마르크스주의가 학생들이 알아야 할 고급 교양으로 간주되고 일본 현실을 알 수 있는 매우 실천적인 이론으로 생각되었기 때문이다.[54] 한림은 1928년에 조선공산당 일본총국 책임비서가 되었고, 그해 일본 경찰에 검거되어 1930년 10월 경성지법에서 징역 4년 6월형을 선고받고 1933년 9월에 만기 출옥하였다.[55]

    김교신은 1921년 1월 우치무라의 문하생이 되었다. 그때는 우치무라 자신이 인생 최고 절정기였다고 고백했던 시기로 로마서 강의가 한창이었다. 이 로마서 강의는 그의 최고 걸작으로 알려져 있다.[56] 김교신도 우치무라의 강연 중 로마서 강연에서 가장 깊은 감동을 받았다. 사실 김교신은 성결교회에 다닐 때 이미 우치무라의 책을 읽었는데, 때로는 밥 먹는 것도 잊을 정도였다. 당시 그의 모습은 발분망식(發憤忘食)이라는 말에 딱 들어맞는다. 그는 우치무라가 욥기를 강해할 때 만난 적도 있었으나 처음에는 큰 감흥을 받지 못했다고 한다. 그러나 본격적으로 성서 집회에 나가면서 그는 우치무라에게 신앙 전반에 결정적인 영

---

53   김교신, "항복 3건,"(1938. 11)『김교신 전집 2』, 25.
54   오성철,『근대 동아시아의 학생문화』, 119-126.
55   박상익, "김교신이 오늘 한국교회에 던지는 질문,"「기독교사상」제677호(2015. 5), 60.
56   양현혜,『우치무라 간조, 신 뒤에 숨지 않은 기독교인』(서울: 이화여자대학교출판문화원, 2017), 293-294, 301.

향을 받게 되었다. 로마서 강연이 끝난 후 김교신이 우치무라에게 보낸 편지는 다음과 같았다.

> 우치무라 선생님, 60여 회에 긍한 로마서 강의를 아무 권태 없이 기쁨에서 기쁨 중에 배울 수 있었던 것을 기뻐합니다. 소생은 작년 1월을 기해서 그 후 한 번도 쉬지 않고 참석을 허락받았습니다만, 이제 오늘 '대관(大觀)'으로 천하의 대서(大書)를 강료(講了)하심에 그 헤아릴 수 없는 행운의 기쁨에 자기도 모르게 감루가 안저에 씻음을 깨닫고 홀로 부끄러웠습니다. 자녀들이라면 혹은 그 양친으로부터 넘치게 받는 노고에 대해 감사의 염이 안 일 수도 있겠지요. 그러나 상 밑에서 자녀가 떨어뜨리는 찌꺼기를 바랐는데, 아니 자녀들과 같은 빵을 받았을 때의 개로서야 어떻게 그것을 금할 수가 있겠습니까(마태15.26 이하). 선생님 전국인의 박해와 참기 어려운 국적(國賊) 운운의 비방 가운데서도 극동의 일각에 버티고 서시어 잘도 십자기의 성기(聖旗)를 하늘 높이 지켜 주신 것을 감사합니다.[57]

여기서 잠시 우치무라에 대해 살펴보자. 그는 일본이 낳은 세계적인 평신도 신학자라고 평가해도 부족함이 없는 인물이다. 그는 1861년에 유교적인 사무라이 가정에서 태어났다. 그리고 삿포로농학교에서 선배들의 강압에 못 이겨 어쩔 수 없이 기독교 신앙을 받아들였다. 이 선배들을 기독교로 인도했던 사람은 짧은 시간에 강렬한 영적 감화력을 남기고 간 윌리엄 클라크(William S. Clark, 1826-1886)였다. 우치무라는 강압적으로 개종했지만 기독교에 만족했다. 특히 기독교의 유일신론은 그의 근저에 자리 잡고 있던 8백만의 신을 뿌리부터 잘라내었다.

우치무라가 일본에서 문제적인 인물이 된 것은 1891년 1월 9일에 있

---

57 김교신은 이 글이 자신의 것임을 다음과 같이 밝히고 있다. "당시 나의 감상은 「聖書之硏究」 제268호(1922년 11월호) 48면의 24일 일기에 기재된 그것이었다." 김교신, "우치무라 간조론에 답하여,"(1930. 8) 『김교신 전집 2』, 279.

었던 '불경(不敬)사건' 때문이다. 그날 제일고등중학교에서는 모든 학생과 교사진이 모여 교육칙어(敎育勅語)를 봉독하는 행사가 열렸다. 이때 칙어는 천황의 초상 옆에 걸려있었고 참석자들은 거기에 절해야 했다. 칙어 봉독식은 기독교인들에게 이것이 행여 우상에게 절하는 행위가 아닐까 하는 의문을 불러일으켰다. 마침내 우치무라의 차례가 되었다. 그는 칙어의 의미에 대해 생각해 보고 싶다고 말하고는 머리를 약간만 숙였다. 교육칙어는 실행해야 할 것이지 예배할 것이 아니라는 판단 때문이었다.[58] 그러나 고개를 완전히 숙이지 않은 우치무라의 행동은 천황에 대한 거부로 비쳐졌다. 이 일로 우치무라는 일본에서 반역자로 간주되었다. 그는 한동안 사랑하는 동포와 조국, 심지어 교회로부터도 철저하게 버림받았다. 이후에도 그는 몇 번 기독교 신앙과 양심의 자유를 위해 고난을 감수하는 선택을 했다. 이 때문에 우치무라 간조 연구자인 미우라 히로시(三浦浩)는 그를 통치자나 종교 기관으로부터 독립된 엘리야나 아모스와 같은 예언자적인 인물로 평가하였다.[59]

우치무라에게 빼놓을 수 없는 것이 일본적 기독교와 무교회주의이다. 그는 서구 기독교의 한계를 극복하고자 일본적 기독교를 주창하였다. 일본적 기독교는 외국인의 중재 없이 하나님으로부터 일본인이 직접 받은 기독교를 의미한다. 그는 무사도와 기독교의 접목을 통해 일본적 기독교를 이해하기도 하였다. 그는 또 외국의 자본에 의지하지 않는 독립전도를 강조했다.

우치무라는 '무교회'라는 단어를 1893년 2월에 발행된 『기독신도의 위로』(基督信徒の慰)라는 책에서 처음 사용하였다. 그리고 '무교회주의'

---

58 야나이하라 다다오, 『개혁자들』 홍순명 역(서울: 포이에마, 2019), 281.
59 미우라 히로시, 『우치무라 간조의 삶과 사상』 오수미 역(서울: 예영커뮤니케이션, 2000), 181.

라는 단어는 1907년 「성서의 연구」(聖書之硏究)에 실린 "무교회주의의 발전"이라는 글에 처음 등장한다.[60] 무교회주의는 신앙보다 교회를 우선시하는 것, 교회와 기독교를 동일시하는 것, 교회 없이 기독교 신앙이 불가능하다는 주장에 반대했다. 무교회주의는 교회를 신자들의 모임이나 집회로만 이해하기 때문에 평신도 중심을 원칙으로 했다.

김교신은 1930년 「신학지남」(神學指南)의 편집인으로 있던 장로교의 김인서(金麟瑞, 1894-1964)와 논쟁한 적이 있었다. 그때 김교신은 자신이 우치무라를 어떻게 생각하는지 잘 보여주었다. 김교신은 무엇보다 그를 진정한 애국자로 생각하였다. 그는 또 우치무라에게 복음의 깊은 뜻(奧義)을 배웠다고 말했다. 김교신은 두 개의 제이(J), 즉 일본(Japan)과 예수(Jesus)를 사랑했던 우치무라에게 기독교 신앙으로 조선과 조선인을 사랑하는 법을 배웠다. 또 성서적 진리가 아니고는 조선을 구원할 수 없다는 확신에 이르렀다. 성서적인 동시에 조선적인 기독교에 대한 관심도 우치무라의 가르침에서 비롯되었다. 이처럼 우치무라는 김교신에게 유일무이한 선생이 되었고 예수 다음으로 가장 큰 영향을 미쳤다.

십자가 대속 신앙을 붙들다

처음 김교신이 기독교를 믿은 이유는 도덕적인 완전함을 추구하고 이상적 생활과 이상사회를 건설하는 데 유익할 것 같았기 때문이다. 신앙적 측면보다 이상적인 인간과 사회를 추구하는 유교적 이상이 중시되었다. 유교는 한마디로 성인(聖人)이 되기 위해 배우는 것이다 (學以

---

60 미우라 히로시, 『우치무라 간조의 삶과 사상』, 123.

成人). 끊임없는 배움의 과정을 통해 자기완성을 목표로 하는 것이 유교다. 그러나 이 자기완성은 다른 무언가를 이루기 위한 수단이 아니다. 수신(修身) 자체가 목적이며 모든 일의 근본이다. 그래서 유교는 자아실현, 자기완성을 목표로 하는 극히 개인주의적인 가르침으로 보이지만 사실은 모든 것이 상호 연관되어 있다고 보는 유기적 우주관을 바탕으로 하고 있다. 즉 자아는 가정으로, 사회로, 국가로, 세계로, 그리고 하늘(上天)로 동심원을 그리듯이 확대되어 간다.[61]

김교신은 『논어』를 배우면서 공자의 인생역정을 삶의 이정표로 세우고 공자가 간 길을 10년 앞당기려고 하였다. 『논어』에 보면 공자는 "나는 열다섯 살에 학문에 뜻을 두었고 서른 살에 학문을 세웠다. 마흔 살에는 미혹됨이 없었고 쉰 살에는 천명을 알게 되었다. 예순 살에는 귀가 순하여졌고 일흔 살에는 마음이 가는 대로 행해도 법도를 넘어가지 않았다"고 말했다. 이에 김교신은 공자보다 10년을 단축하여 예순 살에 "마음이 가는 대로 행해도 법도를 넘어가지 않는(六十而從心所欲不踰矩)" 경지에 도달하고 싶었던 것이다. 그러나 이 길은 아무나 도달할 수 있는 것이 아니었다. 이러한 번민 중에 그는 기독교를 접하게 되었다. 김교신은 신앙 초기에 내세의 문제보다 현생의 문제에 천착했다. 어떻게 하면 하루라도 완전에 이를 수 있을지가 그의 최대 관심사였다.

김교신은 처음 산상수훈이 공자의 가르침보다 더 절대적인 도덕임을 알게 되자 쇳가루가 자석에 이끌리듯이 기독교 신앙에 매료되었다. 이전에 사그라졌던 신앙심이 더욱 강하게 되살아났고, 이전과 동일한 걸음으로 다시금 산상수훈의 가르침을 일점일획 온전히 실천하고자 하였다. 유교가 말하는 완성의 길을 성령의 권능을 빌어 속성(速成) 하고

---

61 杜維明, 『儒教』陈精 译(上海: 上海古典出版社, 2008), 3-4 참조.

자 했던 것이다. 그러나 김교신은 유교에서 말하는 어떤 인간의 가능성, 선함, 작은 용기조차도 자신에게 없음을 철저하게 깨달았다. 그는 자기 수양으로써 완전에 도달하려는 시도가 전적으로 불가능함을 알게 되었다. 자신에게는 선한 것이 하나도 없음을 뼈저리게 고백할 수밖에 없었다. "아, 나는 비참한 사람입니다. 누가 이 죽음의 몸에서 나를 건져 주겠습니까?"(로마서 7:24)라는 바울의 외침은 김교신의 고백이 되었다. 자신에 대한 철저한 절망 속에서 그는 오직 예수 그리스도만이 자신을 구원해 줄 수 있다는 십자가 신앙을 붙들게 된다. "건강한 사람에게는 의사가 필요하지 않으나, 병든 사람에게는 필요하다. 나는 의인을 부르러 온 것이 아니라 죄인을 부르러 왔다"(마가복음서 2:17)라는 말씀의 진의를 비로소 깨달았다.

이것이 김교신이 경험한 입신(入信)의 과정이었다. 유교는 인간의 본성이 모두 선하다(人性皆善)는 기본 전제에서 출발한다. 그러나 그는 유교에서 말하는 성인의 길이 불가능하다는 것을 깨닫고, 죄인을 의롭게 하는 하나님의 은혜를 붙들었다. 김교신은 유교적 인간관을 철저하게 극복했다. 한마디로 이행득의(以行得義)에서 이신득의(以信得義)로의 길이었다.[62]

이를 신학적으로 해석하면 김교신은 도나투스파의 성례론과 펠라기우스주의의 인간관을 아우구스티누스주의로 극복했다고 볼 수 있다. 도나투스파 논쟁은 초대교회에서 황제숭배를 수용한 이들, 즉 배교자 처리 문제로 발생하였다. 순교는 기독교인들의 이상이었지만 실제로는 많은 이들이 배교하였다. 그들은 희생 제사를 지냈다는 증명서가 있으면 형벌에서 벗어날 수 있었다. 때로는 배교의 표시로 성경을 내놓기

---

62 김정곤, "한국무교회주의의 초석 김교신의 유교적 에토스에 대한 고찰," 14.

도 하였다. 배교자는 신앙을 버린 이들(apostata)과 책을 넘겨준 자들(traitor)로 구분되었다.[63] 교회는 목회적 차원에서 박해자를 다시 수용하였다. 그러나 북아프리카에서는 교회가 분열되고 말았다. 도나투스파는 배교한 주교들이 성례를 베푸는 것에 반대했고, 그 성례의 유효성도 인정하지 않았다. 그들은 박해 아래서도 믿음을 굳게 지킨 자들의 성례만이 유효하다고 주장하였다.

이와 비슷하게 펠라기우스는 인간의 자유의지로 하나님이 명령한 모든 계명을 다 지킬 수 있다고 보았다. 펠라기우스는 하나님의 형상으로서 인간 본성의 선함과 자유의지를 옹호했다. 그는 인간이 자유의지에 따라 선과 악을 선택할 수 있다고 보았다. 인간이 악을 선택할 수 있기 때문에 선을 행하는 것은 더욱 가치가 있다. 그는 인간의 범죄를 본성 때문이 아닌 습관이나 선택이라고 보았다. 또 그는 은혜가 영적인 삶을 수월하게 하는데 도움을 주지만, 구원을 얻는데 반드시 필요한 것은 아니라고 보았다.[64] 펠라기우스주의는 기독교를 은혜의 복음이 아닌 하나의 도덕주의로 보이게 하였다는 점에서 유교와 유사하다.

아우구스티누스는 이 두 논쟁에 다 참여하였다. 그는 도나투스파와 펠라기우스주의의 인간 이해에 대해 인간의 불완전함과 약함을 주장했고, 오직 하나님의 은혜로만 구원을 받을 수 있다고 강조했다. 그리고 이것이 기독교 주류 신학이 되었다. 김교신이 밟은 여정이 바로 이러한 길이었다.

63　최종원, 『초대교회사 다시 읽기』(서울: 홍성사, 2018), 107.
64　권진호, "펠라기우스와 어거스틴의 은총론 연구," 「한국교회사학회지」 제25집 (2009), 51.

「성서조선」 동인(同人)

　김교신은 한때 신앙이 뜨거워 신학을 공부할 마음까지 가졌다. 그때 김교신의 고민을 해결해 준 이가 최태용(崔泰瑢, 1897-1950)이었다. 그는 무교회주의를 김교신보다 먼저 접했던 신앙의 선배였다. 그는 관리가 되고 싶어 수원농림학교(수원고등농림학교의 전신)에 들어갔다가 1916년 초겨울 "복음을 위하여 네 몸을 바치라"는 신비한 음성을 들었다. 이 체험은 3-4일간 기쁨에 취할 정도로 강렬했다. 그는 이후 집안을 다시 일으켜야 한다는 세속적인 꿈을 접고 오직 복음 전파에 헌신하기로 결심하였다. 그는 수원농림학교를 졸업하고 잠시 연희전문에 적을 두었다가 1920년 일본 유학을 떠났다. 그가 유학 중 우치무라 문하를 드나들게 되면서 두 사람의 교제가 이루어졌던 것이다. 나이로나 신앙의 연륜으로나 최태용이 당연히 선배였다. 그는 신학을 공부할 필요가 없다고 김교신을 간곡하게 설득했다.[65] 이런 최태용이 훗날 신학을 강조하게 되는 것은 아이러니라 할 수 있다.

　김교신은 학과보다 성서공부에 더 집중하였다. 그리고 우치무라의 성서 집회를 계기로 정상훈, 함석헌, 양인성, 류석동, 송두용과 함께 조선성서연구회를 조직한다. 김교신은 정상훈, 함석헌, 양인성과 먼저 교제했다. 이들은 모두 김교신과 동갑이었으며 같은 학교에 다녔다. 양인성(楊仁性, 1901-?)은 김교신의 외가 친척이다. 그도 박물학을 전공하였다. 함석헌을 성서연구회로 인도한 이는 김교신이었다. 정상훈(鄭相勳, 1901-?)은 메이지학원대학(明治學院大學)에서 신학을 공부하고 있었

65　김교신, "방합을 위하여 변함," 235; 김교신, "우리의 입장을 건드리지 말라,"(1936. 11)『김교신 전집 2』, 258. 최태용은 수원농림학교의 1년 후배 이덕봉이 신학을 하고자 할 때도 꼭 그럴 필요가 없다고 설득한 적이 있었다. 전병호,『최태용의 생애와 사상』(서울: 성서교재간행사, 1983), 69-70.

다. 송두용(宋斗用, 1904-1986)이 성서연구회에 본격적으로 참석한 때는 1925년 5월 3일이었다. 그는 이날을 신앙으로 들어간 입신(入信)의 날로 삼았다.[66] 「성서조선」 동인이 모두 합친 때는 1926년이다. 류석동(柳錫東, 1903-?)과 송두용은 양정고등보통학교 선후배 사이였는데 일본에서도 같은 곳에서 하숙하였다. 류석동은 24세로 와세다대학 영문과에, 그보다 한 살 어렸던 송두용은 도쿄농업대학에 다니고 있었다. 류석동과 송두용은 우치무라 성서연구회에 참석하는 다른 조선인과 성서를 함께 공부하고 싶었다. 그래서 어느 일요일 앞자리를 차지하고 앉았다가 성서공부가 끝나자마자 문간에서 나오는 사람들의 얼굴을 살펴서 조선 사람을 찾아냈다. 그때부터 여섯 명이 친해졌던 것이다. 이들은 1926년 말에 도쿄시 외곽 스기나미촌(杉並村)에서 조선성서연구회라는 모임을 결성하여 매주 성서를 연구하였다. 이들이 「성서조선」 동인이 되었다.

66　김복례, 『숨은 살림의 독립전도자 송두용』(서울: 신우디앤피, 2022), 17-18.

「성서조선」창간 동인들로 1927년 2월 도쿄에서 찍은 사진이다.
뒷줄 왼쪽부터 양인성, 함석헌. 앞줄 왼쪽부터 류석동, 정상훈, 김교신, 송두용이다.

김교신은 아사노 유사부로(淺野猶三郞)에게도 성서를 배웠다. 김교신은 아사노 유사부로에 대해 우치무라 간조의 수제자로서 "무교회주의는 급진 제자들의 제창과 대차 있다고 항변하면서 교회 측에도 원만한 교섭을 가진 이"[67]라고 평가하였다. 1925년 가을부터는 우치무라의 제자인 쯔카모토 토라지(塚本虎二, 1885-1973) 밑에서 헬라어를 공부하였다. 쯔카모토는 어학에 뛰어난 사람이었다. 그는 우치무라 문하에서 헬라어, 히브리어, 라틴어 강독반을 열어 후학을 지도했다.[68] 김교신이 헬라어뿐만 아니라 독일어 등 어학에 애착을 보인 데는 이 쯔카모토의 영향이 컸을 것이다. 김교신은 쯔카모토를 통해 성서의 학문적 연구

---

67 김교신, "내가 본 우치무라 간조 선생,"(1936. 11) 『김교신 전집 1』, 272.
68 양현혜, 『우치무라 간조, 신 뒤에 숨지 않은 기독교인』, 333-334.

제2장 일본 유학으로 우치무라 간조의 제자가 되다 53

의 실마리를 풀 수 있게 되었다.[69] 그는 쯔카모토를 우치무라의 무교회주의를 한 단계 진전시킨 인물이라고 평가하였다.[70] 김교신은 헬라어를 공부하면서 조선인의 체면을 구기지 않기 위해 최선을 다했다. 헬라어를 공부하던 당시를 회상한 소감을 보자.

> 저번은 희랍어 성서연구회 회원명부 한 부를 보내 주어 그 화요일인가 하고 생각하면 몸이 떨리기도 합니다만, 기뻤던 화요일이기도 했습니다. 그 화요일이 있은 때문에 일주일이 일주일이었습니다. 겨울이 있어 여름이 오고, 가을이 있어 봄이라고 할까요. 엄격하셨던 선생님과 자존심이 강했던 학우 제형(諸兄)께 영원한 존경이 용솟음칩니다.[71]

> 이 날은 학생 시대에 성서 어학을 공부하던 날이다. 당시의 선생이 과히 엄했다기보다 학우가 심히 준예(俊銳) 열성이어서 조선인인 체면을 담부(擔負)하고 저들을 따르기에 실로 천신만고하였다. 일주일에 수요일 아침은 내 몸이 가장 창대감(脹大感)을 느끼는 날이요, 목요일부터 하루하루 축소되어 가다가 월요일로 화요일 저녁에 이르러는 내 몸 덩어리가 한줌도 못 될 것같이 긴장하던 그 화요일이다.[72]

헬라어를 공부하던 화요일이 다가오면 긴장과 기쁨이 교차해 마음이 복잡했던 모양이다. 김교신은 성서 집회나 헬라어 공부 모임을 통해 일본인 스승뿐만 아니라 이시하라 효헤이(石原兵永), 마사이케 진(政池仁), 가타야마 데츠(片山徹, ?-1968), 마키노 세이로, 무라오 리키지로 등의 친구나 동료들을 사귀게 된다.

---

69 김교신, "조선에 있어서의 무교회(상)," 「성서신애」 제247호(2002. 3), 17.
70 김교신, "내가 본 우치무라 간조 선생,"(1936. 11) 『김교신 전집 1』, 272.
71 김교신, "가타야마 데츠 형,"(1930. 5. 29) 『김교신 전집 7』, 380.
72 김교신, "무제,"(1938. 7) 『김교신 전집 1』, 375.

방학 중 조선에서 전도 활동을 하다

김교신은 방학 때 가끔 조선에 귀국했다. 집에서 조용히 쉬는 때도 있었지만 단체로 전도를 하기도 했다. 우치무라 문하에서 공부를 시작했던 그 해 여름에 귀성하여 예배당을 지은 일화는 그에게서 쉽게 연상하기 어려운 모습이다. 그는 함흥군 사촌에 예배당이 없다는 것을 유감으로 생각해 전도 활동으로 약 400원을 모았다. 그는 이를 예배당 신축에 기부하였다.[73] 또한 그는 아사노 유사부로와 함께 함흥 등 조선의 북부지방을 중심으로 전도했다. 아사노는 1923년부터 5년 동안 여름방학 때마다 학생들을 이끌고 조선에서 복음을 전했다. 김교신은 통역을 담당했다. 아사노는 그의 통역이 천하일품이라고 칭찬해 주었다. 김교신은 아사노에게서 조선인에 대한 깊은 애정, 복음에 대한 인내와 신종(信從)을 배웠다.[74]

> 아사노 선생은 그 후 1927년 여름까지 5년간 계속해서 여름마다 조선의 북부지방을 방문해서 짧을 때는 3, 4일간, 길 때는 1주일, 혹은 10여 일도 묵으면서 함흥을 중심으로 삼평면, 문천, 원산, 안병 등 벽지까지 전전하셨다. 그러는 동안 불편한 온돌방 생활, 불안한 조선 식사, 진흙 시골길, 홍수의 난, 발열, 입원하는 등 갖은 고난과 싸웠다. 그 결과는 사람의 생각을 넘어선 현상이 나타났다. 처음 무렵에는 무교회의 탄압만을 일삼던 교회 측 사람들도 한 번 두 번 정강하는 동안에 무교회를 두려워할 것이 아닐뿐더러 이것이야말로

---

73 "함흥 사촌 교당 신설," 「동아일보」(1921. 9. 8)
74 김교신은 훗날 관북지방의 한 소학교에서 주일학교를 시작하려는 청년에게 편지를 보내면서 "그 지방은 내가 학생 시대에 한 하계휴가를 땀 흘려 전도했던 곳인 고로 교회 이름, 목사, 장로의 성명 등이 내 가슴을 울렁거리게 않고는 마지않으니 신기한 일! 또 당연한 일! 20년 만에 소생한 셈"이라고 감격스러워 했다. 김교신, "1940년 11월 4일(월) 일기," 『김교신 전집 7』, 317.

진짜 복음이라며 개미가 단 것에 꼬이듯이 평신도들이 모여들고 장로, 목사까지 모여와서 이 집회 유치운동을 할 정도였다.[75]

김교신은 여름방학 기간 중 모교인 함흥농업학교에서 강연을 하기도 하였다. 졸업생의 모교방문인 셈이었다. 강연은 풍수지리설을 과학적인 시각으로 비판하는 계몽적인 내용이었다. 그는 집안 어른들의 이른 죽음 때문에 풍수지리설에 관심이 많았다. 그는 박물학을 공부하면서 그러한 죽음이 풍수와 아무런 관련이 없다는 것을 확신하게 되었다. 김교신은 평생 건강관리에 신경을 썼는데 일찍 사망하는 가족력을 과학적으로 극복하겠다는 의지의 표현이었다.

어머니 양신이 예수를 믿게 된 것은 아들의 영향이었다. 예수를 믿고 난 후 건강해진 아들의 모습이 양신을 신앙으로 이끌었다. 양신은 교회에 열심히 출석하였다. 그녀는 신앙으로 과부의 고달픈 심회를 달랠 수 있었다. 양신은 엄격한 유가적 분위기와 기독교 신앙이 잘 어우러진 모습을 보였다. 그녀는 언행이 단정하고 가도(家道)가 정연하면서도, 때로 유머를 곧잘 터뜨렸다.

1926년 둘째 딸 시혜가 태어났다. 그해 여름에는 양인성과 함께 최태용을 찾아 그의 잡지 발간을 도와주었다. 최태용은 조선에 귀국한 후 '하늘에서 오는 소리'라는 뜻을 가진 「천래지성」(天來之聲)을 발간하고 있었다. 김교신은 최태용을 좋은 신앙의 선배로서 존경했다.

일본 유학은 기독교 신앙, 그것도 일반적인 기독교가 아닌 무교회주의와 스승 우치무라를 만나게 되었다는 점에서 김교신에게 중요한 삶의 전환점이 된다. 또한 도쿄고등사범학교에서 박물학을 전공한 것도

---

75 김교신, "조선에 있어서의 무교회(상)," 16-17.

성서를 이해하는 방식에 영향을 미쳤다. 김교신 가문의 측면에서 본다면 집안을 이끌어가야 하는 종손이 서양의 근본 없는 종교를 수용한 것이었다. 가문의 유교적인 분위기와 경제적인 풍요를 생각해 볼 때 김교신의 선택은 쉽게 납득할 만한 일은 아니었다. 얻은 것이 있다면 잃은 것이 있기 마련인가. 그는 한때 친척들에게 미친 자 취급을 받고 친구들에게는 조롱을 당했다고 회고했다. 또한 제사 문제로 문중에서 거의 제적당한 듯하였다. "우리는 예수 믿는다고 사람으로 안 본답니다"[76]는 아내 한매의 말에서 그 분위기를 짐작할 수 있다. 이 모두는 예수를 믿었기에 져야 했던 짐이었다.

76　박춘서, "김교신 선생 侍病記(하)," 「성서연구」 제344호(1983. 10), 7.

제3장
「성서조선」 창간 :
조선을 성서 위에 세워야

조선인이라는 철저한 자기 인식을 갖다

김교신이 일본에 간지 만 7년이 흘러 도쿄고등사범학교를 졸업하게 되었다. 이제는 조선으로 돌아올 수 있게 된 것이다. 김교신의 인생사를 살펴볼 때 도쿄의 유학생활은 그의 삶 전반을 결정했다. 그 사이에 김교신은 예수를 믿었고, 소중한 친구들을 얻었다. 그 친구들 중에는 일본인이 다수 있었다. 그가 일본에서 배운 기독교 신앙 즉 무교회주의는 일반적인 기성 교회의 신앙과는 달랐다. 그래서 두 진영 사이의 갈등은 이미 예견되어 있었다.

김교신이 조선으로 돌아가게 되자 지인들이 기도회로서 송별회를 열어주었다. 그때 모 학교 교장의 권면은[77] 김교신의 뇌리에 평생 사라지지 않았다. 설교의 홍수 속에서 한편의 메시지도 제대로 기억하기 어려운 것이 우리의 현실이다. 그런 면에서 한 사람의 마음에 평생 남을 메시지를 전한 그 설교자는 행복하다고 할 수 있다. 당시 설교 본문은 마태복음 6장 19절부터 34절까지였다.

"자기를 위하여 보물을 땅에다가 쌓아 두지 말아라"로 시작하는 예수의 말씀은 "너의 보물이 있는 곳에, 너의 마음도 있을 것이다"로 연결되어 "너희는 하나님과 재물을 아울러 섬길 수 없다"에서 절정을 이

---

[77] 김교신, "1931년 5월 3일(일) 일기,"『김교신 전집 5』, 49-50; 김교신, "1939년 3월 15일(수) 일기,"『김교신 전집 7』, 46.

룬다. 보물로 생각하는 그곳에 혹은 그 물건에 마음이 있기 마련이다. 이 땅의 것들에 마음을 둔다면 이미 두 마음을 품은 것이다. 먼저 하나님의 나라와 하나님의 의를 구해야 한다. 그리고 이 땅의 경제적인 문제와 염려는 전적으로 하나님께 맡겨 두어야 한다. 김교신은 이 말씀을 졸업장이라 불렀다. 마음에 새겨진 졸업증서였다.

김교신은 처음 유학을 떠날 때 일본에 대해 불공대천(不共戴天)의 굳은 마음을 가지고 동해를 건넜다. 일본인과는 한 하늘에서 살 수 없다는 것이 그의 마음이었다. 철저한 유교집안에서 자라나 충효의 가치관을 새겼고 3·1운동에도 적극적으로 참여했던 그가 이런 생각을 한 것은 어쩌면 당연하다. 그 스스로도 1930년대 초 산상수훈을 강해하면서 "실지의 불공대천의 원수를 어떻게 참말 사랑할손가"[78]라며 원수 사랑이 불가능하다는 점을 언급했다. 그러나 그는 기독교를 접하고 인간의 본성으로서는 할 수 없는 원수 사랑을 진리의 문제로 수긍하고 받아들였다.

당시 조선인에게 일본은 이중적으로 다가왔다. 일본은 조선을 식민 지배하고 있는 침략자이면서도 조선인이 배워야 할 강대한 선진국이었다. 김교신에게도 예외가 아니었다. 처음 일본은 그에게 같은 하늘 아래에서는 살 수 없는 대상이었다. 그러나 기독교 신앙을 통해 일본을 용서해야 한다는 것과 식민지 조선의 현실도 하나님의 섭리 안에 있다고 믿게 되었다. 또한 여러 경험을 통해 알게 된 일본인은 자신이 조선에서 이분법적으로 단순하게 생각했던 대상이 아니라는 것이 분명해졌다. 어떤 면에서 일본인은 조선인보다 정직하고 성실해 보였다. 일본인의 도덕성과 신실함은 조선인을 반추하는 거울이 되었음이 분명하다. 제국주

---

78 『김교신 전집 4』, 101.

의적 일본의 모습은 강력한 비판의 대상이었지만 자신을 가르치고, 함께 공부했던 일본인은 조선인 못지않게 깊은 우애를 나눌 수 있는 상대였다. 일본의 선진적인 모습과 일본인의 생활태도 등 조선인이 배워야 할 점이 적지 않다는 것이 유학 경험에서 내린 결론이었다.

그럼에도 변하지 않는 현실은 조선인이 이등국민이라는 것이었다. 식민지 시기 내내 일본인과 조선인은 내지인과 외지인으로 철저하게 구분되었다. 두 민족이 같다는 식민지 지배원리는 오로지 효율적인 식민지 지배와 전쟁 동원을 위해서였을 뿐이다. 식민지 조선은 머리부터 발끝까지 민족차별의 원리가 철저하게 관통하고 있는 불평등사회였다.[79] 이 때문에 김교신은 일등국민과 이등국민이 따로 있을 수 없는 영역에서 조선인의 가치를 높이고 싶었다. 그는 '학문에는 국경이 없다', '조선인과 일본인의 구별이 있을 수 없다', '사해가 형제 동포다'[80], '옳은 일을 하는 데야 누가 시비하랴?'는 생각으로 현실을 극복해 나가려 했다. 그러나 김교신은 조선인이었다. 아무리 한대도 조선인이었다.

김교신의 일본 유학을 한마디로 결산하라면 무엇이라 말할 수 있을까. 그것은 "아무리 한대도 너는 조선인이다"는 깨달음일 것이다. 그는 어느 날 저녁, 조선으로 향하는 배에서 한 일본인으로부터 이 말을 듣고 분하여 연락선 갑판을 몇 번이나 발로 내리쳤다. 처절한 깨달음이었다. 분하고 억울했지만 현실이었다. 그 마음을 당시의 조선인이 되어 보지 않고서는 짐작만 할 수 있다. '아무리 한대도 나는 조선인에 불과하다', '조센징은 불쌍하다.' 동해안을 가로지르는 연락선 갑판 위에 서 있던 김교신은 비로소 사해동포(四海同胞)의 허상, 조선인도 일본인과

79　이준식, 『일제강점기 사회와 문화: 식민지 조선의 삶과 근대』(서울: 역사비평사, 2014), 36-41.
80　본래 『논어』의 '안연'편에 있는 말이다. "사해 안이 다 형제다."(四海之內, 皆兄弟也)

다르지 않다는 꿈을 깰 수 있었다.

수치스럽지만 나는 조선인, 그래서 나의 사랑은 다른 누군가가 아닌 조선인. 이때가 김교신이 조선인이라는 콤플렉스를 진정으로 극복하는 순간이 아니었을까. 다른 조선인과 구별됨으로써 조선인을 극복하고 세계인으로 나아가고자 했던 그가 이제 자신을 진정 다른 조선인과 일치시키고 조선인 콤플렉스를 극복한 것이다. 이때부터 그의 초점은 조선으로 모아지고 그는 조선을 사랑하기로 한다. 이 일이 방학 중 잠시 조선에 귀국하던 배 안에서 일어났다.

김교신은 이후 조선에 대한 자신의 입장을 분명히 하고, 이 조선을 하나님의 말씀으로 다시 세우리라는 확고한 결단을 하게 된다. 이것이 유명한 에피소드라는 송두용의 말을 빌리지 않더라도 그가 이 순간을 얼마나 충격적으로 받아들였는지 짐작할 수 있다. 일본인과 조선인이 참 형제라는 인식도, 모든 사람이 사해동포라는 생각도 내 자신이 조선인이라는 철저한 자기 인식 없이는 의미가 없다는 것을 깨달았던 것이다. 일본인의 정체성에 편승하여 사해동포, 근대화, 문명화로 나아가는 것이 대다수 친일파의 원리였다는 것을 생각해 볼 때 김교신의 깨달음은 친일의 논리에 동화되지 않을 수 있는 내적 에너지가 되었다.

영생여자고등보통학교에서 가르치다

김교신은 본래 경제적으로 부유하였다. 그런데 이 재산을 김교신의 종숙이자 사업가였던 김보희(金晋熙) 때문에 거의 다 날렸다는 이야기가 있다. 아버지의 땅 10만 평을 김보희가 관리했는데 만주에 과수 묘목을 보내는 사업을 벌이다가 다 소실했다는 것이다. 김교신은 이 사실을 도쿄고등사범학교를 졸업한 후에나 알게 되었다고 한다.[81] 함석헌도 이에 대해 증언하고 있다. 김교신이 1927년 12월 성탄절 무렵에 도쿄에 갑자기 찾아왔는데 재산 때문에 가족끼리 불화가 생겨 자칫하다가 자신이 살인이라도 할 것 같아서 뛰어 왔다는 것이다.[82] 그래도 김교신은 집안의 분위기를 생각하여 사건을 원만히 해결한 모양인데, 김보희는 1932년에도 김교신을 연대 채무자로 올려 부동산이 은행 경매에 넘어가게 하는 사고를 치고 만다.[83]

김교신은 귀국 후 바로 함흥 영생여자고등보통학교에서 학생들을 가르치기 시작했다. 함흥은 김교신의 고향이다. 고향 사람들 중에는 도쿄로 떠난 그의 존재를 모르는 사람이 없었다. 또한 명문 사범 학교에서 공부한 그가 귀국했을 때 관심을 가지지 않을 학교가 있었을까. 영생여자고등보통학교는 1903년에 선교사가 설립한 기독교 학교였다. 3·1운동 때는 영생남자학교와 함께 함흥 지역의 만세 시위를 주도하여 일제의 큰 탄압을 받았다. 이 학교는 훗날 조선어학회사건(1942)의 발단이 된 곳이기도 하다. 당시 4학년에 재학 중이던 박영옥이라는 학생의 일기장에 "국어(일본어)를 사용하다가 선생님께 꾸중을 들었다"는 내용이 문제가 되었다. 이 사건은 결국 조선어학회사건으로 연결되어 많은 이들이 구속되고 모진 고문을 당했다.[84]

영생여학교에서의 모습은 제자 임옥인(林玉仁)[85]의 증언을 통해 단편적으로 알려져 있다. 김교신은 운동회 연습 때 여학생들에게 릴레이 레

---

81 김이희, "집안에서 들은 이야기,"『김교신 전집 별권』, 398.
82 함석헌, "김교신과 나," 93.
83 김교신, "1932년 6월 14일(화) 일기,"『김교신 일보』, 72.
84 서정민,『겨레사랑 성서사랑 김교신 선생』(서울: 말씀과만남, 2002), 60-61.
85 찬송가 592장 "산마다 불이 탄다 고운 단풍에"의 작사자이다.

이스와 마라톤을 연습 시켰다. 장거리 달리기 선수였던 그의 실력이 유감없이 발휘되었다. 또 그때부터 어느 학교로 부임하든지 박물실은 그의 차지였다. 채플에서 김교신의 설교는 잔잔하면서도 힘이 있었다. 당시 김교신이 가장 좋아하는 찬송은 "내 주여 뜻대로"였다. 그는 예배실에 남아 음악 선생의 피아노 반주에 맞춰 이 찬송을 자주 불렀다.[86]

영생여학교에서의 교편생활은 길지 못했다. 일 년 후 김교신은 근무지를 서울로 옮겼다. 그는 왜 함흥을 떠났을까. 김교신은 이 학교에서 하나의 사건을 겪게 되었다. 송두용의 회고에 의하면 이 일은 "일생에 처음이며, 또 다시 있을 수 없는 무섭고 슬픈 체험"이었다.[87] 이 사건은 김교신이 남긴 글에 직접 언급된 적은 없지만 정황상 이성 문제였던 것으로 보인다. 젊고, 인격적이고, 실력까지 출중했던 김교신은 인기가 많았다. 학교의 한 일본인 여교사와 얽힌 이야기가 전해지고 있는데, 김교신이 일본까지 찾아가 함석헌에게 이 이야기를 했다는 점에서 개연성이 있다.[88] 특히 임옥인은 구체적인 소문을 전한다.

> 남들은 흠 없는 완인(完人)으로 떠받드는 경향이 없지도 않은 장본인이 여학교 교사로서 동료 일본 여교사와의 정사 때문에 - 그것도 매우 딱하게 - 예수님께서 현장에서 잡혀 온 여인을 곁에 두고 허리를 구부려 땅에 글씨를 썼다는 - 그리고 누구든지 죄 없는 자가 돌로 치라시던 - 그 장면을 연상케 하는 - 그러므로 한 사람도 거기 감히 서서 여인에게 돌을 던질 수 없는 인간 사회이면서 - 그러나 경위가 경위인지라, 선생께서는 가슴 아프게도 불명예 제대를 할 수밖에 없었던 것이다.[89]

---

86 임옥인, "환희에 찬 비통의 찬송가," 『김교신 전집 별권』, 238-239.
87 송두용, "김교신과 한국의 무교회," 『김교신 전집 별권』, 23.
88 함석헌, "김교신과 나," 93-94.
89 임옥인, "완벽한 생애, 단 하나의 삽화," 「나라사랑」 17 (1974. 12), 99.

사건이 발생한 시점도 중요하다. 신앙의 전사로서 조선 전도의 본격적인 첫 삽을 뜬 지 얼마 지나지 않은 때였기 때문이다. 곧「성서 조선」 발간 직후 그러한 일이 터진 것이다. 김교신의 생애에서 선명하게 오점으로 남은 이 사건은 인간 실존의 연약함과 누구나 그리스도의 은혜가 필요함을 보여준다.⁹⁰ "나도 너를 정죄하지 않는다. 가서, 이제부터 다시는 죄를 짓지 말아라."(요한복음서 8:11) 이것은 철저한 속죄가 필요한 사건이다.

김교신은 1928년 봄, 양정고등보통학교의 지리박물과 교사로 부임하였다.⁹¹ 여러 제자들이 그를 참 스승으로 회고한 점에서 알 수 있듯이 김교신은 양정학교에서 하나의 전설이 되었다. 선생으로서의 모습은 뒷 부분에서 따로 다루기로 한다. 김교신은 평생을 평교사로 일관했는데, 여기에는 무교회주의의 직업성소관(職業聖召觀)이 영향을 미쳤다.⁹² 무교회주의자들은 각자의 직업을 천직으로 알고 최선을 다해 하나님과 이웃을 섬기는 것을 소명으로 한다. 특히 제도교회나 목회직에 대해 비판적이기 때문에 세속적 직업만으로 하나님의 나라를 구현하는데 부족함이 없다고 본다. 그들에게 성직은 따로 필요하지 않다. 이 점이 칼뱅주의의 직업성소관과 다른 점이다.

---

90 2017년 1월 19일(목)『김교신 일보』출판기념회 때 저자가 이만열 교수에게 이 사건을 이야기하자 그는 이 내용을 처음 들었다고 하면서 "김교신이 비로소 인간으로 다가왔다"고 말했다.

91 조선인이 다니는 학교는 보통학교, 고등보통학교, 여자고등보통학교라 불렸는데, 1938년 3월 제3차 조선교육령 때 보통학교는 소학교로, 고등보통학교는 중학교로, 여자고등보통학교는 고등여학교로 명칭이 변경되었다. 그렇다면 양정고등보통학교는 1938년 1학기 때부터 양정중학교가 되었다. 최규진,『일제의 식민교육과 학생의 나날들』, 18.

92 김정환, "김교신: 민족적 기독교를 통한 종교입국 주창자,"「한국사시민강좌」제30집 (2002), 294.

「성서조선」, 숙명이 되다

김교신은 1927년 7월 일본에서 만난 동료들과 「성서조선」을 창간하였다. 조선 유학생들이 모임을 만들어 잡지를 발행하고 조선에서 강연회를 개최하는 것은 당시의 문화라고 할 수 있을 정도로 흔히 볼 수 있는 일이었다. 조선성서연구회 모임이 반년 정도 진행되었을 때 잡지 발행 이야기가 본격화되었다. 잡지의 이름은 김교신이 지었다고 한다. 「성서조선」의 발행지는 도쿄였지만 인쇄소는 서울이었다. 발행지가 도쿄가 된 데는 편집을 맡았던 정상훈이 당시 도쿄에 있었고 류석동이 거주하는 곳을 성서조선사로 정했던 때문으로 보인다. 대신 독자는 조선인이었기에 배포와 판매를 위해 인쇄소는 서울에 두었다. 일본인이 아닌 조선인을 겨냥한 것으로 소위 '조선산 육용사(六勇士)'의 출현이었다.

김교신을 비롯한 동인들이 「성서조선」을 편찬한 이유는 조선을 성서화하기 위해서였다. 이들에게 조선은 살 중의 살이자 뼈 중의 뼈였다. 특히 김교신의 조선 사랑은 잘 알려져 있다. 조선은 그의 생각을 지배했다. 송두용은 "김교신은 예수보다 조선을 더 사랑했다"고 증언할 정도였다. 류석동은 "조선 사랑이 김교신의 적혈구 전부까지 점령했다"고 말했다. 모두 최측근들에게서 나온 증언이다. "나는, 육신으로 내 동족인 내 겨레를 위하는 일이면, 내가 저주를 받아서 그리스도에게서 끊어질지라도 달게 받겠습니다."(로마서 9:3) 동족을 사랑했던 사도 바울의 마음이 바로 김교신의 마음이었다.

창간 다음해에 동인들은 부산에서 신의주까지 전도여행을 계획하였다. 문서전도의 빈자리를 현장경험으로 채우고자 한 것이다. 그리고 그해 7월 정상훈을 위시로 양인성, 송두용은 부산에서 서울까지 철도가

지나는 도시에 들러 복음을 전했다. 충청북도 영동에서의 전도활동을
보자.

> 충북 영동 장로교회에서는 지난 7월 22일부터 2일간 종교 강연이
> 있었다는 바 오후 9시 30분경에 개연(開演)이 되자 이인봉 씨가
> 등단하여 기도와 찬송이 있은 후 강사 송두용 씨가 등단하여 '나의
> 종교문제'란 제(題)로 열변을 토하였으며 그 다음 정상훈 씨도
> 장시간 열변을 토한 후 기도를 마친 후 폐회하였으며 23일은 오후
> 9시부터 연사 정상훈, 송두용, 양인성 씨가 순서대로 성황으로 강연이
> 있었다더라.[93]

함석헌은 서울에서 합류하였다. 전도여행 당시 일본에서 온 청년들이 조선교회에서 집회한다는 얘기에 적지 않은 경찰이 배석하여 혹 사람을 선동하지 않는지 철저히 감시하였다. 서북지방으로의 전도여행은 1929년 여름에 이루어졌다. 정상훈은 평안북도 정주의 오산에 있는 함석헌을 만나러 갔다가 오산과 곽산, 그리고 황해북도 사리원에서 전도하였다.

「성서조선」은 6명의 동인이 주축이 되어 발행되었다. 15호까지는 정상훈의 노력이 컸다. 처음에는 일 년에 네 차례 발행을 목적으로 했다가 1929년 8월(제8호) 이후로는 매월 발행하였다. 창간 당시 정상훈은 동인 중 리더나 다름없었다. 그는 「성서조선」을 발행하는 한편 강연회나 집회를 통해 동인들의 입장을 전달하려 애썼다. 1929년에는 집회를 하려고 기독교청년회에 장소를 문의했다가 거부당했고, 서울 공덕리 김교신의 집에서 매주 작은 집회를 인도했다. 그는 편집주임으로 복음 전도를 위해 생식을 감수할 정도로 분투했다. 그러나 그가 집안 일

---

93 "宗教講演: 永同에서," 「中外日報」(1928. 7. 27)

로 서울을 떠나게 됨으로써 1930년 4월 동인지로서의 「성서조선」은 일단 폐간되었다. 그래서 16호부터는 김교신이 단독 발행하게 된다. 그는 1930년 5월부터 주필로서 집필, 교정, 인쇄, 우송 등 사무 일체를 책임졌다.

「성서조선」을 전담하게 되는 1930년은 김교신이 조선 무교회의 중심인물로 떠오르기 시작하는 시점이다. 그는 「성서조선」을 단독으로 맡게 되면서 「성서조선」과 조선 무교회에 대한 책임을 지게 되었다. 정상훈이 더이상 「성서조선」에 힘을 쏟을 수 없게 되었을 때 김교신은 "나도 이 짐을 피하려고 애쓰기는 일반이었다"고 말할 정도로 많은 고민 끝에 책임을 떠안았다. 그는 잡혀 죽을 양과 같은 심정으로 이 짐을 뗐다. 이 때문에 김교신이 「성서조선」과 운명을 같이하게 된 해는 1927년이라기보다는 1930년이라고 보아야 한다. 김교신은 「성서조선」의 주필이 되지 않았다면 평교사로서 무교회 모임을 돕는 주변인물로 남았을 것이다.

함석헌은 1928년 봄 귀국하여 오산학교에서 교편을 잡았다. 그리고 그곳에서 성서 모임을 시작하였다. 그는 일본에서 귀국한 후 교회를 덮어놓고 반대할 생각은 아니어서 동네 교회에 나가 청년반을 맡았다. 그러나 교회와 함석헌 사이에는 거리감이 있었다. 그 거리감은 교회 신자와 무교회 신자 사이에 흐르는 불편함이었다. 무교회주의자들은 교회를 구원과 연관시키는 데에 거부감을 가지고 있다. 함석헌은 부득이 교회 출석을 그만두었다. 이후 이찬갑(李贊甲, 1904-1974)과 이승훈(李昇薰, 1864-1930)이 함석헌이 인도하는 성서 모임에 참석하게 되었다. 함석헌이 이승훈을 소개함으로써 「성서조선」 동인들과도 인연이 맺어지게 된다.

이찬갑은 1928년경부터 함석헌의 오산 성서연구 모임에 참석하였고 이승훈은 1929년 후반기부터 참여하였다. 해방 후 이찬갑은 충청남도 홍성군 홍동면 팔괘리 풀무골에서 주옥로와 함께 풀무학원을 시작하였다. 그는 예수를 닮은 평민을 길러내고자 했다.

    이승훈은 105인 사건과 3·1운동으로 오랜 시간을 감옥에서 보낸 기독교인이자 민족지사였다. 그런데 함석헌에게는 무엇보다 그가 오산학교 설립자라는 부분이 중요했다. 이찬갑은 『한국사 신론』의 저자 이기백의 부친으로 유명하다. 그를 잘 알지 못하는 사람이 많기에 좀더 소개해 본다. 그는 오산학교를 졸업하고 서울 서대문의 피어선신학교에서 목사 수업을 받다가 중도에 그만두었다. 그는 정주에서 사과나무 과수원을 운영했는데 당시 사과농사가 굉장히 잘 되었다. 그는 이 과수원을 오산농장이라고 불렀다. 광복 후에는 월남하여 충남 홍성에 덴마크의 국민고등학교를 본뜬 풀무학원을 세웠다. 그는 자식들에게 덴마크를 재건시킨 니콜라이 그룬트비(Nikolaj Frederik Severin Grundtvig, 1783-1872)의 "그 나라의 말과 역사가 아니고는 그 민족을 깨우칠 수 없다"는 말을 강조했다.[94] 이 때문에 이기백은 역사 분야에, 그의 동생 이기문은 국어 분야에 유명한 학자가 되었다. 이기백이 함석헌의 「성서적 입장에서 본 조선역사」로부터 깊은 감명은 받은 것은 잘 알려진 사실이다.

---

94 이찬갑은 1928년부터 함석헌이 오산학교에 부임하면서 시작한 성서 모임에 적극 참여하였다. 남강 이승훈은 그의 종증조부(증조부의 형제)였다. 이찬갑의 생애를 미시사(微視史)적으로 접근한 책이 있어 눈길을 끈다. 백승종의 『그 나라의 역사와 말:

함석헌은 김교신의 평생 동지로서 무교회 모임에 깊이 있는 신학적 통찰을 제공해 주었다. 확실히 함석헌은 통찰력에 있어 예리하고 뛰어난 면이 있었다. 김교신은 "함 선생의 성서해석은 깊은 샘에서 물을 자유롭게 퍼내는 것같이 진리를 나타내는 것이 무궁무진하다"고 평가하였다. 송두용은 동지이자 동생으로서 사상적으로 김교신의 입장을 대변해 주었으며, 무교회 모임에 장소와 음식을 제공하는 덕이 있었다. 그는 도쿄농업대학에서 공부한 경험으로 오류동 응곡에서 농사를 지었다. 이곳에서 송두용은 성서 모임을 시작하였고, 오류학원을 열어 학생들을 가르쳤다. 이 오류동 성서 모임은 지금도 지속되고 있다. 양인성은 일본에서 귀국하여 평안북도 선천의 신성중학교에서, 1932년 2학기부터는 개성의 호수돈여학교에서 가르쳤다. 양정학교에서 영어를 가르치며 김교신과 같이 근무했던 류석동은 경제적으로 많은 어려움을 겪었다. 그는 1934년 김교신을 떠났고 1935년 12월 복음교회(福音敎會) 창립 시에는 그 교회에서 세례를 받았다. 그러나 후일 6.25 당시 복음교회를 창립한 최태용을 공산군에게 넘겼다는 의심을 받아 복음교회로부터 가룟 유다로까지 평가받고 있다.[95] 인생사가 적지 않게 복잡했다는 이야기다.[96]

일제 시기 한 평민 지식인의 세계관』(서울: 궁리, 2002)이 그것이다.
95 전병호, 『최태용의 생애와 사상』, 171-172.
96 류석동의 삶은 순탄치 않았다. 해방 전 몇 번 송사에 휘말려 재판을 받았고 해방 후에는 징역형을 살기도 하였다. 그는 1947년 한국수산회사 사장 신분으로 부산어시장, 향추어장(香椎漁場), 수산은행 설립 등 이권을 획득하기 위해 당시 농무부 수산국장이었던 이기승(李箕承) 등에게 600여만 원의 향응을 제공한 혐의로 징역 2년형을 선고받았다. 1950년에는 대한농회 사설고문, 남한실업주식회사 사장 신분으로 대한농회 공금 2억여 원을 횡령했다는 이유로 체포되었다. 당시 대한농회 부회장이었던 최태용도 마찬가지의 이유로 구속되었다. 이들은 함께 감옥에서 6·25를 맞았다. "어장권의 瀆職, 전 수산국장을 增收賂사건 送廳," 「자유신문」(1946. 6. 3); "李箕承事件言渡," 「중앙신문」(1947. 10. 18); "大韓農會에 瀆職事件, 公金二億圓을 橫領, 員犯柳錫東廿二日被逮," 「商工日報」(1950. 6. 25)

아! 조선아

김교신이 근본적으로 착안한 문제는 조선이었다. 조선이라는 두 글자는 그에게 전부였다. 무엇이든지 조선을 빼고는 의미가 없었다. 김교신의 조선교회 인식도 조선이 안고 있는 문제의 연장선에서 이해할 수 있다. 김교신은 일제 식민지 치하에서 기독교인이 되었다. 망국민의 현실 속에서 김교신은 조선이 일제의 식민지가 될 수밖에 없는 문제를 깊이 고민하였다. 김교신은 이스라엘의 멸망을 그 백성을 징계하시기 위한 하나님의 섭리로 이해하였다. 그가 이스라엘의 멸망을 하나님의 징계로 이해했다면, 조선의 멸망도 동일하게 생각했을 것이다. 멸망의 근본적인 원인은 그 곳에 살고 있는 백성의 죄악이었다.

당시 일본은 식민사관의 입장에서 지리적 결정론(반도적 성격론)을 주장하고 있었다. 대륙에 붙어 있는 작은 반도라는 지리적 조건 때문에 조선의 역사는 중국이나 일본에 의하여 타율적으로 움직여 왔다는 것이다. 그러나 김교신이 보기에 조선은 그 산하와 해안선의 풍족함, 위치, 기후 풍토에 손색이 없었다. 이는 넉넉히 한 살림살이를 부지하고 인류사에 큰 공헌을 할 수 있는 무대였다. 이 점에서 김교신이 조선의 지리를 얼마나 반식민사관의 입장에서 바라보았는지 알 수 있다. 그렇지만 김교신은 때로 탄식하였다. 조선에 지리적, 선천적 결함은 없지만 문제는 백성이었다. 그가 보기에 조선인은 도덕적으로 많은 문제를 가지고 있었다. 그는 조선인의 태만, 게으름, 불신용, 정직하지 못함과 신실하지 못함을 안타까워하였다. 그는 조선에 결핍된 것이 많으나 신실처럼 결핍이 심한 것을 느껴 본 적이 없었고, 생활의 신의가 없는 자와는 교제를 단절하고자 했다. 그래서 학생들에게 신의를 강조하고, 의롭고 깨끗하게 살라고 가르쳤다. 그가 보기에 조선 민족은 죄의식이 없었다. 김교신은 이러한 인식 하에 조선의 갱생을 주장하였다.

> 개인과 가정의 구원, 사회와 국가의 융성은 모두가 건전한 도덕생활의 기초 위에 서지 않으면 안 된다는 것이다. 건실한 도덕적 생활에 돌아오기만 하면 난마같이 된 당시의 유대 민족이라도 갱생의 업이 땅 짚고 헤엄치기보다 용이한 일이라는 것이 저들의 확신이요, 기독교의 항구불변의 원칙이다.[97]

이렇게 보면 김교신이 조선인의 윤리적인 문제에 대한 타개책으로 도덕적인 갱생을 주장했던 것처럼 생각하기 쉽다. 그러나 그가 말하는 도덕은 유교가 가르치는 윤리 규범이 아니었다. 그것은 신앙의 문제였다. 김교신은 하나님께 대한 태도, 즉 신앙이 도덕이라고 생각하였다. 그에게 기독교 도덕은 하나님 아버지의 거룩하신 속성대로 흠 없이 그 앞에 서고자 하는 것이며, 하나님 경외와 이웃 사랑은 도덕의 시작이자 완성이었다. 또 하나님과의 바른 관계는 도덕의 총화이자 갱생의 원동력이었다. 그리고 기독교 도덕은 다시 오시는 예수 앞에 성결하게 서고자 하는 욕망에 근거하였다.

---

97 김교신, "예언자의 소리,"(1937. 9) 『김교신 전집 1』, 197.

1930년 2월 28일 음력설 즈음에 찍은 것으로 추정되는 가족 사진이다. 김교신부터 시계방향으로 아내 한매, 셋째 김정혜, 어머니 양신, 둘째 김시혜, 심부름하던 순선, 그리고 큰딸 김진술이다. 한매의 품에 안겨있는 정혜는 1929년 7월 13일에 태어났다. 겨울 복장이며, 시혜가 색동옷을 입은 것에서 1930년 구정으로 추정하였다. 김교신은 1933년 1월 1일부터 양력으로 설날을 지내기 시작한다. 김교신은 아내가 출산으로 몸이 힘들거나 집안일이 바쁠 때 가사를 돕는 사람을 두었다. 순선이가 그런 사람이었다.

김교신에게 있어서 조선의 문제는 하나님 앞에 신실하고 의롭게 살아가지 못한 죄였다. 이 근본적인 문제를 해결하지 않으면 조선의 갱생과 구원은 불가능하다고 보았다. 조선의 문제는 정치적이거나 경제적인 요건에 있지 않다. 그렇기에 처방도 정치적이거나 경제적일 수 없다. 그는 조선의 갱생이 하나님과 사람 사이의 관계를 바로 할 때 가능하며, 조선인은 주 예수 복음의 발효작용을 통해서만 변화될 수 있다고 믿었다. 그리스도를 믿는 신앙으로 조선의 운명이 크게 달라질 것이며, 조선인이 신앙으로 설 때에만 영구하고 위대한 것이 산출될 수 있다고 생각하였다. 그는 덴마크의 산업적 발전의 기반에 복음주의 기독교 신앙이 있듯이 조선도 신앙이 근원적인 문제라고 보았다. 정신적이고 종교적인 것을 정치적, 경제적인 것보다 우선시하였던 것이다.

조선이 문제를 해결하고 갱생을 이룰 수 있는 해법은 무엇이었을까. 김교신은 조선인에 성서를 가르쳐, 성서 위에 조선인을 세우고자 했다. 이는 조선을 기독교화하고 성서화하는 것으로, 성서를 조선 민족의 책이 되게 하고 일상 속에서 성서의 진리를 생활화, 현실화하는 것이다. 이러한 삶을 살기 위해서는 하나님의 의(義)를 이루기 위한 적극적인 자기희생이 필수적으로 요구된다.

이런 맥락에서 「성서조선」의 발행 목적 또한 조선을 성서의 기반 위에 세우고, 조선을 성서화 하려는 데 있었다. 이를 성서입국(聖書立國)으로 표현할 수 있다. 「성서조선」에 무교회주의 색채가 강하게 드러났지만 김교신의 의도는 교회를 비판하거나 부정하려는 것이 아니라 성서의 진리, 그리스도의 복음을 전하는 데 있었다.

김교신에게 성서는 책 중의 책이었으며 가장 고귀한 것이었다. 그의 모든 생애, 모든 신앙은 성서와 함께였다. 그에게는 세상의 모든 책이 없어진다 하더라도 성서만 있으면 문제될 것이 없었다. 그는 성서만 읽어도 기독교 진리를 파악하는데 아무 문제가 없다고 생각했다. 김교신에게 성서는 생명의 동력을 공급하는 책이자 기독교 신앙을 파악하는 가장 근본적인 것이었다.

그러므로 김교신은 조선의 갱생이 성서로만 가능하다고 생각했다. 그는 조선이 성서 위에 굳건히 서고 조선인이 성서의 진리로 살기를 바랐다. 조선인이 하나님 앞에 선 민족으로 하나님과 바른 관계를 형성해 나갈 때 조선의 구원이 가능하다고 믿었다. 이처럼 조선의 성서화는 조선(조선인)의 문제를 타개하는 방책으로 도출되었다. 조선의 갱생은 민족의 독립과도 필연적으로 연결되어 있었다. 그는 조선인의 가능성을 보았고 그들에게 소망을 보았다. 조선인이 참다운 하나님의 백성으로 세워질 때 바빌로니아의 포로 되었던 유대인들이 예루살렘으로 돌아오듯이 얽매인 겨레가 풀려 놓이는 날이 올 것이라는 소망이다. 그는 조선인을 도덕적이고 영적인 백성으로 세움으로써 조선의 독립을 앞당기려 했다. 이 때문에 김교신에게 가장 중요한 일은 조선인을 도덕적으로 바로 세우는 것이지, 일본과의 싸움이 아니었다. 그의 생각을 잘 보여주는 경기중학교 제자의 일화가 하나 있다.

> 김 선생님의 말씀 중 지금도 내 뇌리에 그 음성이 생생하게 남아 있는 한 구절이 있다. 이군이었던가 좀 과격한 친구였는데 수업 시간에 이런 이야기, 저런 이야기 나왔을 때에, 우리의 살 길이 문제가 되어 이 친구가 정치적으로 생각해서 간악한 일인 때문에 우리가 고생이니 그들과의 투쟁만이 우리의 살 길이 아니냐고 대들었다. 그때 선생님은 웃으시면서 "일본인에도 훌륭한 사람이 있단다"고 외치시면서 우리가 살 길은 일인이 거꾸러지는 것으로 되는 것이 아니라, 우리들 자신이 잘 살 수 있는 참 인간이 되는 것이라는 말씀을 하셨다. 그 당시는 무엇인가 감명을 느끼면서도 이해치 못하고 시간이 끝난 뒤 모여서 김 선생은 일본과 협력하여 자치 정도나 얻어 보자는 자치주의자에 지나지 않는 것 같다고 못마땅해 했었다. 그러나 해를 거듭할수록 그 말씀은 나에게 크나큰 교훈으로 여겨지게 되었다.[98]

---

98 김성태, "잊혀지지 않는 한 말씀," 『김교신 전집 별권』, 211.

이처럼 김교신은 조선의 갱신을 위해 조선인의 정신개조를 강조하였다. 사람이 먼저 변해야 한다는 것이다. 김교신은 의심할 여지없는 민족주의자였는데 그의 방식은 민족주의 중에서도 문화운동론의 범주 안에 있다. 문화운동론은 개인의 정신적·도덕적 자각을 바탕으로 신문화를 건설하는 운동이다. 조선인 각자가 자발적인 정신개조로 도덕성을 함양하고 서로의 연대로 조선 사회를 변혁시켜가는 방식이다. 한 개인의 정신개조는 조선민족 전체와 연결되는데 이를 민족개조라고 부른다. 민족개조론자 중에서 민족적 자존감을 부각시킨 이들은 조선의 정신문명인 사상, 학문, 예술, 종교 등에 대한 재발견과 새로운 자각을 강조하였다. 김교신은 조선인의 정신세계를 강조한 이런 문화운동론자였다. 이 점은 앞으로 다루게 될 조선산 기독교에서도 확인된다. 조선산 기독교를 이해하는데 중요한 요소인 조선혼과 조선심은 조선인의 정신세계를 강조하는 문화운동론의 담론 안에 있다.[99]

---

99 김교신을 문화운동론의 범주 안에 있었던 민족주의자로 본 연구로 전인수, "김교신의 조선산 기독교에 대한 역사적 이해: 조선혼과 조선심을 중심으로," 「한국기독교와 역사」 제47호(2017. 9), 239-267이 있다.

제4장
기독교와 유교가 조화를 이룬 집

공덕리 활인동으로 이사오다

　김교신은 서울로 이사 온 후 서대문 밖 공덕리 활인동에 거주하였다. 그곳은 당시 경기도 고양에 속한 지역이었다가 1936년 서울로 편입되었다. 지금은 마포구 공덕동으로 이름이 바뀌었다. 공덕리는 당시 황해도 사람들이 모여서 누룩덩이를 만드는 곳이었다. 이곳은 일을 찾아 서울로 왔으나 도시외곽으로 밀려난 하층민의 주거지였던 셈이다. 그래서 어떤 사람들은 누룩장수들이 사는 곳이라며 무시했다. 남들은 공덕리를 천한 곳이라고 멸시했지만 김교신의 생각은 달랐다. 누룩은 적은 분량으로도 서 말의 전분을 발효시킬 수 있다. 복음서에서 예수는 하나님 나라의 확장을 누룩에 비유하곤 했는데 김교신은 성서 말씀을 연상시키는 이 지역이 싫지 않았다. 동네 이름도 성서적으로 보였다. 김교신은 활인동을 영혼을 살리기에 부족함이 없는 곳으로 해석하였다. 그는 활인(活人)이라는 지역 이름처럼 사람을 살리기를 원했다.

　김교신은 1929년 4월에 경성부 외곽 용강면 공덕리 활인동 130번지에 집을 마련하였다. 서울에는 1928년에 올라왔을 것이다. 활인동에 살기 전에 어디에 거주했는지 기록으로는 알 수 없지만, 김시혜 여사는 연희전문이 보이는 신촌 근처에 살았다고 기억한다. 그래서인지 김교신은 연희전문을 영적 고향이라고 불렀는데 공덕동에 이사 오기 전 이곳이 그의 기도터였기 때문으로 보인다.

> 특히 연희의 송림(松林)과 청계(淸溪)는 나 개인의 신앙생활에
> 없을 수 없는 기도터였으며, 연전의 교단에 서서 내가 주 예수를
> 증거하려면 우거진 송림과 맑은 바람이 화응(和應)하는 듯하고,
> 눈 오는 새벽에 놀라던 꿩과 토끼와 교목(喬木)을 진찰하던
> 딱따구리와 풀밭을 기어가던 개미와 송충(松蟲)의 종류들까지 나의
> 인인(隣人)으로 환좌(環坐) 성원하는 듯하다. 이러한 나의 영적
> 고향에서…….[100]

공덕리 활인동 땅은 일본인 야마모토(山本泰雄)에게 빌린 것이었고 건물만 김교신의 소유였다. 집은 35평의 대지 위에 기와집 8칸과 헛간 3칸이었다. 대문 오른쪽에는 '성서조선사'라는 문패가, 왼쪽에는 '김교신'이라는 문패가 붙어 있었다. 이곳에 거처를 정한 것은 양정학교 때문이었다. 학교까지는 걸어서 갈 수 있었다.

김교신은 입주하고 5년 정도 지난 뒤 방 두 칸을 증설하고 서재를 만드는 등 보수공사에 들어갔다. 아내 한매는 집을 수리하는 김교신에게 서재보다는 부엌을 넓히고 책보다는 가구를 사야 한다고 했지만 그의 집은 개인집 이상을 의미했다. 그곳은 성서조선사의 본사요, 무교회 지인들이 회합하는 곳이었다. 그래서 더 넓은 공간이 필요했다.

김교신은 집에 하숙생들을 들였다. 그는 방황하는 수양기의 학생들과 정서적으로나 지적으로 밀접하게 사귀고자 했다. 기숙생들은 한 가지 원칙을 지켜야 했다. 곧 "출필고반필면(出必 告反必面)"으로 외출할 때와 돌아왔을 때 반드시 이를 알려야 했던 것이다. 「성서조선」에 처음 등장하는 하숙생은 김현직으로 1933년부터 2년 남짓 살았던 것으로 확인된다. 이 학생 외에도 몇 명이 더 있었다. 그런데 『김교신 일보』에는 그들보다 먼저 기숙했던 학생으로 김종희, 최규회, 한홍식 등

---

100 김교신, "1935년 11월 22일(금) 일기," 『김교신 전집 5』, 422-423.

이 나온다. 곧 1932년 이전부터 김교신은 기숙생을 두었던 것이다. 김교신이 1936년 정릉으로 이사 갈 즈음에는 4명의 학생이 활인동에 있었다.

김교신은 수색에서 농사도 지었다. 이를 위해 작은 초가집도 하나 마련하였다. 그곳으로 이사 가는 것도 생각했지만 아이들 교육 때문에 끝내 가지 못했다. 당시 '시내'라고 할 수 있는 활인동에 비해 수색은 외진 시골이었다. 좋은 교육환경을 위해 이사를 포기했던 김교신을 보면 자녀들의 교육 문제로 여러 불편함을 감수하는 요즘 부모들이 생각난다. 김교신은 농사꾼의 꿈이 있었다. 그는 도쿄고등사범학교 시절에 창조적 근로생활을 꿈꾸기도 했다. 농사는 이런 욕구를 충족하고자 하는 작은 몸부림이었다. 그렇지만 학교나 「성서조선」 때문에 농사는 늘 부업에 머물렀다.

아버지 김교신

김교신은 16세에 아버지가 되었다. 오늘날로 하면 중학교 3학년 나이다. 나이는 사회적인 의미가 크다. 한 사람이 사회에서 차지하고 있는 위치와 사회가 그 사람에게 요구하는 것으로 인해 나이의 의미가 결정된다. 그렇게 볼 때 당시 16세는 지금과는 달랐다.

김교신과 한매 사이에는 8명의 자녀가 있었다. 김교신과 첫째 딸 진술의 관계는 앞에서 잠깐 언급했다. 진술은 진명여고를 졸업하고 이화여전을 다녔다. 김교신은 큰 딸이 간호사가 되기를 바랐으나 양신의 반대에 부딪혀 포기하였다. 간호사에 대한 사회적 인식이 낮아 양신은 이 직업을 반대했던 것이다. 맏딸과 김교신 사이에는 몇 가지 일화가 있다. 하나는 진술이 열아홉 살 때 안방에서 주운 돈으로 만년필을 산 것이다. 이 돈은 김교신이 흘린 것이었다.

> 며칠 전에 안방에서 분실되었던 돈 3엔을 진술이가 주워서 만년필 산 것이 발각되어 꾸짖다. 솔직히 자백하였으므로 큰일에 이르지는 아니하였으나 아픈 마음은 자제하기 어려웠다(心痛難制). 아이들의 행동이 모두 유전 소인(素因)인 듯, 반영(反影)인 듯하여 몹시 두렵고 깊이 뉘우치다(恐懼痛悔). 하나님은 은혜로 주신 자녀로써 그 부모를 교육하시도다. 고맙고도 두려운 일![101]

김교신은 자녀의 잘못을 자신의 삶을 돌아보는 계기로 삼았다. 그도 어렸을 때 숙모의 돈에 손을 댄 적이 있었기 때문이다. 김교신은 딸의 행동이 유전인 것 같아 가슴이 아팠다.

두 번째 사건은 진술이 화장을 하면서 발생했다. 이 사건은 손기정(孫基禎, 1912-2002)이 베를린 올림픽에서 금메달을 딴 후 인사차 김교신의 집을 방문했다가 목격한 일이다. 본래 화장품과 자전거 이야기는 손기정이 올림픽이 끝난 뒤 유럽 여행 중 본 일화를 김교신에게 편지로 전한 것으로 알려져 있었으나[102] 실제는 김교신의 수업 시간에 손기정이 직접 말한 것이다. 1936년 11월 초 모교를 방문한 손기정은 독일인이 화장보다 천연적 건강미를 강조하고 독일이나 덴마크 사람들은 자전거를 많이 탄다는 이야기를 했던 것이다. 손기정이 김교신의 집을 방문했을 때는 1937년 2월 7일 일요일이었다.[103] 김교신은 딸이 쓰고 있는 화장품을 바위에 던져버렸다.

---

101 김교신, "1934년 1월 31일(수) 일기," 『김교신 일보』, 227.
102 손기정, "비범하셨던 스승님," 『김교신 전집 별권』, 154-155
103 『김교신 전집 6』, 123-124, 177쪽 참조.

저거 봐라. 바위에다 크림을 발라 놓으니 어디 바위가 제 모습이 나느냐? 마찬가지야. 네 얼굴 그대로가 좋지. 왜 그걸 발라서 좋은 얼굴을 오히려 나쁘게 하느냐 말이다. 손 선수의 편지에도 독일 여자들은 화장을 하지 않더란다. 독일 여자들이 우리나라 여자들보다 가난해서 화장품 살 돈이 없어 화장을 않겠어? 그런 부자 나라의 여자들도 화장을 않는데 우리나라의 처지로 여자들이 화장을 하는 것이 그게 어디 합당한 일이냐?[104]

당시 여학교에서는 화장이나 반지 착용을 금지하였다. 그럼에도 여학생들은 남모르게 이를 했으며, 특히 방학 때 더욱 그러했다.[105] 김교신은 자연인 그대로의 모습이 훨씬 아름답다고 생각하였다. 또한 가난한 조선에서 화장품을 사용하는 것은 지나친 사치였다. 그는 독일이 흥한 이유와 조선이 망한 이유를 이렇게 선명하게 보여주는 것은 없다고 생각했다. 딸로서는 너무나 야속한 아버지였다. 이 일로 한동안 다른 딸들도 화장품을 사용할 수 없게 되었다. "문내(門內)에 화장품 금수입령(禁輸入令)"이 내려진 것이다.[106] 나중에 김교신은 이 일이 너무 지나쳤다고 생각했던지 다른 딸들이 성장했을 때는 화장품을 사주곤 했다.[107]

김교신의 둘째 딸은 시혜(始惠)였다. 첫째와는 열 살 차이가 났다. 김교신이 예수를 영접하고 얻은 첫 딸이었기 때문에 은혜의 시작이라는 뜻으로 이름을 시혜라고 지었다. 오랜만에 얻은 자녀라 부모의 사랑을 많이 받았다고 한다. 그녀는 4-5세 때 천자문을 거의 통달하여 신문 지면에 기재되는 글도 곧잘 읽었고[108] 아버지의 말은 무슨 일이 있

---

104 손기정, "비범하셨던 스승님," 『김교신 전집 별권』, 155.
105 최규진, 『일제의 식민교육과 학생의 나날들』, 68, 126-127.
106 김교신, "1937년 10월 23일(토) 일기," 『김교신 전집 6』, 298.
107 박춘서, "김교신 선생 시병기(하)," 16.
108 김교신, "학교 교육에 대한 불만,"(1934. 8) 『김교신 전집 1』, 80.

어도 순종해야 한다고 생각했던 아이였다. 그럼에도 시혜는 꾸중도 많이 들었다. "애자(愛子)에게 회초리가 많다"는 말이 있다. 시혜가 그런 자녀였다.

> 오전 중에 시내 진명고등여학교에 나가 차녀의 전학 수속을 완료하다. 큰일로부터 시간표 베끼는 것, 전차 회수권 사는 일 등 작은 일까지 해주면서 여러 번 눈굽이 뜨거워짐을 깨닫다. 하나는 조실부친(早失父親)하여 박복한 내 신세와 따라서 내 아버지 생각이요, 또 하나는 내가 나의 자녀에게다 하는 일보다 몇 갑절 온유하게 주도하게 손잡아 이끌며 붙잡아 주시는 하늘에 계신 영원한 아버지 생각이다. 주 예수 안에 있는 한 내가 결코 박복하지 않은 것이 생각나서 주님 앞에 회개의 눈물 또 감격의 눈물.[109]

셋째 딸은 정혜(正惠)이다. 이때부터는 항렬인 정(正)자를 사용했다. 정혜는 김교신이 유학을 마치고 얻은 첫 아이였다. 김교신은 "정혜는 우리 집 공주여!"라며 사랑했다. 성격이 활발하고 자기 소신도 남달라서 김교신은 정혜를 요셉이라고 부르곤 했다. 아버지의 편애를 시기한 요셉의 형들처럼 언니들은 "너를 팔아먹겠다"며 정혜를 곧잘 위협하였다.[110] 정혜는 어린 나이에도 불구하고 어느 야외예배 때 김교신을 따라 북한산 백운대 정상까지 올라 아버지의 마음을 흡족하게 했다.

넷째 딸은 정옥(正玉)이다. 김교신은 "드디어 4부 합창이 가능하다"고 기뻐했다. 반면 양신은 손자가 아닌 아쉬움에 "똥옥"이라 불렀다. 정옥이는 아버지에게 크게 혼난 적이 있었다. 그때 김교신은 "인간 중에서도 나는 바닥"이라며 크게 후회하였다. 김정옥 여사는 훗날 아버지가

---

109 김교신, "1940년 8월 24일(토) 일기," 『김교신 전집 7』, 279.
110 김정혜, "증언," 『김교신: 그 삶과 믿음과 소망』, 339.

국가유공자로 추서되고 아버지의 명예를 회복시키는데 큰 역할을 하였다.

다섯째는 장남 정손(正孫)이다. 유가적 집안에서 태어난 김교신은 아들을 몹시 기다렸다. 대를 잇는 일은 무엇보다 중요한 문제였다. 장남을 얻자 김교신은 친지와 지우들에게 이 소식을 흥분된 마음으로 알렸다. 그는 아들에 대한 기쁨을 숨기지 못했으며 장남에게는 무척 관대했다. 숙부 김충희가 손(孫)이라는 이름을 지어주었는데 아마도 집안의 대를 이을 자손이 드디어 태어났다는 의미를 담았을 것이다. 한때 집안 문중이 첩을 들이라며 김교신을 압박했었고, 김교신 자신도 "딸자식 섭섭히 알았던 버릇"이[111] 있었으니 말이다.

여섯째는 딸 정복(正福)이었다. 사십을 향해 가는 김교신에게 이 아이의 성장 과정은 큰 기쁨이 되었다. 일곱째는 둘째 아들 정민(正民)이었다. 그는 어려서부터 몸집이 커서 '뚱뚱이'라는 별명을 얻었다. 막내 딸 정애(正愛)는 유복자로 태어났다.

김교신은 자녀 양육을 통해 하나님의 마음을 더 공감할 수 있었다. 이 점에서 양육 과정은 하나님의 마음을 알아가는 하나의 훈련장이었다. 그는 자녀의 잘못을 통해 하나님의 아픈 가슴을 알게 되었고, 잘못을 조건 없이 용서하시는 하나님의 사랑도 깨달았다.

공덕리의 특이한 집

김교신은 1933년부터 설을 음력이 아닌 양력으로 보냈다. 전통적으로 조선인은 음력설을 쇠어왔고, 일본은 메이지유신(1868) 이후 양력

---

111 김교신, "1937년 4월 8일(목) 일기," 『김교신 전집 6』, 213.

설을 지냈기 때문에 이런 행동은 친일이라는 오해를 살만했다. 물론 조선에서도 1894년 갑오개혁 이후 정부에서 양력설을 권유했지만 잘 지켜지지 않았다. 이는 일제강점기에도 마찬가지였다. 일본은 조선을 식민통치하게 되면서 양력설을 지내도록 강요했지만 조선인들은 좀처럼 받아들이지 않았다. 당시 민중들은 음력설을 쇠는 것을 민족적이고 애국적인 행위로 여겼다. 그러나 김교신은 음력설이 민족적인 행동과 아무런 관계가 없다고 생각하였다. 그가 양력설을 쇤 이유는 과학적이라고 여겼기 때문이다. 그는 태양력이 과학적으로 정확하다고 믿었다. 양력설을 쇤 이후 김교신의 집에서는 음력설에 자녀들이 새 옷을 입는 일이 없었다. 그는 실용적이고 과학적인 견지에서 음력설을 폐지했지만 모든 마을이 설날 준비로 바쁠 때 자녀들은 무슨 생각을 했을까.

김교신은 입춘(立春)을 매년 뜻깊게 보냈다. 집안 대대로 농사를 지었기 때문에 입춘에는 가풍대로 움 속에 저장하여 두었던 생무쪽을 씹어 먹고, 쑥국(艾湯)을 끓여 특별히 기념하였다. 쑥국은 봄 내음을 가득 담고 있는 음식이다. 입춘 이후로 냉수로 세수하는 것도 대대로 물려받은 가풍이었다. 입춘은 신앙적으로는 부활에 대한 강렬한 소망을 불러일으켰다.

앞서 김교신이 제사 문제로 문중과 교류가 거의 사라졌다고 언급했다. 본래 부친의 제사를 지냈으나 예수를 믿은 뒤로는 떡을 해서 이웃에 돌리는 정도로 기념했다. 그는 기독교 신앙 때문에 가문의 종손 역할을 제대로 하지 못했다. 그러나 친척 중에는 결혼식 주례를 부탁하는 경우가 생겨났다. 모범적인 결혼생활을 하는 것을 보면서 결혼만큼은 본받을 점이 많다고 생각했던 것이다.

김교신은 가족들과 가정예배를 드렸다. 예배는 매일 한 장씩 자녀들과 성서를 윤독하는 형식이었다. 그가 부재중일 때도 계속되었다. 김교신이 가정예배를 드리게 된 것은 유학 당시 하숙집 주인이 자녀들과 매일 가정예배를 드리는 것을 좋게 보았기 때문이다. 신앙이 건실하고 화목한 가정의 모습이 인상에 강하게 남았던 것이다.[112]

공덕리에서 매우 특별했던 김교신의 집. 제사도 지내지 않았고 음력 설날에도 음식 준비와 세배로 분주하지 않았다. 저녁에는 매일 성경을 읽는 소리가 문지방 넘어 흘러 나왔다. 그러나 서양 집 같지도 않았다. 그는 두루마기를 입고 짚신을 신기도 했으며, 외출할 때는 어머니께 큰절로 행선지를 알리고 돌아올 때도 절을 올렸다. 기독교와 유교의 분위기가 적절하게 조화된 집안이었다.

---

112 김교신, "1938년 12월 30일(금) 일기," 『김교신 전집 6』, 494.

장남인 김정손 백일기념 사진이다. 1934년 3월 17일 일기에 "오전 중에 정손 및 가족기념사진을 날로 찍었디"는 기록이 있다. 서울 공덕리에 거주할 때의 사진이다. 위쪽 왼쪽부터 시계방향으로 김교신, 진술, 아내와 정손, 어머니, 정옥, 정혜, 시혜, 가사 일을 돕던 순선이다.

제5장
양정학교에서 '양칼'이라는
별명을 얻다

김교신 평전

김교신은 양정고등보통학교의 지리박물학 선생이었다. 양정학교는 손기정 선수가 베를린 올림픽 마라톤에서 우승함으로써 전국적인 유명세를 탔지만 본래 명문 학교였다. 김교신이 양정에 부임하던 1928년 무렵에 보통학교 졸업자 가운데 5% 정도만 중등학교에 진학하였고, 1939년 무렵에도 보통학교 졸업자 중 약 6% 미만이 중등학교에 진학하였다.[113] 이런 상황이니 양정학교에 들어가기가 만만치 않았다. 1933년 양정학교의 입시에서 120명을 모집했는데 750명이 지원하였다. 1936년에는 100명 모집에 1,406명이 지원하여 14:1이라는 경쟁률을 기록하였다. 신입생이 내는 첫 등록금도 100원 내외로 매우 고액이었다. 지방에서 온 학생들은 하숙비나 기숙사비를 따로 마련해야 했다. 중등학생은 한마디로 돈 잡아먹는 귀신이었던 셈이다. 험난한 입시경쟁을 통과해야 했고 경제적 부담까지 져야 했기에 중등학생은 선망의 대상이자 선택 받은 사람으로 여겨졌다.

학교는 당시 서울 봉래동에 있었다. 양정학교는 1905년 양정의숙(養正義塾)으로 개교하여 1913년 9월 고등보통학교로 인가되었다. 그리고 1938년에는 양정중학교로 개칭되었다. 김교신이 부임할 당시 양정학교는 설립한 지 이십 년이 넘은 학교였다. 5학년제로서 학생 정원은

---

113 최규진, 『일제의 식민교육과 학생의 나날들』, 170-171.

500-600명 정도, 학급은 각 학년마다 두 반씩 모두 10개 반이었다.[114] 초대 교장은 설립자 엄주익이고, 1931년부터는 안종원이 맡았다. 학교 주요 시설로는 2층 본관 1동, 본관 오른쪽에 강당으로 썼던 2층 기와집 1동, 본관 뒤로 1927년 증측한 2층 교사 1동, 운동장, 기숙사 등이 있었다. 교문에서 비탈길을 올라 본관으로 갈 수 있었다. 강당은 60평 정도의 규모였는데 이곳에서 입학식과 졸업식이 거행되었다. 큰 규모는 아니었지만 입학생을 무난히 수용할 정도는 되었다.

종로 도렴동에서 시작된 양정학교는 봉래동에 신축 교사를 마련하고 1920년 6월 12일 낙성식을 가졌다. 위 사진에 본관과 강당이 보인다. 1927년에는 본관 뒤에 2층 교사를 증축하였다. [사진출처: 양정창학 100주년 기념사업회, 『사진으로 본 양정백년』(서울: 다락방, 2006), 29.]

김교신은 부임하자마자 담임을 맡았다. 담임은 한 반을 5년 동안 계속 맡는 것이 관례였다. 그는 양정학교에서 담임을 두 번 맡게 된다. 그는 박물실에 주로 머물렀다. 양정학교에서 함께 근무했던 김연창의 회고에 의하면 김교신은 처음부터 성서 연구로 강한 인상을 풍겼다고 한

---

114 1933년 입학정원은 120명이었다. 또한 1936년 입학정원은 100명이었다. 그 해 학생 수는 600명이었고 한 학급은 60명 가까이 되었다. 1939년은 1학년에 세 반이 있었다. 입학정원의 변동을 고려할 때 양정학교에는 매년 500-600명 정도의 학생이 재학하고 있었다.

다. 김교신이 주로 성서를 읽던 곳이 박물실이다. 그는 그곳에서 수업 준비와 성경 공부, 그리고 「성서조선」의 원고 집필 등을 하였다. 박물실은 그의 성전이요 예루살렘이었다.

김교신이 양정학교에 부임할 때의 조건 중 하나가 기독교를 전하면 안된다는 것이었다.[115] 학교는 김교신이 노골적으로 신앙을 전파할까 염려했다. 신앙을 전하지 않겠다고 약속은 했지만 김교신은 이를 지키지 못했다. 오히려 그는 적극적으로 기독교 신앙을 강조했고, 일요일마다 학생들을 대상으로 성서를 가르쳤다. 그는 미국 지리를 가르치다가 링컨을 소개한 적이 있었는데 학생들은 기독교를 선전한 것이라며 항의하기도 했다. 김교신은 노예를 해방하여 미국을 재건한 인물로 링컨을 높이 평가했는데, 그가 학생들의 항의를 받았던 이유는 링컨이 성서를 가까이했던 점을 강조했기 때문일 것이다. 이에 학교 당국은 교육시책과 맞지 않는다며 여러 번 경고했다. 종교의 자유가 중요한 지금의 관점에서 보면 종교에 지나치게 경도된 교사로 볼 수도 있겠다. 다만 김교신이 교사라면 마땅히 학문을 넘어 사람됨을 가르쳐야 한다고 생각했던 점은 그를 이해할 수 있는 여지를 남긴다. 성서가 여기에 적합하다고 생각했던 것이다.

> 담임반 생도들이 제3학년으로 진급하여 지력과 연령이 감당할 듯하므로 금학년부터 성서를 배우라고 권설하다. 좋은 기회를 주어서 받지 않는 것은 저들의 책임이나 단지 편편의 과학적 지식만 전수하고 인간의 기본지식을 가르쳐 주지 않으면 나에게 화가 미칠 듯하므로 간절한 마음으로 권려하다.[116]

---

115 김교신, "1936년 4월 21일(화) 일기," 『김교신 전집 6』, 40.
116 김교신, "1935년 4월 1일(월)," 『김교신 전집 5』, 285.

사직서를 품고 연회를 베풀다

김교신은 술과 담배 문제에 엄격했다. 그는 건전한 인간이라면 당연히 술·담배를 하지 않아야 한다고 보았다. 그는 신앙이 돈독했던 학생들이 사회생활을 시작하면서 신앙이 흔들리게 되는 것은 상관이 주는 술 한 잔을 거절하지 못해서라고 했다. 그리스도인이라면 초면에 술을 먹지 않는다고 명확히 밝혀야 한다는 것이다. 이것을 분명히 하지 않으면 신앙의 정도를 걸어가기 힘들다고 보았다. 이런 소신 때문에 김교신은 부임하자마자 큰 시험거리에 직면하게 된다. 당시 양정에는 부모의 생일에 동료 직원들을 초청하여 식사를 하는 관행이 있었는데, 연회에서는 술을 내놓아야 하는 것이 철칙이었다. 김교신의 말을 직접 들어보자.

> 나의 어머니는 음력 4월 2일생이었기 때문에 부임하자마자 나는 이 순번을 당하였던 것입니다. 연회에는 물론 술을 내는 것이 움직일 수 없는 철칙이 되어 있었으나, 나는 물론 술을 안 마실 뿐 아니라, 나의 주최하는 연회에서는 술을 사용할 것이 아니라고 믿고 있었기 때문에 여기에 난관이 닥쳐왔던 것이었습니다. 연회의 순번에서 피할 수는 없고 그렇다고 해서 주연을 펼 수는 절대로 없습니다. 그래서 나는 사직서를 몸에 품고 연회를 베풀었던 것입니다. 일이 만일 뜻대로 안 되는 경우에는 그 자리에서 직을 내놓을 생각이었으니까 연회장에는 환락이기보다 살기가 감돌고 있었다는 것을 당시 함께 계셨던 분들은 기억하실 것으로 압니다. 그 후 금야(今夜)의 이 송별회에 이르기까지 한 잔의 술도 주고받지 않고 비사교적인 극단을 철저히 나타내어 왔습니다.[117]

---

117 김교신, "송별의 감,"(1940. 4) 『김교신 전집 1』, 145.

모친의 생일은 양력으로 1928년 5월 20일이었다. 사직서를 품고 연회를 열었던 김교신의 모습에서 마치 전쟁에서나 볼 수 있는 비장함을 느낄 수 있다. 김교신은 이 사건을 계기로 양정학교에서 술을 먹지 않아도 되는 예외적인 사람이 되었다. 상사의 술 제의에 사직서를 내놓을 각오로 이것을 거부할 기독교인이 얼마나 있을까. 김교신은 다니엘을 가리켜 "신앙의 자연 노출"이라고 말한 적이 있다. 외부의 압박에 자연스럽게 신앙이 노출되었다는 뜻이다. 이는 내연(內燃)의 신앙이 외연(外延)이 되는 원리다. 다시 말해 안에서 불이 붙으면 밖으로 옮겨붙을 수밖에 없다는 것이다. 주기철(朱基徹, 1897-1944)의 순교도 이것으로 설명할 수 있다. 신앙이 안에서 내연되어 있으면 외부의 자극에 자연스럽게 노출된다. 곧 신앙이 외연되는 것이다. 신앙은 내연되지 않으면 절대 외연 되지 않는다.[118]

신앙의 외연과 내연을 이야기 할 때 우치무라 이야기를 빼놓을 수 없다. 그가 공무차 어떤 작은 섬에 갔는데 묵을 곳이 11번 호텔밖에 없었다. 그런데 호텔 주인은 노인이었는데 소문난 술고래로, 손님과 밤새 술을 마시며 이야기하는 것이 취미였다. 소문에 의하면 지금까지 감히 누구도 그 주인이 권하는 술을 거부하지 못했다고 한다. 호텔 주인은 우치무라에게도 술을 권했다. "술을 먹겠느냐"는 물음에 우치무라는 "술은 한 방울도 안합니다"라고 단호하게 답했다. 기세에 눌려서인지 노인은 그날 밤 자신도 입에 술을 대지 않았다. 주인이 술을 먹지 않고

---

118 한국교회사가 민경배는 순교자 주기철의 신앙을 '내연'과 '외연'으로 설명하였다. 그는 우리의 신앙이 내연해서 경건과 거룩함으로 뚜렷이 서기만 하면 성령의 능력으로 어떤 형태로든 구체적으로 동력화해서 외연된다고 주장했다. 민경배,『순교자 주기철 목사』(서울: 대한기독교서회, 1985), 251.

밤을 넘기기는 그때가 처음이었다.[119] 앞서 언급했던 '우치무라 불경사건'과 연관시켜 생각해 볼 때 이 또한 내적 신앙이 자연 노출된 셈이다.

인문학적 지리박물학 선생

김교신은 양정학교에서 지리, 박물, 농업을 가르쳤다. 수업에 거리낌 없이 함경도 사투리가 묻어나왔다. 그의 수업은 좀 특이한 면이 있었다. 그는 지리 수업을 인물과 역사 위주로 가르쳤다. 그 지방의 역사와 인물이 강조되는 역사지리학이나 인물지리학이라고 할 수 있다. 어떤 지방의 산물(産物)을 가르칠 때도 그 지방에서 난 인물을 중요하게 취급하였다. 중국에 대해 가르칠 때는 반드시 공자가 언급되고, 인도는 간디가 언급되는 식이다. 사회과학이나 자연과학을 인문학과 통합한 수업이라고 할 수 있다.

김교신이 인물지리학과 역사지리학에 천착한 이유가 있다. 그는 먼저 지리학의 중심적인 관심은 각지의 산물인데 그 중 최고의 산물이 사람이라고 보았다.[120] 그는 자연환경이 각 민족의 특유한 정서와 특징에 적지 않은 영향을 미친다고 생각했다. 그리고 각 지역은 그 지역의 정서가 깊게 담긴 인물을 창출한다. 또한 김교신이 역사지리학, 그것도 조선 역사를 중시한 이유에는 자신이 이십년을 교육 받아 왔음에도 한 시간의 조선사도 제대로 배울 기회가 없었음을 한탄했기 때문이다. 식민지 통치 기간에는 조선에 관한 어떤 학문도 제대로 배울 수가 없었다. 수업 내용은 식민통치에 유리한 방향으로 왜곡되기 일쑤였다. 한마디로 당시 교육은 조선인의 민족적·정치적 의식을 없애고 일제의 지배

---

119 우치무라 간조, 『우치무라 간조 회심기』 양혜원 역(서울: 홍성사, 2001), 140-144.
120 김교신, "대통령 링컨의 신앙,"(1936. 3) 『김교신 전집 1』, 282.

체제에 순응하도록 만드는데 중요한 목적이 있었다.[121] 그래서 김교신이 인물 중심의 지리 수업을 통해서 학생들에게 조선에 대한 바른 인식을 심어주려고 했음을 알 수 있다.

김교신은 민족의식도 강조하였는데, 훗날 대부분의 제자들이 이를 증언하였다. 그런데 이 민족의식은 독립운동을 위한 사상적 기반이나 정치적인 의미가 아니었다. '너는 조선인이다', '너는 조선인의 마음을 가져야 한다'는 정체성 교육이었다. 그에게 조선의 국토, 조선의 역사, 조선어에 대한 갈망은 본능에 가까웠다. 그는 일제강점기 일본어 사용을 강요하던 살벌한 분위기 속에서도 출석은 우리말로 불렀다고 한다. 한번은 학생들이 '예'라고 대답하자 배속 군인은 '하이'(はい)라고 대답하라며 칼집으로 학생들을 내리쳤다. 당시에는 사립학교에도 일본도를 찬 일본인 군인이 배치되어 있었다. 그 군인은 김교신에게 직접 항의하지 못하고 만만한 학생들에게 분풀이를 했던 것이다. 그때 김교신은 "이름은 고유명사니 관계치 말라"고 응수하였다. 김교신의 대답으로 보건대 배속 군인의 속내는 학생들의 이름까지 일본식으로 부르라는 것이었다.

김교신의 민족교육은 일제의 책략에 넘어가지 않도록 비판적 정신을 일깨워주었다. 곧 일제의 식민정책에 함몰되지 않도록 그 이면을 드러내 주는 것이다. 대표적인 것으로는 두더지와 몽구스 이야기가 있다. 김교신은 두더지가 지렁이를 잡아서 머리만 살짝 물어 몸을 마비시키는 것처럼 일제의 교육도 조선인의 의식을 마비시켜 일제의 식민통치에 순응하도록 하는 우민화 교육이라며 경각심을 일깨웠다. 몽구스 이야기는 베트남을 정복한 프랑스가 그곳에 만연한 뱀을 퇴치하기 위해

---

121 이준식, 『일제강점기 사회와 문화: 식민지 조선의 삶과 근대』, 189.

서 몽구스를 수입했다가 뱀이 사라지자 몽구스도 죽여 버렸다는 내용이다. 이것은 일제의 앞잡이 노릇하는 조선인은 결국 토사구팽(兎死狗烹) 당할 것이라는 경고였다. 『사기』(史記)에는 "하늘을 나는 새가 없어지면 좋은 활은 감추고 교활한 토끼가 죽으면 사냥개는 삶는다"는 말이 있다. 쓸모가 없어지면 과감히 버려진다는 것이다.

민족의식을 고취시키는 김교신의 수업은 학생들에게 강한 영향을 미쳤다. 1933년부터 5년 동안 김교신에게 교육받았던 김중면(金重冕)이라는 제자가 있었다. 그는 1학년 전체에서 수석을 차지할 정도로 학업성적이 우수했다.[122] 그는 양정학교와 수원고등농림학교를 졸업한 후 함경남도 갑산(甲山)공립농업학교에서 교사로 근무하였다. 수원고농 재학 시절에는 조선어가 사라지면 조선이 망한다고 생각하여 동기 및 선배들과 몰래 조선어를 연구하였다. 교사로 일을 시작하면서는 홀로 애쓰는 스승이 안타까워 「성서조선」을 후원하자는 제의를 구독자들에게 했고, 1941년 4월 하순에는 출판비로 쓰라며 자신의 "첫 이삭"을 보내 스승의 마음을 아리게 하였다.[123] 그런 와중에 1941년 9월 김중면은 보안법 위반으로 검거되었다. 그가 학생들에게 민족의식을 고취시키고 창씨개명을 하지 말라고 가르쳤기 때문이다. 그는 경찰조사에서 "담임교사 김교신에게서 민족주의에 관한 교양을 받고 심한 민족주의를 포지하기에 이르렀다"고 답변하였다.[124] 김교신 때문에 강한 민족의식을 갖게 되었다는 것이다. 그는 자신의 민족주의의 뿌리가 김교신

---

122 김교신, "1933년 12월 22일(금) 일기," 『김교신 일보』, 211.
123 김중면, "제의," 「성서조선」 제148호(1941. 5), 17-18.
124 국사편찬위원회, 『韓民族獨立運動史資料集69: 戰時期 反日言動事件Ⅳ』 69권(과천: 국사편찬위원회, 2007).

이었음을 일관되게 증언했다. 그는 미결구류까지 포함하여 2년 6개월을 선고받고 함흥형무소에 수감되었다.[125]

김교신은 자신이 담임을 맡고 있던 학생들에게 의무적으로 일기를 쓰게 했다. 물론 일기 쓰기는 당시 일반화된 학교교육의 한 방편이었다. 일기는 학부모와 교사에게 학생의 생활을 지도하는 자료가 되었고, 학생에게는 자신의 생활을 반성하는 계기를 만들어 학생 규율을 유지하는 중요한 수단이 되었다.[126] 김교신의 의도도 크게 다르지 않았다. 그는 일기 쓰기가 하루를 반성할 수 있는 기회이자 글쓰기에 도움이 된다고 믿었다. 그는 학생들의 일기를 정기적으로 점검하였다.

앞에서 밝힌 것처럼 김교신도 일기를 썼다. 김교신의 일기는 형식적으로 두 가지로 구분된다. 하나는 개인 일기로서 김교신이 10살 이후 평생 동안 써왔던 30여 권의 일기이다. 지금은 두 권만 남아 있다. 이 일기를 『김교신 일보(日步)』라고 부른다. 여기서 잠깐 두 권의 일기가 어떻게 살아남았는지 살펴보고 이야기를 계속해보자. 그동안 김교신이 1938년 2월 자신의 일기 30여 권을 모두 불태워버린 것으로 알려져 왔다.[127] 그런데 이 견해는 두 권의 일기가 왜 보존되었는지 설명하지 못한다. 이에 교회사가 류대영은 김교신이 태운 일기는 「성서조선」에 연재하기 전인 1930년 5월까지의 일기 30여 권으로, 지금 현존하는 일기는 소각된 일기에 포함되지 않는다고 보았다.[128] 류대영은 어떻게 두 권의 일기가 살아남았는지 나름의 설명을 시도했지만 현존하는

---

125 김교신은 김중면이 "작년 이때(1940)의 함선생님과 같은 때에 같은 괴로움에 처하여 있나이다. 지우, 여러 형제의 가도(加禱)를 바라나이다"라며 안타까워하였다. 「성서조선」, 제150호(1941. 10), 26.
126 최규진, 『일제의 식민교육과 학생의 나날들』, 98-99.
127 김철웅, "발문," 『김교신 일보』, 286쪽 참고.
128 류대영, "복음적 유자: 김교신의 유교적-기독교적 정체성 이해," 23쪽 참고.

일기가 왜 제28권과 제29권인지는 설명하지 못했다. 곧 30여 권의 책을 태웠다면 제28권과 제29권이 남아 있을 리 없다. 나는 김교신이 애초에 일기 자체를 태우지 않았다고 생각한다. 김교신은 처음 모든 일기를 소각하려했으나 상황이 예상과 다르게 안정되면서 일기를 태우지 않았다고 보는 것이다.[129] 물론 이것도 하나의 가능성이다. 두 번째 일기는 「성서조선」에 소통의 장으로 마련하였던 '성서통신'(城西通信)과 '성조통신'(聖朝通信)으로 이를 공개일기라고 부른다. 이 공개일기는 『김교신 전집』에 전부 수록되어 있다.

김교신은 매우 엄격한 선생이었다. 그는 개학 첫날에 모든 학생들을 출석하도록 해 전학기의 학업 기강을 세우려고 하였고[130] 학생들에게 조퇴하지 말라고 엄하게 훈계하였다.[131] 수업 첫날 기강을 잡지 못하면 전학기 수업 분위기가 흐려질 수 있다는 염려 때문이었다. 조퇴 조건을 엄하게 했던 것도 학생의 책임감을 심어주고자 했기 때문이다. 그가 특별히 싫어했던 것은 시험에서의 부정행위였다. 비슷한 시기, 방정환은 "학교생활에서 영원히 없어지지 않을 것 두 가지가 커닝과 선생 별명 짓기"라고 이야기하고 있다.[132] 김교신이 커닝을 싫어한 것은 학생들이 진실하기를 원했기 때문이다. 그의 독특성을 잘 보여주는 것이 0점과 120점짜리 시험지다. 학생이 부정행위를 하다 걸리면 해당 학기 성적을 0점으로 처리하였다. 그가 낸 시험지 왼편에는 '거짓을 쓰면 0점으로 한다'는 경고가 붙어 있었다. 김교신은 불확실한 답이나 엉뚱한 답

---

129 전인수, "김교신의 일기 연구: 삶에 대한 그의 철학과 그 구현 형태," 「신학논단」 제92집(2018. 6), 293-294쪽 참조.
130 김교신, "1936년 9월 1일(화) 일기," 『김교신 전집 6』, 99.
131 김교신, "1936년 6월 30일(화) 일기," 『김교신 전집 6』, 65.
132 쌍S생, "중학교 만화, 호랑이 똥과 콩나물," 「학생」(1930. 10), 58; 최규진, 『일제의 식민교육과 학생의 나날들』, 178에서 재인용.

도 거짓으로 판단하여 0점을 주었다. 그에게는 학생의 진실함과 정직이 그 무엇보다 우선이었다. 제자 류달영(柳達永, 1911-2004)은 120점을 받았다는 이야기가 있다.

> 선생이 두 번째로 담임했던 22회 졸업반 선배 중에는 나와 가까이 사귄 이가 여럿 있었는데, 나는 그들로부터 선생의 이야기를 곧잘 들을 수가 있었다. 그 중 한 가지 이야기로 "제군들 선배 중에 류군이 있었는데 그의 박물 답안지에 난 120점을 매겼단 말이야"라고 선생이 말씀하셨다는 것이었다. 사범을 나와 교단에 서게 된 나는 몇 번이고 중학 시절에 들은 이 박물점수 120점 생각을 해보았다. 백점 만점의 채점 규준에 120점을 주었다면 같은 학급, 같은 학년 또한 학교 전체의 채점 규준에 이가 어긋나게 되는 것이니 그 사후 처리는 과연 어떻게 되었을까 하고 생각해 보기도 하고 한편 또 이가 사실이었을까 하고 의심도 해봤는데 후일 이가 사실인 것과 그 류군이란 이가 바로 류달영 선배인 것도 알게 되었다.[133]

답안지가 김교신을 감동 시켰음이 분명하다. 류달영은 김교신이 아끼는 제자였다. 그는 1928년부터 김교신의 지도를 받았다. 김교신은 그에 대해 "학업에도 가장 우수하였거니와 그 심정의 건실 충직함을 타인에게 소개하고자 할 때마다 나로 하여금 눈물이 앞서지 않고는 말하지 못하게 하였다"고 하였다. 류달영은 기독교를 학문적으로 공격하려 하였으나 김교신의 인격에 감동하여 신앙의 문에 들어섰다고 한다.[134] 그러니 둘의 사이가 각별하지 않을 수 없었다.

---

133 구건, "스승님의 면모," 『김교신 전집 별권』, 187.
134 류달영, "성서연구회기," 「성서조선」 제73호(1935. 2), 15.

교무실에서 근무하고 있는 김교신의 모습이다. 다른 선생들과 달리 머리카락을 짧게 자른 모습이 인상적이다. 박물실을 이용하던 그에게 교무실에 책상이 주어진 것은 1933년 8월 30일이었다.

김교신이 얼마나 뛰어난 선생이었는지는 제자들의 회상을 통해서 잘 알 수 있다. 아동문학가 윤석중, 의사 구본술 등 많은 제자들에게 진정한 스승, 교사하면 떠오르는 사람이 김교신이었다. 그의 탁월한 역량은 제자들의 됨됨이를 통해서도 알 수 있다. 예수는 "그 열매로 그 나무를 안다"(마태복음서 12:33)고 말씀하셨다. 예수의 말에 비추어보면, 교사의 역량은 가르침을 받은 제자들이 후에 어떤 모습으로 살고 있는지를 볼 때 알 수 있다.

의외의 소식에 놀랐다. 지난 3월에 졸업생 생도 하나가 경성대 예과 입학시험에 낙제되었는데, 그 구두(口頭)시험 때에

문: 세계에 제일 좋은 책이 무엇이냐?
답: 바이블(성서)이올시다.
문: (놀란 안색으로) 너는 야소(예수) 신자냐?
답: 예 예수를 믿습니다.
문: 너의 가정도 모두 기독신자이냐?
답: 아니올시다. 저만 홀로 믿습니다.
문: (다시 놀라면서) 어떻게 되어 믿느냐?
답: 우리 학교 담임 선생 김모가 예수 믿는 고로 나도 믿습니다.

이렇게 대답하니 군복 입은 시험관이 매우 불쾌한 표정을 하면서 "나가라"고 도어를 지시하더라고. 이는 간접으로 들었다. 이렇게 되어지라고 원하기는 하였지만, 과연 실제적으로 일생의 운명을 걸고 이처럼 담대하게 신앙고백하리라고는 기대치 못한 바이었다. 청출우람승우람(靑出于藍勝于藍)[135]이라더니 저는 성서를 배운 지 만 1주년 못다 찼건만 가르치는 교사보다 뛰어남이 기십(幾十)배요, 3차 예수를 모른다던 베드로보다 영웅이었다. 단 책임감에 견딜 수 없어 그 낙제된 원인을 신빙할 처소에 내탐(內探)하니 그는 기독의 연고로 낙제된 것이 아님을 분명히 알 수 있어 비로소 안심하였다. 저는 귓병이 있어 장래에 청진기를 사용하기에 부적당하다 하여 낙제되었으나 학술 성적은 발군의 호(好) 기록이라고 하여 학교 당국자들도 애석을 불금한다 하였다.[136]

이는 경성제국대학 입학시험 면접에서 오갔던 대화를 적은 것이다. 경성제대는 1924년에 세워진 당시 조선 유일의 대학이며, 최고 학부였다. 위 학생은 조성빈이다. 그는 2년 과정의 예과(이과)를 마치면 본과

---

135 청색은 남색(쪽풀)에서 나왔으나 남색보다 더 푸르다.
136 김교신, "1933년 4월 2일(일) 일기," 『김교신 전집 5』, 119.

로 의학부에 들어갈 생각이었던 모양이다. 경성제대는 당시 입학하려는 학생의 사상 경향이나 학생운동 참여 등 전력에 대해 신분 조사를 했다고 하는데[137] 이것은 일제의 입맛에 들지 않는 학생을 거르려는 의도였다. 기독교에 민감하게 반응했던 면접관에게서 학생의 사상 경향을 탐색하려는 의도가 보인다. 어쨌든 면접관 앞에서 담대하게 신앙을 피력한 그는 김교신에게 큰 위안이 되었다.

김교신이 수업 시간에 자주 했던 말에는 이런 것들이 있다. "나는 농촌으로 돌아간다, 너희도 농촌으로 가라." "자연을 스승으로 삼으라." "Boys be ambitious!" "말은 사나운 말이라야 탈 만하다." "의미 있는 생활을 하라."

김교신의 수업은 지식을 직접적으로 전달하는 방식이 아니었다. 학과 공부 자체보다 그는 학생들이 독립된 인격과 민족애를 간직하기를 원했으며 인성교육도 중시했다. 또한 지적인 방면에 치우치기보다는 통합적인 교육을 중시하였다. 이 때문에 일부 학생들은 상급학교 진학에 도움이 되지 않는다고 불평을 하였다. 요즘으로 하면 대학 입시에 도움이 되는 요령을 알려주는 선생은 아니었던 셈이다. 한 학생은 졸업식 날 찾아와 "5년 동안 기독교만 가르쳤지 박물학이라고 가르친 것이 무엇이 있습니까?"라며 따졌다. 이 학생은 사회주의자였다고 하는데 김교신은 사회주의에 대해 분명한 반대 입장을 가지고 있었다. 김교신은 사회주의 청년 백 명과 논쟁을 한 적도 있었다. 그들은 백지답안과 동맹휴학으로 압박했으나 김교신이 3일을 버티며 반대하는 바람에 무산되었다.

---

137 김정인, 『대학과 권력: 한국 대학 100년의 역사』(서울: 휴머니스트, 2018), 45-46.

양정학교에서 물에산에 모임을 시작하다

김교신은 양정학교 학생들을 '물에산에'라는 모임에 참여시켰다. 이름에서도 알 수 있듯이 학생들과 함께 산천을 누비는 모임이다. 이 모임은 가파른 산을 오르는 힘든 등산도 했지만, 가벼운 산보나 트레킹(trekking)을 주로 하였다. 모임은 수업이 없는 일요일에 이루어졌다. 모든 일정이 당일로 하여 도보로만 이루어졌기 때문에 장소는 서울 주변이 대부분이었다. 물에산에를 김교신이 시작했다는 말도 있지만 사실이 아니다. 그의 지인 중에 출판업에 종사하는 이정섭(李鼎燮)이 시작했고, 김교신이 참여할 때는 이미 8년 정도 모임을 이어오고 있었다. 김교신은 1934년 8월 이 물에산에 모임에 참여한 후 이를 양정 학생들도 참여하도록 권유하였다. 그는 조선의 지리와 지역 속에서 위대한 인물을 발견하고 교훈을 얻기 원했다. 여기서 '위대한'이라는 말은 능력이나 업적이 뛰어난 인물만 가리키지 않는다. 학생들에게 교훈이 된다면 이름 없는 농부라도 그 대상이 되었다. 김교신은 학생들과 함께 조선의 아름다움, 이 땅에 대한 역사를 현장에서 느끼고 싶었다. 그런 의미에서 물에산에는 교실을 벗어난 현장교육이었다.

> 쉬는 날에 하루 하숙방에서 기지개만 켜지 말고 물에산에에 적극 참가하여 서울 유학 기회에 옛 성지를 돌며 사적을 살핀다든가, 명승을 찾거나 지명(地名) 인사를 심방한다든가 하면 지리 공부도 되고 또 채집을 통해 박물 공부도 할 수 있으며, 견문도 넓히려니와 건강법도 되어 좋을 것이라고 하였다. 아니 그보다도 젊어서부터 꼭 길러야 할 호연지기를 기르는 데 좋을 것이라고 하시며 칠판에 '호연지기'(浩然之氣)라고 쓰셨다.[138]

---

[138] 구건, "스승님의 면모,"『김교신 전집 별권』, 178.

물에산에는 지덕체(智德體)를 겸비한 통합적 교육이었다. 여기서 한발 더 나간다면 자연에서 창조주 하나님을 발견하는 것이다. 그는 단풍으로 물든 북한산을 오르며 "이놈들아, 느껴라 느껴!"라고 소리쳤다. 자연을 통해 살아있는 하나님의 창조를 느끼라는 의미가 아니었을까. 김교신은 자연 속에서 하나님의 섭리를 느꼈다. 자연은 기독교 신앙, 현 시대에 대한 성찰, 삶에 대한 계시였다. 곧 자연은 하나님이 그에게 주시는 하나의 메시지였다.[139] 그는 자연에서 들리는 소리, 눈앞에 펼쳐지는 풍경, 벌레의 움직임, 계절의 변화를 자신의 신앙과 삶을 성찰하는 설교로 들었다.

> 생명은 존재한다. 신록의 움을 보라. 보리밭에 종다리 노래를 들으라. 죽순을 보라. 개구리 노래를 들으라. 생명은 있다. 저기에도. 하나님을 부인하는 자를 향하여 바울은 대답하였다. "어 세상 창조 때로부터, 하나님의 보이지 않는 속성, 곧 그분의 영원하신 능력과 신성은, 사람이 그 지으신 만물을 보고서 깨닫게 되어 있습니다. 그러므로 사람들은 핑계를 댈 수가 없습니다"(로마서 1:20)고.[140]

김교신은 매 수업이 기독교 신앙으로 귀결된다는 비난을 받았던 선생이다. 그런 의미에서 물에산에 모임의 저변에는 학생들이 창조주 하나님과 교감을 했으면 하는 소망이 있었다고 보아야 한다.

---

139 서정민, "김교신의 생명이해," 「한국기독교와 역사」 제20호(2003. 3), 200.
140 김교신, "생명의 소재지,"(1930. 6) 『김교신 전집 2』, 321.

1934년 11월 11일 북한산 백운대에서 찍은 사진이다. 이날 양정학교 생도 140명이 동행하였다. 그해에만 세 번째 북한산에 오르는 것이었다. 그날 일기에 김교신은 "오르면 오를수록 백운대의 속살거림이 번마다 다르고, 인수봉의 설교가 때에 따라 곡조를 변화한다"고 쓰고 있다. 북한산에 오를 때마다 하나님의 창조를 경이롭게 느끼고, 자연을 통해 주신 메시지가 새로웠다는 뜻이다.

생활신학, 자전거 신학

김교신은 자전거를 자주 이용하였다. 김교신이 자전거를 산 것은 1936년 봄이었다.[141] 정릉에 새로 집을 짓기 시작해 공덕리와 정릉을, 이사한 후에는 정릉과 학교 사이를 오가야 했기 때문이다. 왕복은 많은 시간이 걸렸다. 자전거는 「성서조선」 사무를 볼 때도 유용하였다. 그는 자전거로 인쇄소와 우체국을 오갔다. 그래서 자전거는 김교신의

---

141 손기정은 베를린 올림픽이 끝난 뒤 덴마크 국민들이 자전거를 많이 탄다는 이야기를 편지로 김교신에게 보낸 적이 있는데, 귀국해서 김교신이 자전거를 타고 다니는 것을 보고 자신의 편지 때문에 자전거를 산 것은 아닌가 생각하였다. 그런데 김교신은 베를린 올림픽 전에 자전거를 구입하였다. 손기정, "비범하셨던 스승님,"『김교신 전집 별권』, 154 참조.

분신과 같았다. 자전거 안장에 앉아 페달을 밟으면 그곳은 사색의 장소, 즉 예수의 표현을 빌리면 자신만의 골방이 되었다. '자전거 신학'은 이곳에서 시작되었다. 자전거 신학이란 무엇일까. 이는 자전거를 타면서 여러 사물을 목격하고 그것을 신학적으로 성찰하는 것이다.

> 등교 도중 광화문통 네거리에서 자전거 충돌하여 동댕이치니 재전 삼전(再轉三轉) 이렇게 통쾌하게 구르기는 생래 첫 일. 단 앞선 자전거가 급정차한 까닭에 추격 충돌된 것이므로 책임은 저편에 있었다. 여하간 초기에는 사고 없던 것이 근일 다소 숙련되려는 때에 사고 빈번하게 생기는 것은 확실히 심적 해이에 기인함이니 영계의 일과 마찬가지다. 신앙이 상당하고 성경 지식에 통달했다고 자신하는 때가 제일 위험한 시기로구나.[142]

자전거 신학은 자전거를 통해 배운 신학적 성찰이었다. 일상생활 속에서 신앙의 참맛에 이르고자 했다는 측면에서 생활신학이었다. 그러나 김교신은 자전거 신학이라고 할 만한 그 어떤 신학적 형식이나 내용을 만들지는 않았다. 자전거 신학은 하나의 단상(斷想)이었을 뿐이다.

김교신의 자전거 번호는 27853이었다.[143] 2008년 세계철학자 대회에서 한국의 대표적 현대철학자로 선정되기도 했던 다석 류영모(柳永模, 1890-1981)는 이 번호를 '이치(理致) 배우세'로 해석했다. 류영모는 주위의 사물이나 숫자에 의미를 부여하는 습관을 갖고 있었다. 그는 항상 정신과 의미의 세계에 살고자 했던 철학가이자 영성가였다.[144] 그는 오

---

142 김교신, "1936년 11월 2일(월) 일기," 『김교신 전집 6』, 123.
143 이는 두 번째 자전거 번호였다. 김교신은 첫 번째 자전거를 도둑맞았다. 김교신, "1937년 1월 20일(수) 일기," 『김교신 전집 6』, 168.
144 박재순, 『다석 유영모』 (서울: 홍성사, 2017), 272.

산학교 교사 출신으로 함석헌의 스승이었는데 이것이 김교신과 인연이 닿은 계기가 되었다. 이후 세 사람은 깊은 친분을 나누었다. 세 사람이 김교신의 집에 함께 모이면 함석헌이 "조선의 위인은 여기에 다 모였습니다"라고 말해 모두 호탕하게 웃었다고 한다.[145] 오늘날 한국사상계에서 이들이 차지하는 위상을 생각해 볼 때 하나의 예언이었다는 생각이 든다. 김교신은 류영모에게 음식을 완전히 씹어 먹는 '완전저작'(完全咀嚼)을 배웠다. 이후 김교신이 식사할 때 음식을 완전히 씹어 삼키는 모습은 많은 사람들에게 깊은 인상을 남겼다.

류영모는 1931년부터 김교신의 성서 모임에 참여한 것으로 보인다. 류영모는 성서를 자신의 독특한 견해로 해석하였다. 그의 성서해석은 사상의 독창성에서는 특별했으나 정통 기독교계의 이해와 달라 가끔 주위를 놀라게 하였다. 김교신은 그 감상을 "동양 사람이 가장 심원하게 기독교를 이해하리라는 추측은 필경 적중할 듯하다"고 남겼다.[146] 당시 류영모는 기독교 신앙의 핵심은 견지하면서도 교리적이고 종파적 울타리를 벗어나서 유교, 불교, 도교에 두루 통하는 보편종교적 관점에 이르렀다.[147] 류영모는 1928년부터 1963년까지 35년 동안 기독교청년회(YMCA) 연경반(研經班)에서 성경과 동양경전을 가르쳤다. 김교신은 1932년 가을부터 1933년 초까지 종로 기독교청년회관에서 열린 류영모의 성서강의에 참석하였다.

---

145 2016년 7월 27일(수) 김시혜 여사와 인터뷰
146 김교신, "1931년 6월 21일(일) 일기," 『김교신 전집 5』, 51.
147 박재순, 『다석 유영모』, 61.

우리는 조선에서 온 양정이다

　김교신의 운동 실력은 양정학교에서 유감없이 발휘되었다. 그는 지적인 면과 감성적인 면을 겸비한 사람이었고 신체 단련도 부지런히 했다. 그는 운동을 즐겼다. 좋아하는 운동도 다양했다. 당시 고등보통학교의 남학생들은 대부분 운동부서 중 하나에 소속되어 활동했다. 중등학교의 체육활동은 조선 체육계를 형성하고 이끄는 데 큰 역할을 했다. 보통 고등보통학교 운동부에는 야구, 정구, 배구, 농구, 탁구, 축구, 수영, 스케이트, 육상, 기계체조, 검도, 유도 등이 있었다. 특히 구기 종목이 인기가 높았다. 대부분의 학교에 체육관이 있어 실내 구기 종목을 할 수 있었다. 운동장에 정구 코트가 마련되어 있기도 했다. 학교끼리 대항전을 할 때면 자기 학교를 목청껏 응원했다. 학교의 관악대가 응원의 열기를 달구었다.[148]

　당시 양정학교 육상부는 조선과 일본에서 적수를 찾기 힘든 마라톤의 강자였다. 손기정이 이 학교 출신이다. 그는 조선과 일본 대회에서 모두 우승했기 때문에 베를린 올림픽에 출전할 수 있었다. 손기정의 마라톤 제패는 조선인에게는 엄청난 사건이었다. 일제 식민지 치하라는 캄캄한 밤에 강렬하게 반짝였던 하나의 빛이었다. 손기정에 대한 조선인들의 기대는 컸다. 조선인들은 라디오의 중계방송을 들으며 손기정과 함께 경기를 뛰었다. 그날 양정 전교직원도 교내의 특설 라디오에 귀를 기울이며 선수들을 응원했다. 김교신은 손기정을 위해 기도했다. 그가 우승하는 순간 교직원들은 만세를 연발했고 눈물을 흘렸다. 김교신도 눈물을 멈출 수 없었다.[149]

148　최규진, 『일제의 식민교육과 학생의 나날들』, 102-103.
149　김교신, "1936년 8월 10일(월) 일기," 『김교신 전집 6』, 83; 손기정, 『나의 조국 나의

손기정이 달리는 장면은 나중에 서울에서 영화로 상영되었다. 이 영화는 여배우 출신 영화제작자 레니 리펜슈탈(Leni Riefenstahl, 1902-2003)이 제작한 〈올림피아〉라는 기록영화 1부 '민족의 제전'이었다. 이 영화는 베를린 올림픽을 역사적 기록으로 남기는 것은 물론 독일의 위상을 드높이고자 했던 숨은 의도가 있었다. 그리스 성화 채화부터 각 경기의 주요 장면을 담았는데 손기정의 우승 장면도 있었다. 극장은 초만원이었다.[150]

손기정을 양정학교에서 책임졌던 체육교사는 김수기였다.[151] 손기정의 마라톤 코치로 김교신을 거론하는 이가 있으나[152] 정확한 정보가 아니다. 그런데 손기정의 우승에는 김교신의 영향도 있었다. 1935년 11월 3일 김교신과 손기정은 도쿄에 있었다. 양정 학생들이 조선 중등대표로 일본 농구대회에 출전했는데[153] 김교신은 농구부장으로 함께 했다.[154] 도쿄에서는 베를린 올림픽 출전을 결정하는 마지막 예선 경기인 메이지신궁 코스가 펼쳐질 예정이었다. 손기정을 위해 양정학교 학생들이 김교신에게 말했다. "선생님의 얼굴이 보이도록 자동차를 앞서 몰아 주십시오." 김교신은 자동차에 타고 손기정보다 앞서 달리며, 차창에 얼굴을 내밀어 손기정을 응원하였다. 당시에는 차나 자전거를 타고 선수들을 응원하는 문화가 있었다. 김교신의 두 뺨에 눈물이 하염

마라톤』(서울: 학마을 B&M, 2012), 160.
150 김교신, "1940년 10월 21일(월) 일기," 『김교신 전집 7』, 306; 손기정, 『나의 조국 나의 마라톤』, 171.
151 손기정, 『나의 조국 나의 마라톤』, 76-81.
152 노평구, "내가 생각하는 김선생," 『김교신 전집 별권』, 53; 김정환, "참고사," 『김교신 전집 별권』, 285.
153 "중등농구계의 패자: 양정농구 동경에," 「조선중앙일보」(1935. 10. 22)
154 김교신, "경성성서연구회(其二)," 「성서조선」 제82호(1935. 10), 26.

없이 흘렸다. 결과는 세계 신기록이었다. 당시의 응원 소리가 들리는 듯하다. "우리는 조선에서 온 양정이다."

기록 영화 〈올림피아〉

손기정은 당시 조선과 일본에서 적수가 없었던 마라톤 선수였다. 그는 김교신의 제자이기도 했는데, 그가 일제강점기에 조선인에게 던진 희망은 어둠 속 섬광같이 빛났다. 당시 조선인들은 라디오를 통해 마라톤 중계방송을 숨죽여 들었다.

김교신은 오랫동안 양정학교의 농구부장을 맡았다. 감독이었던 셈이다. 우승도 몇 번 거머쥐었다. 김교신은 1932년 봄 선수들과 처음 인사를 나누고 함께 연습하였다.[155] 1933년에는 조선농구협회 평의원으로 선출되었다.[156] "양정교 농구부 평양에 원정"이라는 「동아일보」(1935. 7. 31) 기사에 의하면 양정 농구팀은 감독 김교신, 코치 이성구, 매니저 최근학, 주장 한세일 등으로 구성되어 있었다. 김교신은 농구팀을 이끌고 조선의 여러 지역을 돌고, 조선과 일본을 오가기도 하였다. 함께 땀을 흘리고 자면서 농구부와 각별한 애정이 생겼다.[157] 그는 수업과 「성서조선」 출판, 성서연구회를 다 소화하면서 감독직까지 병행해야 하는 꽉찬 일정을 보냈다. 그는 농구부장을 1938년 6월 2일 그만두었다.

1933년 5월 17일(수) 일기
수업을 마친 후 경성사범에 가서 농구 준결승에서 경기도립상업학교(道商)를 이기고 결승에서 경신(儆新)학교를 꺾어 양정학교 농구부가 처음으로 우승기를 거머쥐다.

---

155 김교신, "1932년 5월 24(화) 일기," 『김교신 일보』, 65.
156 "일본중학농구팀을 초빙키로 결정," 「동아일보」(1933. 5. 28)
157 김교신, "1939년 7월 15일(토) 일기," 『김교신 전집 7』, 109.

1935년 10월 20(일) 일기
조선신궁 경기대회에서 양정 농구부가 우승하다.

김교신은 양정학교 교직원 정구 선수로 뛰기도 했다. 시합이 한동안 일요일에 열려 참여하지 못하다가 1937년 시합은 부상자가 생겨 교장의 강권으로 뛰게 되었다. 학교 동료들은 그에게 용장이나 호장, 맹장도 아닌 성장(聖將)이라는 별명을 지어주었다. 재미있는 발상이다. 이런 별명이 붙게 된 이유는 따로 있다. 「성서조선」 발행을 비롯한 여러 사무로 분주했던 김교신이 학교 연회(宴會)에 자꾸 빠지자 다른 교사들이 "성자로 자처한다"는 말을 했던 것이다.[158]

학생들이 붙여 준 별명

성경에는 별명으로 유명한 사람이 몇 있다. 야곱의 아들 에서는 팥

---

158 김교신, "1936년 7월 3일(금) 일기," 『김교신 전집 6』, 66.

죽을 좋아하여 에돔이라는 별명을 얻었다. 에돔은 붉다는 뜻이다. 에서는 배가 고파 동생 야곱이 쑨 팥죽을 먹고 싶어했다. 야곱은 그 기회를 놓치지 않고 장자권을 팔면 팥죽을 주겠다고 말했다. 이에 에서는 깊게 생각하지 않고 팥죽을 받고 장자권을 넘겨버렸다. 그래서 에돔이라는 말에는 장자권을 하찮게 여겼다는 뜻도 내포되어 있다(창세기 25:30). 반면에 키프로스의 요셉은 사도들로부터 위로의 아들 바나바라는 별명을 얻었다(사도행전 4:36). 그가 어떤 사람이었는지 단적으로 보여준다. 이처럼 별명에는 그 사람의 외모뿐만 아니라 행동거지, 인품, 신앙도 내포되기 마련이다. 김교신에게도 별명이 몇 개 있었다. 가장 유명한 것은 '양칼'이다. 양칼은 서양(西洋) 칼이라는 의미로 날카롭다는 특징을 갖고 있다. 이 별명은 양정 학생들이 붙여주었다. 그의 강직한 인격과 교편생활 때문에 이런 별명이 생겼다. 반면 함석헌은 이 별명을 '면도칼' 즉 양(兩)칼로 이해하였다.[159] 그런데 양정학생들이 지어준 별명은 양(洋)칼이 맞다. 그럼에도 별명이 갖고 있는 의미는 차이가 없다. 모두 불의를 극도로 싫어하여 단칼에 잘라버리려는 엄격함을 드러내고 있기 때문이다.

둘째는 '빼빼니'다. 이는 외모 때문에 생긴 별명이다. 김교신은 교사로 근무할 때 머리를 완전히 밀어버렸다. 그 이유를 다음과 같이 밝히고 있다.

> 하이칼라 머리 기르기를 초조해 하는 학생 심리가 괴이하여 교사 노릇 하는 날까지 나부터 몸소 중의 머리로 싹 깎아 버리리라고 소위 하이칼라를 떼어버린 지도 10년 옛날의 일이 되었는데…….[160]

---

159 함석헌, "김교신과 나," 91.
160 김교신, "유행의 첨단,"(1938. 8) 『김교신 전집 1』, 195.

중고등학교 학생들 사이에서는 얼마 전까지만 해도 두발자유화가 중요한 논란거리였다. 김교신은 서양식 머리 스타일인 하이칼라로 머리를 기르고 싶어 하는 학생들을 보면서 머리를 밀어버린 것이다. 그는 이 때문에 빽빽니 라는 별명을 얻게 된다. 그는 마치 승려 같았다. 이런 모습은 학생들에게 강한 인상을 남겼다.

> 빡빡 깎은 광채 나는 머리로 언제나 숭고한 고승 같아 보였습니다. 만일 그분이 눈을 감고 좌선자세를 취하고 있는 것을 보았다면 아무도 선생을 고승이라고 단정치 않을 사람은 없었을 겁니다.[161]

넓은 이마는 햇볕을 받으면 유난히 반짝거렸고 광채가 났다. 짧은 머리는 그의 상징과도 같았다. 한 선배는 술 마신 사람보다 몇 갑절이나 얼굴에 광채가 난다며 놀랬다. 이러했으니 외모로 별명 짓기를 좋아하는 학생들의 눈을 피해갈 수는 없었다.

김교신은 경기중학교에서도 양정에서와 비슷한 별명을 얻었다. 반짝이는 이마 때문에 학생들은 그를 '액광'(額光), '다이아몬드'라고 불렀다. 짓궂은 학생은 심지어 '메뚜기 대가리'라고도 불렀다. 모두 김교신의 빛나는 머리를 희화한 것이다. 재미있는 것은 이 별명이 시간이 지나면서 의미가 변해갔다는 점이다. 훗날 제자들은 그의 인품에 빛이 났다고 회고한다.

김교신은 칼같이 엄격한 성품으로 '양칼'이라는 별명을 얻었다. 그리고 '빽빽니', '액광'과 같은 별명은 그의 외모 때문에 생겼다. 그러나 '빽빽니'라는 별명은 점점 '양칼'과 같은 의미를 갖게 되었다. 학생들은 김교신의 인품에서도 얼굴처럼 빛이 난다는 것을 깨닫기 시작했다.

---

161 박사명, "내가 아는 김교신 선생,"『김교신 전집 별권』, 66.

놀림거리였던 별명이 다른 의미로 해석되었던 것이다. '다이아몬드'라는 별명은 김교신의 빛나는 삶을 미리 보여주는 듯하다. 그의 삶이 다이아몬드처럼 빛났다는 것을 부인하기는 어렵다. 그는 실로 등경 위의 등불처럼 많은 사람들에게 귀감이 되었다(마태복음서 5:15-16). 학생들이 의도한 것은 아니었지만 별명은 그의 삶의 깊은 면까지 드러내 주고 있었다.

제6장
김교신의 무교회주의 :
생(生)의 기독교

김교신이 한국 신학사에 크게 공헌한 점은 교회론이다. 그는 조선 땅에 기독교가 들어온 이래 지속적으로 다른 교회론 즉 무교회주의를 주장했으며 이를 체계적으로 실천해 갔다. 무교회주의는 과연 무엇일까. 많은 이들이 무교회주의를 오해하고 있기 때문에 해명이 필요하다.

성서는 그리스도와 교회의 관계가 남편과 아내의 관계처럼 긴밀하다고 말한다(에베소서 5:22-32). 교회는 그리스도를 신앙하는 공동체이다. 그런데 이 그리스도 중심성이 사라져 버린다면 교회로서의 정체성도 상실되기 마련이다. 교회는 신앙에 필수적인 것이다. 그러나 예배당이 바로 교회라는 생각은 성서적 개념이 아니다. 예배당을 교회라고 생각하거나 교회를 신성시해서는 안 된다. 스데반은 하나님은 인간의 손으로 지은 성전에 갇혀 지내는 분이 아니라고 말했다가 유대인들이 던진 돌에 맞아 죽었다(사도행전 7:46-50). 그러나 성전도 그 자체가 신성시되면 하나님께서 내친다. 우리는 기원전 6세기 유대인들이 포로로 바빌로니아에 끌려간 역사를 잘 알고 있다. 그들은 하나님이 원하시는 길을 걷지 않았다. 그러면서도 예루살렘 성전을 의지하면 안전하다고 말했다. "너희는 이처럼 내가 미워하는 일만 저지르고서도, 내 이름으로 불리는 이 성전으로 들어와서, 내 앞에 서서 '우리는 안전하다' 하고 말한다."(예레미야서 7:10) 이 질책은 그들이 성전을 무적의 방패처럼 의지하고 있었다는 뜻이다. 그들은 성전을 하나의 우상으로 만들었고, 인격적인 신앙을 미신화시켜 버렸다. 그 결과는 예루살렘 성전의 훼파였다. 하나님은 자신이 거하시는 성전도 폐허로 만드시는 분이다.

교회를 신성시하거나 예배당과 동일시하는 생각은 스데반 당시의 유대교적인 사고에 갇혀 있는 것이다. 교회는 예수 그리스도를 메시아라 믿는 자들의 모임이다. 초대교회 당시 교회는 집에서 모였다. 집은 교회가 모이는 예배 처소였다. 오늘날로 말하면 집이 공간적 의미의 교회였다. 기독교인들이 집에서 떡을 떼며 하나님을 찬미했다는 것(사도행전 2:46-47)은 집이 예배 처소의 역할을 했다는 뜻이다. 베드로가 탈옥한 후 찾아간 곳은 마가의 어머니가 거하는 집(사도행전 12:12)이었다. 이곳도 예배처였다. 브리스길라와 아굴라의 집(로마서 16:5), 눔바의 집(골로새서 4:15), 아킵보의 집(빌레몬서 1:2) 등 성경 여러 곳에서 집이 교회가 모이는 장소였음을 보여준다.

이처럼 처음에는 개인의 집이 예배당이었다. 공인받기 전까지 기독교는 박해받는 가난한 이들의 종교였기 때문에 독자적인 건축양식을 발전시킬 수 없었다. 초기 기독교인들은 로마 건축양식을 빌려와 자신들의 목적에 맞게 변형하였다. 기독교 건축은 가정교회와 로마의 지하 공동묘지인 카타콤이 짝을 이룬다. 주요한 두 기능은 집회와 매장이었다. 가정교회는 집회장소로, 카타콤은 매장 기능을 담당했다. 가정교회는 로마의 주택을 개조하여 사용하였다. 부유한 기독교인들의 큰 집이나 조용하고 은밀한 장소를 집회 장소로 이용한 것이다. 그러다가 3세기 중엽부터 보다 전문적인 교회건축이 이루어졌다.

4세기 기독교 공인 이후 기독교인들은 더 이상 비밀리에 예배를 드릴 필요가 없었고 공개적으로 예배공간을 가질 수 있었다. 콘스탄티누스는 교회건축사적으로 새로운 전환점을 마련한 인물이다. 그는 많은 교회를 지었고 기독교 고유의 양식을 창출하였다. 그는 예루살렘, 베들레헴, 콘스탄티노플 등에 기념교회를 세웠다. 예루살렘은 70년과 135년 두 차례에 걸쳐 로마제국의 공격으로 완전히 폐허가 되었지만 이제 새로운 성지로 개발되었다. 성묘교회(Shrine of the Holy Sepulchre)와 같은 웅장한 교회가 지어졌으며, 순례자의 발길도 끊이지 않게 되었다. 동시에 로마제국의 이교 신전은 경쟁력을 확보하지 못하고 쇠퇴해갔다.

오늘날 많은 기독교인들이 콘스탄티누스 이후의 교회관, 즉 예배당을 교회와 동일시하는 사고에 사로잡혀 있다. 기독교가 로마제국의 주류 종교가 되면서 예배당은 더욱 크게 확장되었으며 기독교인들의 종교적 중심지가 되었다. 이 때문에 교회가 건물이라는 개념이 점차 뿌리를 내렸다. 여기에 교회 밖에서의 구원은 불가능하다는 테르툴리아누스(Tertul-lianus)와 키프리아누스(Cyprianus)의 사고까지 더해지면서 예배당을 벗어나면 구원 받지 못한다는 생각이 고착되어 버렸다. 그러나 김교신은 교회 공간만을 예배의 장소로 보지 않았다. 그에게 하나님을 예배하는 영역은 자연, 삶의 공간 및 시간으로 확대되었다. 예배는 삶의 전 영역을 포괄하였다. 일요일에만 교회에 가는 것으로 만족하는 선데이 크리스천은 유념해야할 부분이다.

성서만으로 예수를 믿을 수 있다

　김교신은 기본적으로 교회에 대한 애정을 가지고 있었다. 그는 부활절과 성탄절에 집 앞까지 찾아와 새벽송을 불러주는 교회 찬양대에 감격해 했다. 또 그 자신이 교회에서 설교도 하고 봉사도 하였다. 그는 자신이 다니는 지역교회를 돕고 싶어했다. 그는 가끔 조선교회의 형태를 비판했는데 이것은 불가피한 때의 한마디였다. 그럼에도 김교신은 교회관에서 주류 조선교회와 달랐다. 그는 "교회에 대한 근본 개념에 차이가 있다"고 분명히 말했다. 또한 "이 점에 있어서 교회라는 관념이 세상 것과 우리 것과는 판이한 바 있다. '비교회'적 혼백의 단단한 것이 우리 속에 있다"고도 말했다. 비교회는 최태용이 말한 비교회주의를 가리킨다.

　최태용은 「천래지성」에서 '비교회주의'를 주장하였다. 그는 '교회주의'를 문제 삼았다. 여기서 '비(非)'는 '제도교회'가 아니라 '교회주의'를 부정하는 것이다. 그에 의하면 교회주의는 기독교를 교회와 동일시하거나 교회를 기독교의 전부인 것처럼 여기는 것이다. 이는 교회의 절대화와 교회에 깃든 교회주의를 경계한 것으로 볼 수 있다. 최태용은 비교회주의를 교회주의가 아닌 신앙이나 교회주의를 반대하는 신앙으로 정의했다. 자신이 교회 자체가 아닌 교회주의를 반대하고 있다는 점을 명확히 한 것이다.

　최태용은 교회가 교회주의를 버리고 신앙 중심이 되어야 한다고 주장했다. 그는 교회가 신앙 중심에 있는지, 그 신앙이 교회조직이나 의식, 신조나 교리로 퇴화해 버리지는 않았는지, 신앙보다 그 형식을 중시하는 본말전도에 빠지지 않았는지를 물었다. 그래서 최태용에게 비교회주의는 교회를 신앙 중심으로 돌아오게 하는 신앙 중심주의이자

교회보다 신앙이 우선한다는 신앙 우선주의이다.[162]

김교신은 이러한 비교회주의에 대해 전적으로 동의했다. 무교회주의와 지향점이 매우 유사한 부분이 있기 때문이다. 그런데 김교신은 비교회주의를 무교회주의와 동일한 것으로 생각하지 않았다. 그는 교회 안에 교회주의가 깃드는 것을 반대했고, 여기서 한 발 더 나갔다. 최태용이 제도교회 자체를 부정하지 않은 반면 김교신은 교회의 중개 없이 바로 성서를 통해 그리스도를 믿는 신앙적 경향을 갖고 있었다.

김교신은 교회가 성서가 말하는 신자들의 영적인 모임이라면 긍정했다. 반면 그 교회가 제도화되고 조직화되어 기독교인들의 신앙을 구속하고 구원을 중개하는 도구로 전락하는 것은 반대했다. 그는 통상적으로 회합하는 장소 즉 예배당을 교회라고 불렀다. 그러나 신학적으로 논의할 때 교회를 예배당과 동일시하지 않았다. 예배당은 예배를 드리는 장소로서 성경에서 말하는 신자들의 모임과는 구별된다. 그는 교회를 "예수를 구주로 믿는 신도들의 회합"[163]이나 "성도의 영적 단체"[164]라고 생각했다. 무교회주의자들도 성서 집회와 같은 모임을 가졌다. 이것도 영적인 회합이라는 의미에서 교회이다. 그는 신자들의 모임인 '에클레시아'(ἐκκλεσία)를 긍정했지만 교권과 제도로 운영되는 조직교회는 신앙의 본질적인 부분으로 전혀 고려하지 않았던 것이다. 그는 제도교회 없이 신앙생활이 불가능하며, 조직교회에 소속되어야 구원을 받을 수 있다는 주장에 강력하게 항의했다. 그는 구원이 그리스도에 대한 믿음으로만 가능하다고 보았다.

---

162 전인수, "김교신의 무교회주의: 최태용의 비교회주의와의 비교를 중심으로," 「한국기독교와 역사」 제45호(2016. 9), 229.
163 김교신, "무교회 문답,"(1936. 6) 『김교신 전집 2』, 254.
164 김교신, "골로새서 강의,"(1940. 2) 『김교신 전집 4』, 252.

김교신에게 있어서 무교회주의는 성서만을 통해 예수를 만날 수 있다는 신념이다. 곧 무교회주의자들은 교회에서 독립하여 성서만으로 신앙생활 하는 자이다. 곧 교회조직이나 목회자로부터 독립하여 그리스도 앞에 서는 것이다. 그래서 무교회주의는 교회보다는 성서에 그 중심이 있다. 김교신은 자신의 길이 "교회 개혁 운운의 일체의 생각을 염두에 두지 않고 오직 성서의 진리를 배우며 자신을 초달 쳐서 그리스도의 족적을 따르려는 것"이라고 말했다.[165] 또한 "우리는 예수와 성서를 그 중심에 두지 교회에 그 중심적 의미를 부여하지 않는다"고 했다.[166] 그런 의미에서 성서를 중히 여기고 성서 연구에만 치우친다는 일부의 비판은 무교회주의자들의 일면을 잘 드러낸 말이라고 생각했다.[167] 곧 김교신은 교회에 대한(against churches) 개혁 주장이나 비판이 아닌 성서 자체를 따르려는 삶이 무교회주의의 근본이라고 여겼던 것이다. 그러므로 무교회주의는 교회가 아닌 성서를 중심으로 그리스도를 믿는 신앙방식임을 알 수 있다.

여기서 유념할 것은 김교신이 조직교회를 넘어선 신앙을 추구했다고 해서 교회 출석을 금기시하거나 이를 교조주의적으로 적용하지 않았다는 점이다. 그는 교회 출석 자체를 전혀 문제시 하지 않았다. 그는 될 수 있으면 교회에 출석하려고 하였다. 그는 한때 집 근처 장로교회에 등록하고 주일학교장에 임명된 적도 있다. 이는 교회가 복음의 전달처가 되기 때문이다. 또 교회에 다니면서도 교회에만 구원이 있다는 고집을 버리고 성서 중심적 신앙을 가진 사람이라면 그 사람이 다름 아

---

165 김교신, "나의 무교회,"(1936. 9) 『김교신 전집 2』, 250.
166 김교신, "나의 기독교,"(1936. 10) 『김교신 전집 2』, 84.
167 김교신, "갈라디아서,"(1938. 7) 『김교신 전집 3』, 380.

닌 무교회주의자이다. 성경은 무교회주의자들이 신비주의나 신령주의적인 신앙 형태에 빠지지 않게 하는 요소였다. 김교신에게 무교회주의는 성서만을 통해 예수를 만날 수 있다는 신념이다. 이 점에서 생명신앙을 주장하면서 교회와 성서를 상대화시키고 신앙중심으로 교회를 개혁하려고 했던 최태용과 차이가 있다.[168]

조선교회의 비판적 인식

일제강점기 대다수 조선의 기독교인들은 예수를 통한 구원을 절대 신뢰하였다. 그러나 동시에 구원을 교회와 연결시켜 이해하는 경향도 다분했다. 교회를 구원의 통로 내지 방주(方舟)로 생각했던 것이다. 장로교인 김인서도 노아의 방주를 구원의 방주라고 부르면서 이 방주가 그리스도와 교회를 예표한 것이라고 해석하였다. 그에게 교회는 구원을 매개하는 방주와 같았던 것이다. 홍수에서 살아남는 방법은 노아의 방주뿐이듯이 교회는 구원의 방주와 같다고 믿었다. 그러나 김교신은 이러한 믿음은 비성서적이라고 생각했다. 예수 그리스도가 아닌 교회를 구원의 통로로 보는 것이기 때문이다. 그는 오직 구원은 예수 그리스도가 주는 은혜의 선물이며 교회는 단순히 신앙인들의 모임이라고 생각했다. 무교회주의의 핵심을 하나 짚는다면 교회가 구원의 매개체라고 주장하는 모든 주장에 대해 강력히 저항하는(protest) 것이다.

당시 많은 기독교인들은 신자들의 모임인 교회와 모임 장소인 예배당을 구분하지 않았고 그것에 대해 별다른 문제의식도 갖지 않았다. 이는 카르타고의 주교였던 키프리아누스가 3세기에 말했던 "교회 바깥

---

168 전인수, "김교신의 무교회주의: 최태용의 비교회주의와의 비교를 중심으로," 234.

에는 구원이 없다"는 말이 조선교회에서 암묵적으로 인정되고 있었다는 뜻이다. 이렇게 되면 제도화된 교회에서 신앙생활을 하고 교회라는 문을 통과해야 구원을 얻을 수 있다는 신학사상이 도출될 수 있다.

그래서 무교회주의는 조선의 제도권 교회와 갈등을 유발할 수밖에 없었다. 김교신은 신자와 그리스도 사이에 아무런 중재인이 필요 없다고 생각했다. 그러나 조선교회는 눈에 보이는 교회와 제도를 예수 그리스도께서 친히 세우셨다고 생각했기 때문에 교회를 상대화하는 관점을 이해할 수 없었다. 교회를 떠난 신앙생활도 마찬가지였다. 더구나 목회자들은 자신들을 직접 겨냥하는 김교신의 비판을 감정적으로 용납하기 어려웠다. 당시 조선교회에 대한 가장 강력한 비판은 무교회주의 진영에서 나왔다. 이 때문에 조선교회를 비판하는 것 자체를 무교회주의로 단정 짓는 사례도 등장하기 시작하였다. 특히 장로교회 일부 인사들은 교회를 비판하는 이들을 무교회주의자로 단죄하였다. 이용도나 김인서도 조선교회의 비진리적 행위를 지적했다가 무교회주의자로 치부되기도 했다.

김교신의 교회론에 직접적인 영향을 미친 사람은 우치무라 간조이다. 우치무라는 제도적 교회(institutional church)를 비판하였고, 예수가 말한 에클레시아는 집회(assembly)라는 일상적 의미였다고 주장했다.[169] 그는 교회 없는 기독교 신앙을 인정하지 않는 서구의 선교사들을 비판하였다. 곧 우치무라는 구원받기 위해 교회를 반드시 거쳐야 하는 것은 아니라고 보았다.[170]

동시에 무교회주의자들은 교회주의와 교회지상주의도 거부하였다.

---

169 미우라 히로시, 『우치무라 간조의 삶과 사상』, 124-125.
170 미우라 히로시, 『우치무라 간조의 삶과 사상』, 134.

김교신이 생각한 교회주의는 교회를 건물인 예배당과 동일시하는 것, 제도적 교회를 신성시하거나 절대시하는 것, 교회 조직과 교회 내의 계급적인 성직자 제도, 교회를 구원의 매개로 생각하는 것, 구원을 받으려면 세례와 성찬을 해야 한다는 것,[171] 교회 안의 비진리·비성서적인 행위였다. 이렇듯 무교회주의자들은 제도권 교회가 신앙생활에 필수적이라는 생각에 도전하며, 교회주의를 거부한다. 그들은 제도권 교회가 아니라 성서를 붙든다.

무교회주의 교회관은 함석헌에게서도 잘 드러난다. 김교신은 그의 무교회론에 전적으로 동의하였다. 함석헌은 인간 중심주의의 침입, 그리스도 중심에서 교회 중심으로 기울어지는 것, 그리스도만이 아닌 조직으로 교회를 세우려는 것에 반대하였다.[172] 신앙은 교회에 들어와 교권에 복종함으로 되는 것이 아니라, 하나님을 사랑하는 신앙에 의하여 지상의 교회가 성립된다는 것이다. 그는 교권이 그리스도를 대표한다는 주장에 대해 그리스도는 바로 그 교권을 깨뜨리기 위해 죽었으며 그리스도 외에 다른 중개자가 필요 없다고 주장하였다. 또한 성속(聖俗)의 구별과 교회의 의식주의를 비판하였다. 무교회주의는 하나님 절대 중심주의에서 인간적인 모든 것은 상대화되어야 한다는 입장이다.[173] 이 부분에서 함석헌과 김교신은 생각을 같이한다. 이처럼 김교신은 성서가 말하는 온전한 에클레시아를 실현하고 교회가 아닌 성서 중심의

---

171 김교신은 성찬, 세례와 같은 교회의식을 중시하지 않았다. 그 이유는 신자의 구원이 오직 예수를 신앙하는데 있다고 보았기 때문이다. 그는 교회가 성찬과 세례를 지켜야 한다고 주장하는 것도 일종의 율법주의, 의식주의, 형식주의로서 바울이 배척했던 할례의식과 크게 다르지 않다고 보았다. 그는 '믿음' 이외에 그 어떤 것도 구원의 조건으로 두는 것을 거부했다. 믿음을 절대화하면서 세례와 성만찬을 상대화했다고 볼 수 있다. 김교신, "갈라디아서,"(1938. 7) 『김교신 전집 3』, 380-381.

172 함석헌, "무교회(상),"「성서조선」제86호(1936. 3), 3-7.

173 함석헌, "무교회(하),"「성서조선」제87호(1936. 4), 3-10.

신앙을 추구하였다. 그래서 무교회주의를 교회를 공격하는 사상이나 교회의 존재 자체를 부정하는 사상이라고 호도하는 행위는 분명 잘못된 것이다.

자연이 우리의 예배처

김교신은 예배당만이 아니라 생활공간 모두를 예배하는 곳이라 여겼다. 생활 전체, 삶이 다 예배요, 신성한 곳이 따로 있는 것이 아니었다. 모든 공간이 예배당이었다. 성속을 구분하지 않고 자신의 존재 전부와 생활을 하나님께 드리고자 했던 그에게 이는 당연한 것이다. 김교신은 그중에서도 자연(自然)을 훌륭한 예배처로 생각하였다. 그는 자연이 전능한 신을 드러내고 있다고 보았기 때문에 자연에서 무한한 하나님의 섭리를 느꼈다.

> 달밤에 북한 산록 계곡을 거슬러 보토현에 오르니 가을 하늘(秋天)에 가득 찬 달빛, 별빛과 묵묵히 솟은 북한의 숭엄, 가을벌레의 교향악에 잠든 계곡의 신비. 첨탑이 높이 솟은 교회당을 소유함이 없고 '파이프 오르간'의 아악을 못 가진 무교회자에게는 이런 데가 가장 엄숙한 예배당이다.[174]

김교신이 특히 선호했던 장소는 새소리, 계곡을 흐르는 물소리를 듣고, 하늘의 별을 보며, 새벽이슬을 맞으며 기도할 수 있는 숲 속이었다. 김교신은 인공으로 쌓은 예배당 건물보다도 산 속에 자연스럽게 피어나는 한 송이 백합화에서 무한한 생명의 경이를 느꼈다.

---

174 김교신, "1936년 9월 1일(화) 일기," 『김교신 전집 6』, 100.

새벽 산상 기도에 영감이 소나기 같다. 우리 예배당의 벽은
북한산성이요, 천정은 화성, 목성이 달린 청공(靑空)이요, 좌석은
임간(林間)의 반석이요, 주악은 골목을 진동하는 청계(淸溪)의
물소리요, 찬양대는 꿩과 뻐꾹새와 온갖 멧새들이다.[175]

김교신은 예배의 핵심이 기도와 말씀을 통해 삼위일체 되신 하나님
과 직접 교통하는 것이라고 생각했다. 그는 송림(松林) 속에서 성령의
임재를 자주 체험하였다. 이런 자연 속에서의 예배에 대해 류석동은
"영이신 하나님은 영으로 예배해야 한다. 사람의 손으로 만든 집 속보
다 하나님이 만드신 자연 속에, 솔바람과 새 소리와 더불어 여호와를
찬미함을 그는 기뻐한다"고 말했다. 무교회주의 그룹은 자연 친화적이
었고, 자연을 통해 하나님의 창조와 섭리를 배웠다.

김교신은 자연에서 하나님을 성찰했다. 그는 농산물을 거두면서 자
연이 관대하고 어질다고 느꼈다. 그는 자연과 더불어 생활 속에서 신앙
의 참맛에 도달해 갔다. 이러한 신학적 성찰은 곤충이나 짐승에게까지
나아간다. 매미, 잠자리, 하루살이와 같은 작은 생명 속에서도 하나님
의 음성을 듣고 하나님의 크신 경륜과 사랑을 깨닫고 싶어 했다. 언젠
가 북한산에서 설교할 때 자신의 설교가 오히려 대자연의 설교를 방해
하지 않을까 염려하기도 했다.

김교신은 변화하는 계절 속에서도 민감하게 하나님을 만났다. 북한
산록에서의 생활은 계절마다 그에게 새로운 감명을 주었다. 봄은 특별
한 의미를 지녔다. 그는 생명이 약동하는 것을 통해 부활에 대한 신학
적 성찰로 나아갔다. 그에게 자연은 더불어 사유하는 유기체이자 하나
님을 성찰하게 해주는 생명체였다. "매년 봄이 돌아올 때 산야의 초목

---

175 김교신, "1937년 3월 3일(수) 일기," 『김교신 전집 6』, 189.

과 조충(鳥蟲)이 부활을 노래할 때 그때가 우리의 부활 주일이 되리라."
"아! 그리스도의 입춘, 이는 죄인만 맛볼 수 있는 명절이다." 이러한 봄에 대한 성찰 속에서 겨울에 대한 신학적 의미도 두터워 졌다. 자연과 계절의 변화는 하나님을 만나고, 느끼고, 삶을 성찰하게 해주는 중요한 요소였다. 김교신은 자연을 개발과 이용의 대상이 아니라 하나님의 임재를 경험하는 영적인 곳으로 여겼다. 이러한 김교신의 생각은 자연환경이 하나님의 집이라는 '생태신학'적 관점과 연결해 볼 수 있다.[176]

생(生)의 기독교

삶의 모든 장소가 하나님을 예배하는 곳이라는 김교신의 교회관은 신앙의 본질을 생 전체의 영역으로 확장시킨다. 그에게 살아가는 모든 공간은 하나님을 예배하는 곳이다. 무교회주의는 "적극적으로 진리를 천명하며 복음에 생활하는 데"[177] 중점을 둔다. 이런 신앙적 자세를 '생의 기독교' 혹은 '삶의 기독교'라고 부를 수 있을 것이다.

김교신이 예배하는 영역은 하나님이 인간에게 부여해 준 공간과 시간의 전 부분으로 확대된다. 우리가 처한 땅은 인간이 하나님의 뜻을 실현하고 발 딛고 살아나가야 할 터전이며 우리가 처한 시간도 하나님의 뜻을 이루기 위해 주어진 것이다.

김교신은 삶을 하루 단위로 살아나갔다. 하나님 앞에 하루를 살고, 하루로 계산되겠다는 의미였다. "신자의 생애는 육으로나 영으로나 하루 살림을 원칙으로 한다. 절대 신뢰의 생애는 그날그날 하루하루의

---

176 김균진, 『자연환경에 대한 기독교 신학의 이해』(서울: 연세대학교 출판부, 2006), 181-185 참조.
177 김교신, "대립 항쟁의 대상,"(1936. 11)『김교신 전집 2』, 256.

살림이 아닐 수 없는 까닭이다."[178] 그는 그 하루를 하나님이 자신에게 부여한 시간이라고 생각했다. 그래서 영을 최우선으로 두는 삶, 신앙 제일주의의 삶을 실천하려 하였다. 게으름과 나태, 불신용, 거짓은 그를 깊은 절망으로 빠뜨리는 요소였다. 이것은 시편 기자의 고백을 생각나게 한다. "우리에게 우리의 날을 세는 법을 가르쳐 주셔서 지혜의 마음을 얻게 해주십시오."(시편 90:12)

김교신이 삶을 하루 단위로 살아가게 된 데에는 우치무라 간조와 류영모의 영향이 컸다. 그는 일본 유학 시절 우치무라로부터 하루하루를 한 평생처럼 하나님 앞에 최선의 경주를 다하여 사는 일일일생(一日一生)주의를 배웠다. 그래서 김교신은 하루가 일생이며, 하루의 걸음이 쌓여서 일생을 이룬다는 의미로 자신의 일기를 일보(日步)라 하였다. 그런데 류영모를 통해 이 일일일생주의는 더 심화되고 구체화 되었다.[179] 김교신이 일일일생주의를 삶 속에서 보다 구체화 시킬 수 있었던 데는 생일을 하루로 계산하는 방법을 배웠기 때문이다. 그는 1933년 2월 19일 처음으로 일생을 하루 단위로 계산하게 되었다. 류영모가 가르쳐 준 것이었다.[180] 류영모가 자신의 산 날을 세기 시작한 때는 1918년 1월 13일이었다.[181] 김교신보다 15년이 빠르다. 지인들은 잊을 수 없는 기억이 류영모가 날짜를 헤아린 것이었다고 말했다. 함석헌은 "처음에는 생일을 음력으로만 알 뿐이었는데 선생님이 가르쳐주셨으므로 양력으로 하게 됐고 날을 헤아리게도 됐습니다"라고 추억하면서 이를 "이제-

---

178 김교신, "附: 주기도의 연구,"(1931. 9)『김교신 전집 4』, 161.
179 김교신, "1935년 2월 3일(일) 일기,"『김교신 전집 5』, 260.
180 김교신, "1933년 2월 19일(일) 일기,"『김교신 일보』, 133.
181 박재순,『다석 유영모』, 130.

여기주의로 살자"로 설명하였다.[182] 김흥호(金興浩, 1919-2012)도 "선생님은 언제나 하루살이다. 선생님에게는 어제도 없고 오늘도 없고 내일도 없다. 영원한 하루다. 선생님은 언제나 자기의 날을 세면서 살아간다"고 말했다.[183] 류영모는 이처럼 '오늘살이'(今日生活)를 강조하였다. 그는 어제와 내일이 아닌 '오늘'을, 저기와 거기가 아닌 '여기'에서, 그와 저가 아닌 '나'의 삶을 살아야 한다고 주장했다.[184]

　이로써 김교신은 오늘 하루를 살 뿐만 아니라 오늘 태어나고 오늘 죽게 되었다. 곧 그는 깨고 다시 잠이 드는 과정을 통해 매일 태어나고 죽었던 것이다. 일일일생은 하루를 한평생처럼 살고 이것이 일 년을 이루고, 이 일 년이 평생을 이루는 것이었다. 태어나는 것도 한번이요 죽는 것도 한번이다. 반면 오늘살이는 오늘만을 산다. 오늘살이에서는 오늘 삶을 마감하기 때문에 내일이 없다. 일일일생주의에서의 하루는 평생을 염두에 둔 하루다. 곧 하루가 평생이다. 그러나 오늘살이에서는 하루가 평생인 동시에 평생이 하루다. 여기에서는 하루만을 염두에 두지 일평생을 생각하지 않는다. 김교신은 12,000일을 산 소감에서 "하루는 일생이요, 일생은 하루"라고 말한다. 이 하루는 하나님이 우리에게 자신의 창조목적에 맞게 살도록 주신 또 한 번의 기회다. 그래서 양의 세계에서 질의 세계로, 지식의 세계에서 생활의 세계로, 보이는 세계에서 보이지 않는 세계로 나아가야 한다.[185] 그는 기독교인들은 이중 생명이 있다고 말했다. 곧 육체는 갈수록 노쇠하겠지만 하나님 앞에 우리

---

182 함석헌, "젊은 류영모 선생님," 『제소리: 다석 류영모 강의록』(서울: 솔, 2001), 19-20.
183 김흥호, "늙은 류영모 선생님," 『제소리: 다석 류영모 강의록』, 28.
184 류영모, "오늘," 『제소리: 다석 류영모 강의록』, 390-394.
185 김교신, "제12,000일,"(1934. 3) 『김교신 전집 1』, 347-350.

는 날마다 괄목상대하게 생장해 가야 한다. "단, 그 하루하루를 과연 살았는가? …… 차라리 하루의 삶을 의식하고 살며 참으로 살고자 하는 자이다."[186]

이찬갑은 "기독교는 예배가 아니라 사는 것이다"[187]라고 말함으로써 '생의 기독교'를 제대로 표현해 주었다. 기독교는 형식에 있는 것이 아니라 삶 자체에 있다는 고백이다. 김교신은 믿음이란 "자기의 전생명을 그리스도에게 넘겨주는 일"이며, "모든 교회 법규를 다 지키고 외양의 행동을 선히 하여도 나를 하나님께 바치지 않는 이상 신앙이 아니다"고 생각했다. 하나님 중심으로 돌아와야 한다는 외침이었다.

김교신이 무엇보다 중시했던 것은 독립적인 삶이다. 이는 신앙적인 부분뿐만 아니라 경제적인 부분에서도 마찬가지다. 당시 조선교회는 서구교회에 신학적으로, 경제적으로 상당 부분을 의지하고 있었다. 또한 그는 조선인의 가난은 경제적인 부분을 남에게 의탁하려는 나태함에서 비롯된 것이라고 생각하기도 했다. 언젠가 김교신은 「성서조선」 출판비 전액을 부담하겠다는 제안을 받았다. 당시 어머니와 부인, 그리고 5명의 자녀를 양육하고, 「성서조선」의 발행까지 감당해야 했던 그에게는 솔깃한 제안이 아닐 수 없었다. 그러나 그는 이 제안을 거절하였다.

> 단 「성조」지의 비용은 그 독자가 완전 부담하는 날까지 그 주필이 천막장이 노릇 하여 담당할 것이다. 조선 같은 빈핍한 땅에 났다가 친척(親戚) 고구(故舊)에게 신세 끼치지 않고 간다면 그것이 조선을 위한 최대 사업인가 한다.[188]

---

186 김교신, "제12,345일,"(1935. 3) 『김교신 전집 1』, 350.
187 이찬갑, "소감 여섯편," 「성서조선」 제83호(1935. 12), 19.
188 김교신, "1937년 6월 11일(금) 일기," 『김교신 전집 6』, 240.

김교신은 남에게 폐를 끼치지 않는 독립인의 삶을 살고자 했다. 그래서 병인(病人)이나 한센인 등을 제외하고는 선금을 내는 이들에게만 「성서조선」의 구독을 허락하였다.

김교신은 "조선 청년으로서 무슨 사업을 하는 것이 가장 동포를 위함이 되겠느냐?"는 질문을 받고 "건방진 질문"이라고 질책한 다음 "무슨 사업을 할 것이 문제가 아니요, 어떻게 할 것이 문제의 중심"이라고 대답하였다. 그에게 삶의 전 영역은 무엇(what)을 할 것인지의 문제가 아닌 어떻게(how) 할 것인지의 문제였다. 오늘날 한국교회가 사로잡혀 있는 '무엇'에 대한 우상은 '어떻게'라는 몽둥이로 깨부술 필요가 있다. 신앙을 빙자하여 높아지려는 욕구를 대변하는 명예의 신학, 물질의 욕구를 대변하는 번영의 신학은 하나의 우상으로서 분명하게 부숴야 한다. 이것은 사단이 지극히 높은 산으로 데리고 가서 천하만국과 그 영광을 보여주며 우리를 유혹하는 것이기 때문이다(마태복음서 4:8-9).

제7장
조선산(朝鮮産) 기독교:
조선인은 조선인의 신앙을

당시 조선교회에서는 서양 선교사들에 의한 기독교가 아니라 조선인 스스로 깨닫고 만든 기독교를 가지고 조선 민족이 겪는 역사적 문제에 대처해야 한다는 인식이 확산되고 있었다. 이런 흐름을 대표하는 인물이 김교신이다.[189] 제자인 노평구(盧平久, 1912-2003)는 김교신이 참 조선인의 혼으로 성서를 민족적으로 소화하려고 했는데 이것은 신앙의 풍토화와 맥을 같이 한다고 평가했다.[190]

김교신은 이를 '조선산 기독교'라고 불렀다. 조선인은 다른 민족과 구별되는 자신만의 색을 가지고 있다. 그는 기독교를 받아들인 사람이 기독교인인 동시에 조선 사람이기 때문에 조선산 기독교를 고민했다. 오늘날 한국인들은 서양 문화를 크게 이국적이라고 느끼지 않는다. 그러나 김교신이 살았던 시대는 서구 문명이 조선의 문화를 급속히 대체해 가던 때였다. 식민지 조선인은 조선 문화와 가치관의 실종을 눈으로 확인할 수 있는 과도기를 살았다. 근대화라는 명분으로 조선의 것은 빠르게 서구적인 것으로 대체되었다. 그러나 조선의 것에는 정신적 유산과 같은 서구의 것으로는 채울 수 없고, 채워서도 안 되는 것이 있었

---

189 서정민,『겨레사랑 성서사랑 김교신 선생』, 31. 본 장은 다음 두 글을 주로 참고하였다. 전인수, "김교신의 '조선산 기독교': 그 의미, 구조와 특징,"「한국기독교와 역사」제33호(2010. 9), 163-192; 전인수, "전인수, "김교신의 조선산 기독교에 대한 역사적 이해: 조선혼과 조선심을 중심으로," 239-267.

190 노평구, "내가 생각하는 김선생,"『김교신 전집 별권』, 61, 65 참조.

다. 이를 포기하는 순간 조선인은 더 이상 조선인으로 남아있을 수 없기 때문이다.

일제강점기 조선은 오랫동안 문명의 중심으로 삼아왔던 중국을 상대화하고, 아시아 근대화의 화신으로 등장한 일본과도 구별되어야 하는 이중의 과제를 안고 있었다. 그때 조선인은 정신적 독립을 통해서 중국을 과거의 유산으로 만드는 동시에 식민 지배국인 일본에 동화되지 않으면서도 서구의 근대사상을 주체적으로 소화해야 하는 정신적·민족적 축이 필요했다. 이 때문에 1920-30년대 조선 사회에서는 조선혼(朝鮮魂)이나 조선심(朝鮮心)이라는 용어가 자주 사용되었다. 이 용어는 중국인, 일본인, 서구인과 구별되는 조선인이 갖고 있는 고유한 정신이나 마음을 의미했다. 그런데 김교신은 이를 조선산 기독교의 중요한 기반으로 생각했으며 조선의 전통을 극복과 배제가 아닌 계승해야 할 것으로 이해하였다.

조선인의 민족적 정서를 담아낸 조선산 기독교

「성서조선」 동인들은 성령의 불에 비추어, 생명의 양식으로 성서를 새롭게 읽는다면 "조선적 기독교가 첫 걸음을 시작하게 될 것"[191]이라고 여길 정도로 조선적인 정서가 묻어나는 기독교를 꿈꾸었다. 그렇다면 김교신이 생각한 조선산 기독교는 무엇일까. 이것을 이해하기 위해서는 그가 '조선산'이라는 단어를 어떤 의미로 사용했는지 알아야 한다. 그는 조선산 이라는 단어를 1934년 처음 사용하였다.

---

191 정상훈, "성서를 재독하라," 「성서조선」 제8호(1929. 8), 4.

세상에 삼용사(三勇士)라는 것이 있거니와, 이 삼용사라는 신어(新語)가 주조도 되기 5-6년 전인 1927년 봄날에 조선산 '육용사'(六勇士)가 출현된 일이 있었다. 저들은 소유를 바치고 생명을 다하여서라도 반도의 영계를 폭격하지 않고는 마지않을 기세이었다. 부산으로부터 의주까지의 전도여행도 기도하였으나 가장 구체적으로 여섯 어깨를 나란히 하여 메고 돌격한 강력한 뇌관으로 출현한 것이 「성서조선」이었다.[192]

여기서 말하는 삼용사는 1932년 상해사변(上海事變) 때 육탄으로 공을 세웠다고 알려진 일본군을 말한다. 이들은 중국군의 철조망을 폭파시키기 위해 폭탄을 들고 돌진했다가 사망했다고 한다. 일제는 이 세 명을 애국자로 대대적으로 선전하였다. 이들을 영웅으로 만들어 국민들을 전쟁에 동원하려 했던 것이다. 당시 서울의 장충단 공원에도 육탄 삼용사 동상이 세워졌다. 김교신은 이 삼용사를 빗대어 「성서조선」동인들을 육용사라고 표현한 것이다.

육탄 삼용사

---

192 김교신, "蚌蛤을 위하여 辯함,"(1934. 4) 『김교신 전집 1』, 236.

김교신은 '산'(產)이라는 단어를 가끔 사용하였다. 그는 '산'이라는 단어를 어느 지역에서 만들어진 혹은 어느 지역에서 난 것이라는 의미로 사용하였다. 그렇다면 '조선산' 이라는 단어도 '조선에서 난', 혹은 '조선에서 만들어진' 이라는 의미를 갖는다. 김교신은 「성서조선」 창간 동인들이 조선에서 났기 때문에 조선산 육용사라고 표현한 것이다. 조선산은 서구나 일본에서 전해진 것이 아닌 조선에서 나온 것이다. 김교신은 조선산이라는 단어를 기독교와 연결하여 조선산 기독교라고 하였다.

> 조선의 기독교가 전래한 지 약 반세기에 이르렀으나 아직까지는 선진 구미 선교사들의 유풍(遺風)을 모방하는 역(域)을 불탈(不脫)하였음을 유감으로 알아, 순수한 조선산 기독교를 해설하고자 하여 「성서조선」을 발간한 것이다.[193]

「성서조선」을 편찬한 이유 중 하나는 조선산 기독교를 해설하는 것이었다. 조선산 기독교의 창출 노력은 「성서조선」 발간 당시부터 변함없이 지속되었다. 김교신은 조선을 갱신시키고 조선인을 성서적 백성으로 세우기 위해서는 조선을 성서화 시켜야 한다고 생각하였다. 조선의 성서화는 조선을 치료하기 위한 처방이었다. 그러나 조선산 기독교는 조선의 기독교를 위한 처방이었다. 그는 조선 기독교가 지나치게 서구적이고 서구 기독교의 모방 단계에 그치는 것에 대한 대책으로 조선산 기독교를 제시한 것이다. 그는 서구 기독교와는 다른 조선의 기독교를 꿈꾸었다. 조선산 기독교의 전제 조건은 우선 성서적 기독교였다. 그러나 조선산 기독교의 특징적인 면은 서구 기독교와 구별된 조선적 기독

---

193 김교신, "성서조선의 간행취지,"(1935. 10) 『김교신 전집 1』, 317.

교였다. 성서에서 사도적 신앙의 모범을 발견하고 이를 조선적인 양식으로 표현하는 것이다.

조선의 성서화와 조선산 기독교는 그 의미가 다르지만 김교신에게는 서로 충돌되는 개념이 아니었다. 그는 조선산 기독교로 조선을 성서화 시키겠다는 포부를 밝힌바 있다. 이는 그가 민족화 된 기독교로써 민족의 성서화까지 이루려 했다고 볼 수 있다. 당시 서구의 보수적인 신학의 영향을 받은 조선 목회자들은 민족적인 기독교를 기독교의 변질로 이해하는 경우도 있었다. 그러나 김교신은 기독교가 민족을 통해 구현 되어야 한다고 믿었다. 조선의 기독교는 서구의 기독교와는 다른 조선적인 것을 담아내야 한다는 것이다. 그래서 김교신은 조선산 기독교를 "조선 김치 냄새나는 기독교"라고도 불렀다. 김교신은 1934년 12월에 조선 철도국의 「국우」(局友)라는 잡지에서 "조선 사상 운동 개황"이라는 글을 읽고 다음과 같이 적고 있다.

> 필자는 조선총독부 경무국 보안과 사무관이니 만치 상세하고도 계통 정연한 것이다. 읽고 나니 우리의 전기를 읽은 듯한 감흥이 그 하나요, 조선 공산당은 다른 공산당보다 더 특이한 것이 있다는 것을 초문(初聞)한 것이 그 둘. 기독교라도 조선 김치 냄새나는 기독교가 불출(不出)하지 말란 법이 있으랴.[194]

여기서 김교신은 조선 공산당에는 다른 나라의 공산당과 다른 특이한 것이 있다는 것을 알게 된다. 그는 조선 공산당을 통해 자신이 추구해 왔던 조선산 기독교, 곧 다른 나라의 기독교와는 다른 특이성을 갖는 기독교의 출현도 문제될 것이 없다는 하나의 정당성을 얻게 된 것이

---

194 김교신, "1934년 12월 11일(화) 일기," 『김교신 전집 5』, 243.

다. 그리고 다른 나라와 구별된 특별한 조선산 기독교를 조선 김치 냄새나는 기독교로 표현해 보았다. 조선산 기독교는 조선에서 산출된 기독교라는 뜻이 강조되고 있는 반면 김치 냄새나는 기독교는 다른 나라와 구별되는 특이성이 강조되고 있다.

성서 vs 서구 기독교

그렇다면 조선산 기독교는 어떤 구조를 가지고 있을까. 조선산 기독교는 '성서와 조선'을 접맥시키는 구조다. 김교신은 "성서를 조선에 주고", "성서 위에 조선을 세움"으로써 조선산 기독교가 가능하다고 보았다. 분명한 것은 '서구 기독교와 조선'의 접맥이나 '서구 기독교를 조선에'라는 구도를 생각하지 않았다는 점이다. 김교신은 서구 기독교가 아닌 '성서'를 조선에 줌으로써 조선산 기독교가 가능하다고 믿었다.

김교신은 왜 서구 기독교를 조선에 직접 이식하는 구도를 거부 했을까. 그 이유는 성서가 말하는 기독교와 기성 기독교가 다른 것이라고 생각했기 때문이다. 그는 '순수한 기독교'라는 용어를 썼는데 이것은 성서가 말하는 기독교와 기성 기독교를 구분하기 위해서였다. 미국 기독교를 중심으로 한 서구 기독교는 순수한 기독교와 대비되는 기독교였던 셈이다.

김교신은 미국이 교회주의의 조국이며, 개신교회는 교회지상주의로 기형화하였고, 조선의 기독교를 수입품 단계에 머물고 있는 가벼운 기독교라고 비판하였다. 그는 서구 기독교를 기독교의 원형이 아닌 하나의 극복대상으로 생각하였던 것이다. 그래서 미국 기독교를 조선에 그대로 이식하는 방식을 비판적으로 바라보았다. 김교신은 미국 기독교가 아닌 성서를 조선에 전달함으로써 성서적이면서도 조선적인 기독교를 새롭게 산출하려 했다.

조선산 기독교가 성서와 조선이 접맥되어 형성된다면 그 성서가 조선과 만나는 지점은 어디일까. 김교신은 조선혼과 조선심에 주목하였다. 그는 조선인은 조선이라는 특수한 자연적·지리적 환경에서 오랜 역사를 통해 형성된 조선심을 소유하고 있다고 믿었다. 그는 유교, 불교와 같은 조선 전통과 도덕에서 비롯된 살아있는 정신을 간직한 이를 조선인 중의 조선인, 조선의 나다나엘이라고 간주하고 이런 이들이 간직한 마음을 조선심이라고 보았다. 조선심은 조선인의 고유한 마음 바탕으로서 성서를 읽고 복음의 진리를 받아들이는데 유리하다. 즉 조선인의 맑은 마음은 하나님을 보기에 도움이 된다. 반만년의 역사 안에서 연단된 이 마음은 지고한 사상 즉 신의 경륜을 받아들이기에 가장 적당하다.

조선심을 소유한 이들은 신성(神聖)에 대한 경외심이 있고 어질고(仁) 간사하지 않으며 율곡과 퇴계처럼 진실하고 신의를 지킨다. 또 이들은 충심이 있고 춘향전과 심청전에서 볼 수 있는 것처럼 정렬(貞烈)과 효성이 뛰어나다.[195] 이 마음은 마치 구약의 율법처럼 하나님을 섬기는 밑바탕이다. 예를 들면 조선인의 정조관념은 인생사뿐만 아니라 하나님을 섬기는 근본도리로서 다른 민족이 가질 수 없는 장점이다. 맹자의 가르침은 이(利)를 거부함으로써 성공을 좇는 조선 기독교에 교훈이 된다. 구약적 의(義)와 유교적 동양도덕의 엄격성은 서로 닮아 있다. 천적(天的) 새 생활인의 표준으로 바울이 든 자비, 인자, 겸손, 온유, 관용은 우리 조선 사람의 수덕(修德)의 이상과 매우 가깝다. 이처럼 동양의 도덕률을

---

195 김교신, "1935년 8월 30일(금) 일기,"『김교신 전집 1』, 386; 김교신, "심봉사의 소원,"(1935. 10)『김교신 전집 1』, 241.

그리스도에 의해 완성될 구약의 율법처럼 간주한 시각은 오늘날도 주목되는 부분이다.

김교신은 반석 위에 지은 집을 설명하면서 유불교(儒佛敎)의 정신을 가진 참조선인이 기독교와 접할 때 참이스라엘인처럼 그리스도의 영접함을 받을 것이라고 말한다. 곧 참조선인이 기독교를 접하면 기본적으로 체득된 조선인의 심성 때문에 한 차원 높은 기독교의 정신으로 자연스럽게 나아간다는 것이다. 김교신은 유불교의 정신이 기독교 진리의 기본 바탕이 될 수 있다고 확신하였다. 이 때문에 신앙 그대로의 생활과 조선 사람다운 생활의 실현이 그에게는 끊을 수 없는 욕망이었다. 참기독교인과 참조선인은 따로 분리할 수 없다. 이는 기독교 신앙의 정수와 조선심의 정수는 통한다는 의미이다. 그래서 참기독교인이 된다는 것은 탈조선을 의미하지 않는다.

조선산 기독교와 기독교의 토착화

그렇다면 김교신의 조선산 기독교를 토착화로 이해할 수 있을까. 조선산 기독교는 토착화이기는 하지만 일반적인 토착화 이론과는 접근 방법이 다르다. 대체적으로 토착화 운동에서는 서구의 기독교가 조선의 옷을 입고 조선화 되는 과정에 주목한다. 기독교와 조선의 접맥을 시도하는 것이다. 그러나 조선산 기독교는 서구식 기독교를 지양하고 조선혼이나 조선심을 가진 조선인이 성서를 읽고 그 말씀을 직접 조선이라는 땅에 구현하는 것이다. 이런 방식은 성서를 통해 조선의 기독교를 산출할 수 있는 구도다. 기존의 토착화를 서구적 기독교의 조선화라고 말한다면 조선산 기독교는 서구적 기독교의 이식 과정 없이 성서만으로 하나의 토착 기독교를 산출해 낼 수 있다.

그런 의미에서 학계에서 일반적으로 사용하고 있는 조선적 기독교라는 용어는 의미의 폭이 넓어 성서만으로 조선에 사도적 기독교를 구현하려고 했던 김교신의 의도를 정확하게 반영하지 못한다. 김교신의 토착화론을 이야기 할 때는 조선적 기독교라는 용어보다는 조선산 기독교라는 용어를 쓰는 것이 적절하다. 조선적 기독교라는 용어에는 김교신이 동의하지 않았던 서구적 기독교의 조선화라는 의미도 포함되어 있기 때문이다. 곧 조선산 기독교를 넓은 의미에서 조선적 기독교에 포함시킬 수 있지만 그 차별성도 분명하기 때문에 부가적인 설명을 하거나 이 둘을 구별해서 사용해야 한다.

조선산 기독교는 서구에서 전래된 기독교를 조선화시키는 개념이 아니다. 성서를 통해 조선에 성서적이면서도 조선적인 기독교를 새롭게 산출하는 것이다. 이를 위해서 조선인은 주체적인 의식을 가지고 일상생활 속에서 경험된 성서적 진리를 조선적으로 표현해야 한다. 또한 성서적 진리가 조선의 자연이나 지리, 유교와 불교와 같은 조선의 문화에 접맥되고 체화되어야 한다. 조선산 기독교는 누구나 이해할 수 있도록 쉬운 조선어로 표현해야 하는 것도 빼놓을 수 없다. 그 내용은 지나치게 신비적이고 열광주의적이어서는 안 된다. 일상생활을 바탕으로 하되, 학구적이고 과학적인 것을 지향한다. 모임은 서당에서 이루어지는 공부 방식처럼 성경을 연구하고 암송하는 게 주를 이룬다. 김교신은 서구 기독교의 교회주의를 극복하면서 성서적이면서도 조선적인 기독교를 산출해 내려 했는데 이러한 조선산 기독교의 모습은 그의 평생의 과업이었던 「성서조선」에 담겨있다.

제8장
김인서와 벌인 논쟁:
무교회주의는
잘못된 신앙인가

김교신 평전

김교신은 당시 조선 기독교인들이 가지고 있었던 평범한 신앙을 소유한 인물이 아니었다. 이 때문에 신학적 논쟁에 가끔 휘말렸다. 그는 조선교회뿐만 아니라 무교회주의에 몸담았던 이들과도 논쟁을 벌였다. 전자를 외부적 비판이라고 한다면 후자는 내부적 비판으로 볼 수 있다. 대표적인 논쟁은 세 번 정도 된다. 하나는 김인서의 비판이다. 이는 제도적 조선교회와 불거진 갈등이다. 나머지는 장도원 및 최태용과 벌인 논쟁으로 이것은 무교회주의를 잘 알고 공감했던 이들과 생긴 입장 차였다. 논쟁은 1930년대, 중일전쟁 이전에 있었다. 이 논쟁들은 당시 김교신이 당면했던 고민이 무엇이었는지, 그의 사상적 경향이 어떠했는지를 읽을 수 있는 중요한 단서를 제공한다. 먼저 김인서와 벌인 논쟁을 살펴보자.

김인서는 논쟁 당시 장로교회에 몸담고 있었다. 그는 장로교회에서 신앙생활을 시작했기 때문에 장로교인의 정체성이 명확했다. 대신 김인서는 조선교회의 화합과 일치를 중시하여 사상적으로는 장로교에만 갇혀있지는 않았다. 그는 스스로를 정신앙(正信仰)에 선 자로[196] 교회를 그의 애인으로 생각하였다.[197] 또 그는 노아의 방주를 구원의 방주

---

196 김인서, "신학교를 졸업한 감상," 「신학지남」 제56호(1931. 3), 58.
197 김인서, "山居辭,"『김인서저작전집 1』, 37. 본고에서 인용한 김인서의 글은 정인영 편,『김인서저작전집』(서울: 신망애사, 1976)을 참고하였다.

라고 하면서 이를 "그리스도와 교회의 예형(豫型)"으로 해석하였다. 곧 하나님이 "그리스도와 그의 교회를 허락하시어 신자들을 구원"하신다는 것이다.[198] 이런 입장은 김교신과는 달랐다. 김인서가 정신앙의 바깥에 있다고 생각했던 무교회주의를 김교신은 '전적 기독교'이자 '참복음주의'라고 불렀다. 김교신이 사랑한 것은 교회보다는 조선이었다. 그는 구원이 교회가 아닌 오직 예수 그리스도에 대한 믿음으로만 가능하다고 생각했다.

한일기독교 관계사의 측면에서 우치무라의 사상은 김교신을 통해 조선 내에서 가장 활발하고 지속적으로 실천되고 있었다. 당시 교파를 불문하고 조선교회의 목회자들과 평신도들은 우치무라의 글을 읽었다.[199] 그럼에도 이를 공개적으로 드러내지는 않았다. 무교회주의는 조직교회 및 교회주의에 대한 강한 비판 정신으로 교계로부터 비난의 화살을 맞았다. 당시 조선교회는 무교회주의를 이단이나 교회 공격을 일삼는 사상이라고 비난하기도 하였다. 김인서는 교회를 사랑하는 것만큼 무교회주의에 대해서는 부정적이었다.

김교신도 조선교회에 대한 애정이 있었으나 사랑하는 방법은 김인서와 달랐다. 김교신은 조선교회가 보다 성서적이기를 원했고 그래서 때로 조선교회를 비판했다. 그러나 김인서는 연약한 조선교회이니 비판보다는 상처를 싸매고 가는 것이 우선이라고 생각하였다. 당시 위상으로 보았을 때 김인서는 조선교회를 대표할 만한 인물은 아니었다. 나중에 창간하게 되는 「신앙생활」지(1932)로 유명해졌지만 논쟁 당시에는 거의 무명의 인물이었다. 그럼에도 그의 상징성만큼은 무시할 수 없

---

198 김인서, "창세기 사경," 『김인서저작전집 3』, 74-75.
199 김교신, "우치무라 간조 선생,"(1940. 5) 『김교신 전집 1』, 273-274; 김인서, "평양노회 기도 제한안의 경로와 적용에 대하여,"(1932. 6) 『김인서저작전집 2』, 42.

다. 그는 장로교의 대표적인 교육기관인 평양신학교의 학생이었으며 그곳의 기관지인 「신학지남」의 편집을 돕고 있었다. 평양신학교나 「신학지남」의 상징성을 생각할 때 김인서의 비판은 조선 장로교회의 비판이라고 볼 수 있다. 반면 김교신은 자신의 스승인 우치무라와 무교회주의를 변론해야 하는 위치에 서 있었다. 비판에 맞서면서 김교신은 우치무라와 무교회주의에 대한 자신의 입장을 명확히 하였다.

우치무라는 영적 제국주의자이다

김인서는 1894년생으로 김교신보다 7살이 많았다. 김인서는 정평(定平), 김교신은 함흥 출신으로 모두 함경남도 출신이었다. 논쟁이 있었던 당시에는 각각 평양과 서울에 거주하고 있었다. 논쟁의 불은 김인서가 붙였다. 제도적 조선교회에 대한 명확한 애정을 가지고 있던 김인서는 우치무라의 무교회주의를 고운 시선으로 바라볼 수 없었다. 김인서는 「성서조선」 동인들을 바로 지목하였다. 그가 직접 거론한 인물은 정상훈과 김교신이었다. 그때 김교신은 「성서조선」에 대한 모든 책임을 정상훈으로부터 물려받은 직후였다. 그렇기 때문에 김인서의 비판에 김교신이 대응할 수밖에 없었다.

김인서는 무교회가 교회의 타락을 그 조직에 있다고 보는 오류를 범하고 있다고 주장하였다. 교회의 타락은 그 조직 자체에 있는 것이 아니라 사람에게 있기 때문에 조직 때문에 교회까지 부인할 수는 없다는 것이다. 무교회를 주장하는 사람들도 타락할 수 있다는 논리였다. 또한 김인서는 다수의 문맹 하류층을 상대하는 일반 교회와 소수의 지

식계급을 상대하는 무교회에 같은 기준을 댈 수는 없다고 비판했다.[200]

김인서는 생김새와 체격 때문에 북방 곰, 곤우동 황소라고 불렸다. 정통신앙과 조선교회를 지키고자 했던 그의 삶은 곰과 황소처럼 우직하고 성실한 면이 있었다. 그러나 김인서는 여느 근본주의자들처럼 사상적으로 경직되어 있지는 않았다. 왼쪽에 있는 잡지가 「신앙생활」이다.

김인서는 무교회주의의 교회론과 엘리트주의 및 소종파주의를 비판한 다음 자신이 정작 우치무라를 주목한 이유를 밝혔다. 그는 우치무라에게서 "조선영계(朝鮮靈界)를 탐탐웅시(耽耽雄視)하는 영적 제국주의의 야심"을 보았다고 말했다. 우치무라가 일본적인 기독교를 제창하고 있다는 것이다. 그는 「성서조선」 동인들이 일본적 기독교의 침투를 용납하고 있다고 비판했다. 그는 조선인은 조선인에게 말씀하시는 복음을 들어야 한다며 우치무라가 조선에 미치는 영적인 영향을 경계하였다.[201] 김인서는 조선인이 수용해야 할 복음은 무교회주의와 같은 일본적 기독교가 되어서는 안된다고 말했다. 그는 우치무라에게 기독교의 복음까지도 일본화하려는 저의가 있음을 잊지 말아야 한다고 힘주어 말했다. 김인서의 글은 조선인의 민족의식을 자극하였다. 복음은 세계적이지만 우치무라의 무교회주의는 일본적이라는 것이다. 우치무라가

---

200 김인서, "무교회주의자 內村鑑三氏에 대하야," 「신학지남」 제52호(1930. 7), 39-40.
201 김인서, "무교회주의자 內村鑑三氏에 대하야," 40-42.

이제 영적으로 조선을 침탈하고자 하는데 이를 지켜만 보아서는 안 된다는 논리였다.

언제 일본인에게 복음을 듣지 말라 하더냐

김교신은 김인서가 자신을 직접 지목했기 때문에 1930년 「성서조선」 8월호와 9월호에 걸쳐 "우치무라론에 답하여"라는 글을 발표하였다. 이를 계기로 그는 자신이 우치무라의 제자임을 공식 표명한다. 그는 우치무라에게서 배우게 된 전말을 밝혔고 김인서의 글에 보이는 몇 가지 오류에 대해서는 시정을 요구하였다. 또한 하나님의 말씀을 일본인에게 듣지 말아야 할 이유가 없다고 맞받아쳤다. 그는 김인서의 비판을 "교회 방비에 신경이 쇠민(衰敏)하여진 병증"으로 치부하였다.

김교신은 우치무라가 무엇보다도 진정한 애국자라고 주장했다. 우치무라의 강연을 통해서 김교신은 "이스라엘 집의 잃어버린 양에게로 가라"(마태복음서 10:5-6)는 예수의 말씀을 조선에 적용시킬 수 있었다. 김교신은 '불공대천의 철심'으로 유학을 떠났지만 그곳에서 유일무이의 선생 우치무라를 만남으로써 조선과 조선인을 사랑할 수 있는 시각과 방법을 배울 수 있었다고 말했다.

> 자연과학자의 정신에 입각한 성서 연구와 국적(國賊)으로 전 국민의 비방 중에 매장된 지 반생여일에 오히려 그 일본을 저버리지 못하는 애국자의 열혈, 이것이 무엇보다도 힘 있게 나를 견인(牽引)하였었다. 조선에 만일 그와 같은 애국자가 출현하였다면 쏟아 바쳤을 경모의 염을 전혀 저에게 봉정하였다.[202]

---

[202] 김교신, "우치무라 간조론에 답하여,"(1930. 8) 『김교신 전집 2』, 278.

두 번째로 김교신은 자신이 우치무라에게 배운 것은 단순한 무교회주의가 아닌 복음의 오의(奧義), 즉 깊은 뜻이었다고 주장했다. 그는 자신이 배운 무교회주의란 "교회 밖에 구원이 있다"는 것이 전부이며 그 이상도 그 이하도 아니라고 하였다. 그는 무교회주의란 루터의 종교개혁 이후 "모든 신교(新敎) 교회가 구교(舊敎)로 퇴화할 때에 다시 한번 교회 밖에 구원이 있다고 주창한 것"이었으며 이것은 성서가 증언하는 바울의 교리를 잇는 것이라고 말했다.

김교신은 우치무라에게서 애국심과 복음의 정수를 배웠다고 주장했다. 민족의식이나 애국심, 복음의 핵심 모두를 일본인에게서 배울 수 있다는 것이 그의 체험적 논리였다. 그는 우치무라가 복음의 깊은 뜻을 밝힌 사람이며 바울과 루터의 계보에 서 있다고 주장했다. 또한 우치무라의 일본 사랑을 통해 자신은 조선을 사랑하는 방법을 배울 수 있었다고 말했다. 그는 김인서의 민족주의적 접근에 대해서는 우치무라의 애국심으로, 일본적 기독교 의혹에 대해서는 복음의 깊은 뜻으로, 무교회주의의 비판에 대해서는 무교회주의란 제도적 교회를 절대시하는 것을 비판하는 사상일 뿐이라고 맞섰다.

당시 김인서는 글로 점점 호평을 받고 있었다. 그는 「신학지남」에 들어간 지 얼마 되지 않아 부두일(富斗壹) 박사의 추도문을 낭독하였다가 단번에 기독교 문단에 올라서게 되었다. 이후에도 그의 글은 호평을 받았고 덩달아 「신학지남」의 인기도 치솟았다.[203] 그러나 김인서에 대한 김교신의 비판은 자신의 별명인 양칼과 같이 매섭고 날카로웠다. 그의 글에는 "언제 영의 말씀은 일인을 통하여서는 듣지 말라고 하시더냐"

---

[203] 김인서, "전도 사십주년(三)," 『김인서저작전집 5』, 269; 김인서, "故富斗壹先生을 哀悼함," 「신학지남」 제52호(1930. 5), 1.

처럼 다소 격양된 분위기도 느껴진다. 김인서는 이런 예봉을 짐작도 하지 못했을 것이다. 그는 강력한 논쟁가를 만났다.

김인서는 김교신의 반론을 매우 불쾌해했다. 그리고 이를 조목조목 반박하였다. 특히 자신이 왜 우치무라를 영적 제국주의자로 보는지에 대해 소상히 밝혔다. 그는 또한 「성서조선」 그룹의 교회 비판에 대해 조선교회를 위하는 성의(誠意)가 아니라 공격을 위한 공격이며 조선교회의 붕괴를 기다리는 공격이라고 비판했다.[204] 김교신은 더이상 반응하지 않았다.

의도하지는 않았겠지만 김인서는 김교신을 조선 무교회주의의 선봉으로 각인시켜 주었다.[205] 사실 「성서조선」 동인들의 활동은 무관심 속에 방치되어 있었다. 비판보다 무관심이 더 무섭다고 하지 않던가. 논쟁 몇 달 전만 해도 「성서조선」의 독자는 십여 인에 지나지 않았다. 김인서가 「신학지남」에 김교신을 이슈화함으로써 부정적이든 긍정적이든 조선교회는 「성서조선」에 관심을 갖게 되었고 김교신의 주장은 탄력을 받을 수 있게 되었다. 김인서의 비판은 조선교회가 「성서조선」에 귀를 기울이는 계기가 되었던 것이다. 이는 조선교회에 경각심만을 불러일으켰던 것이 아니었다. 김교신이 「성서조선」의 독자를 확보하는 데에도 도움이 되었다.[206] 이슈가 형성됨으로써 「성서조선」에 대해 관심을 갖고 동조하는 사람들이 늘어났던 것이다.

---

204 김인서, "무교회자의 비평에 답함," 「신학지남」 제54호(1930. 11), 33-38.
205 「성서조선」에는 "「성서조선」지보다도 교회의 기관지가 더 유력하게 무교회주의를 선전하며"라는 표현이 나온다. 이 기관지는 「신학지남」을 가리킨다. 김교신, "무교회 문답,"(1936. 3) 『김교신 전집 2』, 254.
206 김교신, "무교회 문답," 254.

논쟁의 핵심: 무교회주의에 대한 불신

김인서는 왜 우치무라를 비판했을까. 그리고 왜 「성서조선」 동인들을 걸고넘어졌을까. 그들의 논쟁은 '조선을 식민지화한 일본인에게 복음을 들어도 되는가'와 '우치무라의 기독교는 일본적 기독교가 아닌가'라는 민족적인 논리가 깔려 있다. 다른 한편으론 김인서의 비판에는 무교회주의 자체에 대한 불신이 자리 잡고 있다.

김인서는 김교신과 논쟁하기 전부터 무교회주의에 대해 비판적이었다. 그는 무교회주의를 이단으로까지 생각하였다. 김인서는 김교신과 논쟁하면서 무교회주의의 교회론을 강하게 비판하였다. 곧 이 논쟁은 표면적으로는 무교회주의가 일본적이라는 의혹 때문에 벌어진 것이지만 그 이면에는 무교회주의가 정통이 아니라는 불신이 강하게 자리 잡고 있었다. 당시 논쟁에서도 우치무라의 성서해석을 문제 삼긴 했지만[207] 김인서는 그의 성서관에도 동의하지 않았다. 우치무라와 김교신은 성서가 성령의 영감으로 된 하나님의 말씀이라는 데에 추호의 의심도 없었지만 성서무오설을 믿지는 않았다. 우치무라는 성서가 인간의 책이며 기록상의 오류가 있을 수 있음을 인정했다. 성서가 하나님의 말씀인 데에는 과학적 혹은 역사적 오류가 없어서가 아니라 하나님의 성격, 인간, 죄와 구원에 관련해서이다.[208] 무교회주의자들은 성서를 학문적, 합리적으로 설명하려 애썼다. 그러나 김인서는 우치무라가 진화론을 인정하고 과학적 입장에서 성서를 보기 때문에 정통주의적 성서관에서 벗어났다고 비판했다.[209] 김인서는 훨씬 더 보수적인 성서관을

---

207 김인서, "무교회주의자 內村鑑三씨에 대하야." 39.
208 양현혜, 『우치무라 간조, 신 뒤에 숨지 않은 기독교인』, 235-239.
209 김인서, "세계 신학 대세에 鑑하여," 『김인서저작전집 2』, 221.

갖고 있었다.

김인서는 무교회주의를 교회를 파괴하는 잘못된 것 혹은 이단으로 생각하고 있었기 때문에 우치무라를 문제 삼은 것이다. 김인서는 우치무라가 조선의 기독교를 일본식 기독교로 바꾸려는 영적 제국주의의 의도를 숨기고 있는 것은 아닌가 염려하였지만[210] 일본교회의 조선전도에 대해서는 상당히 우호적이었다.[211] 사실상 일본인의 조선전도에서 제국주의적 의도를 완전히 배제하기는 힘들다. 특히 1921년 조선전도부가 폐지되기는 했지만 일본조합교회의 조선전도에는 조선총독부의 동화정책에 대한 공공연한 협력이 표명되었다.[212] 그럼에도 김인서는 일본인이 전도하는 것 자체를 크게 문제 삼지 않았다. 김인서는 복음이 전해지는 것 자체를 중시했기 때문이다. 김인서는 자신이 정통으로 생각하는 기독교를 다른 일본인이 전했을 때 영적 제국주의라고 민감하게 반응하지 않았던 것이다. 김인서가 비판한 일본적이라는 것에는 기독교에 정치적인 의도가 묻어난다는 의미도 있었지만 기독교가 일본화 되면서 기독교의 정통성에서 이탈했다는 교리적 의미가 더 강했다. 이 점을 확실히 해 두어야 이 논쟁의 실체가 선명해진다. 그래서 우치무라에 대한 비판을 일본 조합교회의 조선전도와 신사참배까지 연결한 관점은[213] 김인서의 논점을 크게 벗어난 것이다. 앞에서도 언급했듯이 김인서가 진짜로 문제 삼았던 것은 일본교회의 조선전도가 아니라 무교회주의의 조선 유입이었고 여기에는 김인서가 생각하는 정통과 비정통의 논리가 작동하고 있다. 김인서는 무교회주의를 비정통으

---

210 김인서, "무교회주의자 內村鑑三氏에 대하야," 40
211 『김인서저작전집 1』, 289, 290, 310-311, 367, 391 참고.
212 양현혜, "일본 기독교의 조선전도," 「한국기독교와 역사」 제5호(1996. 9), 190.
213 양현혜, 『김교신의 철학』(서울: 이화여자대학교 출판부, 2013), 157-158.

로 생각하였다. 동시에 김인서의 비판은 신사참배와 아무런 관련이 없다. 김인서가 이 시기 신사참배를 비판한 적도 없었거니와 조선에서 신사참배 문제는 "1935년(昭和 10) 이후 세인의 주목을 받았"기 때문이다.²¹⁴ 이들의 논쟁은 그보다 5년 전에 있었다.

---

214 조선총독부 편, 『국역 조선총독부 30년사(하)』 박찬승 외 옮김(서울: 민속원, 2018), 1320.

제9장
장도원과 벌인 논쟁:
성서조선운동에 대한
노선의 불일치

김교신 평전

장도원(張道源, 1894-1968) 목사의 신상에 대해서는 알려진 것이 거의 없다. 앞으로 자료를 찾으며 더 살펴보아야 한다. 김교신과 장도원의 논쟁에 대해서도 마찬가지로 학계나 대중에게 거의 알려져 있지 않다. 사실 김교신도 김인서와 최태용과의 논쟁과는 달리 이것을 하나의 논쟁으로 생각하지는 않았다.[215] 그럼에도 노선 변경을 요청했던 장도원과의 갈등을 통해 무교회주의에 대한 김교신의 입장을 보다 명확히 알 수 있다는 점에서 이를 하나의 논쟁으로 추가하였다.

함경남도 함흥 출신이었던 장도원은 1919년 3·1운동에 참여하였다. 그는 함흥 상리 미곡시장에서 태극기를 흔들며 독립선언서를 배포하고 만세를 불렀다. 그것 때문에 징역 8월을 언도받고 서대문형무소에서 복역하였다.[216] 장도원은 한때 아나키스트(무정부주의자)였다. 그는 아나키스트 운동으로 체포되어 재판을 받을 때 "기독교의 진리에 의하여 민권의 평등과 정부가 없음을 원한다."[217]라고 말하면서 자신이 아나키스트임을 밝혀 판사를 놀라게 했다.[218] 그는 또한 1920년대 초

---

215 김교신은 다음 글에서 김인서, 최태용과의 무교회주의 논쟁에 대해서는 언급하고 있지만 장도영과의 논쟁은 언급하고 있지 않다. 김교신, "조선에 있어서의 무교회(상)," 「성서신애」 제247호(2002. 3), 16-17.
216 홍의표 편, 『성서조선지를 중심으로 살펴본 장도원 목사의 신학과 사상』(미간행), 1.
217 「동아일보」(1920. 7. 8)
218 황미숙, "유우석(柳愚錫)의 민족운동과 아나키스트 활동," 「한국기독교역사학회 제391회 학술발표회 자료집」(2021. 3. 6), 2.

반 삼십대에 농촌교회에서 목회를 시작하였다. 그러나 선교사를 비판하였다가 함경남도 지방 목회자들로부터 무교회주의자로 비판받게 된다. 그때 이후 장도원은 기독교 사회와 선교사들을 비판적으로 바라보게 되었다.[219]

장도원은 교회 내의 무교회주의자였다고 할 수 있다. 곧 그는 현존 체제에서 교회 목회를 했지만, 그 사상의 밑바탕에는 무교회주의가 있었다. 그는 일본에서 조선인 목사로서 지속적으로 목회를 했다. 그는 교회를 전도할 수 있는 실용적인 공간으로 생각하였다. 장도원은 최태용과 김교신이라는 조선 무교회의 중심인물과 가까운 사이였으며 그들과 사상적으로 공유하는 부분이 많았다. 무교회주의자이면서 동내의 장로교회에 등록하고 주일학교장에 임명된 적도 있었던 김교신을 볼 때 장도원 같은 교회 내의 무교회주의자를 이해하지 못할 것도 없다.

장도원은 김교신과 같은 함흥 출신이었다. 나이는 장도원이 많았다. 그와 김교신의 인연은 「성서조선」 1931년 1월호에 처음 등장하는데, 다음 사진을 봐도 알 수 있듯이 둘의 인연은 훨씬 전에 시작된 것으로 보인다. 장도원은 일본 기후현(岐阜縣) 오가키시(大垣市)의 작은 조선교회에서 목회를 하고 있었다. 김교신은 1931년 여름 부산을 시작으로 양산, 서울, 재령, 평양 등에서 집회할 때 장도원을 도왔다. 1932년 11월에는 김교신이 오가키의 교회에서 설교했다. 장도원은 1934년 10월까지 많은 글을 「성서조선」에 발표하였다. 이처럼 둘은 서로 공감대가 많았으며 매우 사이가 가까웠다.

---

219 장도원, "나의 목회노트," 「기독교사상」 제58호(1962. 10), 77.

앞줄 오른쪽이 장도원 목사이고 바로 뒤가 김교신이다.

교회와 협력하자. 나와 함께 하지 않겠는가

　1934년부터 장도원은 자신의 목회 활동을 돌아보고 새로운 교파를 조직할 정도로 큰 신학적 고민에 빠져 있었다. 이러한 상황이 왜 발생

했는지 정확하게 알 수 없다. 다만 그가 1934년 4월경 "가환(家患)과 교회 내의 병고"가 있다고 한 것으로 보아 심상치 않은 일이 있었던 것으로 보인다. 그리고 장도원, 김순덕, 최종철 등은 5월 미노미션 조선교회대회에서 미노미션을 탈퇴해 버린다. 미노미션(美濃ミッション)은 미국의 독립선교사 와이드너(Sadie Lea Weidner, 1875-1939)가 1918년 기후현에 와서 설립한 선교회인데 공식적으로는 1930년 설립 신청서를 제출하였다. 미노미션 탈퇴자들이 내건 명분은 성서관과 구원관의 차이였다.[220] 이후 6월 그들은 '조선 그리스도교회'라는 새교파를 조직하여 조선과 일본에서 전도에 나서기로 결의하였다.[221] 그러나 이 교파도 1935년 해체하기로 결의하였다.[222]

장도원은 1932년 경남 지방에서 집회를 인도했다는 이유로 조선교계의 비판을 강하게 받았다. 경남 지방의 몇 전도사들이 당회장의 허락도 없이 일본에 있는 그를 초청하여 울산읍교회에서 며칠 동안 집회를 열었기 때문이다. 특히 백남용(白南鏞, 1897-1950)도 1931년 9월 김해 대지교회에서 집회를 인도했는데 최태용의 순육론(純肉論)이 문제가 되어 경남 지방에 큰 파란이 일었다. 같은 해 12월에는 최태용까지 경남 양산읍교회에 다녀감으로써 조선교계가 최태용과 그 추종자들을 주시하지 않을 수 없는 상황이 벌어졌다.[223] 순육론은 예수가 본래 하나님이셨지만 이 땅에서는 온전히 육인 존재로 살았다는 주장이다. 곧 순육론은 성육신하여 이 땅에 사신 예수의 신성을 부인하는 비정

---

220 "脫退聲明書,"「성서조선」제67호(1934.8), 22.
221 "장도원 목사의 서신,"「성서조선」제67호(1934. 8), 26.
222 김교신, "1935년 3월 2일(토) 일기,"『김교신 전집 5』, 270-271.
223 순교자로 유명한 손양원도 당시 이 집회에 참석했다고 한다. 이덕주, "백색순교에서 적색순교로,"「한국기독교와 역사」제40호(2014. 3), 150; 이덕주,『사랑의 순교자 주기철 목사 연구』(이천: 한국기독교역사박물관, 2003), 146-151.

통 기독론이었다. 당시 장도원이 조선교계를 비판한 것은 확실해 보인다. 그러나 순육론을 주장한 것 같지는 않다. 장도원과 최태용의 사상이 유사하고 개인적인 관계도 친밀하여 교계로부터 이 같은 의심을 받은 것으로 보인다.

1933년 경남노회는 일부 교인들이 장도원과 백남용을 초청하고 노회를 비난하자 이를 교권에 대한 도전으로 인식하였다. 그리고 사건에 연루된 김형윤, 배철수 전도사 등을 출교시켜 버렸다. 출교는 종교법상 가장 무거운 형벌이다. 최태용은 1932년 7월, 경남 지방에서 자신 때문에 고통당하는 이들을 변호하기 위한 글을 썼으나 그 내용은 조선교계를 더 자극할만한 것이었다. 왜냐하면 선처를 구하는 부분보다 자신의 입장을 옹호하고 조선교회를 비판하는 내용이 많았기 때문이다. 최태용은 조선교회를 "생명의 신자들을 축출"하는 "해골 골짜기"라고 비판하였다.[224] 경남노회의 압박에 울산읍교회는 8월 20일 경남노회를 탈퇴하겠다고 선언하였다.[225] 장도원도 1933년 9월 경남노회로부터 무교회주의자, 신비주의자, 이단으로 치부되어 처벌받은 이들을 변호하면서 경남노회를 공개적으로 비판하였다.

장도원은 이러한 일련의 과정을 겪으면서 디모데후서 2장 24-25절을 통해 자신의 과거를 반성하고 성격상의 대변혁을 겪었다고 말한다. 바울은 그 본문에서 "주님의 종은 다투지 말아야 합니다. 그는 모든 사람에게 온유하고, 잘 가르치고, 참을성이 있어야 하고, 반대하는 사람을 온화하게 바로잡아 주어야 합니다"라고 쓰고 있다. 장도원은 복음 전도를 위해 시작한 일이 조선교계에서 큰 파장을 일으키고 오히려

---

224 최태용, "조선 교회에 관용을 바람," 『최태용전집 3』, 199-202.
225 "경남노회 탈퇴 성명서," 「성서조선」(1933. 10), 26.

자신의 활동 범위가 자꾸 좁아지는 것을 느끼면서 복음 전도라는 목적을 위해서는 교회를 끌어안고 가야 한다고 생각하였다. 목적을 위해 방법을 바꿀 수 있다는 결단이었다. 그는 새로운 활로가 필요했다.

이처럼 장도원은 자신의 전도방식에 깊은 반성을 하게 되면서 김교신의 도움을 받고자 했다. 즉 그는 교회를 비판해 왔던 자신의 노선에 문제가 있었다고 느꼈고 김교신에게 교회가 인정하는 테두리 안에서 교회인으로 교회를 돕는 전도사업 즉 성서조선운동을 전개할 것을 요청하게 되는 것이다. 이는 조선교회와 갈등만 하고 상생을 도모하지 않고서는 복음 전도 자체의 문까지 막혀 버릴지 모른다는 절박함으로 인한 현실적인 선택이었다. 최태용은 동일한 난관에 복음교회라는 새 교회를 설립하여 정면 돌파하려는 의지를 보였고, 장도원은 교회와 협력하는 보다 현실적인 길을 가고자 했다.

장도원은 1934년 여름 이미 나름의 결심이 있었다. 그리고 조선 방문 기간 중 이를 김교신과 의논하려고 하였다. 그러나 무슨 이유 때문인지 서울까지 왔으면서도 전화통화만 하고 돌아가 버렸다. 장도원이 자신의 계획을 구체적으로 얘기한 것은 1935년 3월에 가서였다.

> 내가 이제 한마디로 제언하오니 「성서조선」을 개인 서생 유희로 하지 말고 성서조선(조선을 성서적이게 하는)운동에 적극적으로 진출함이 어떠합니까? 구체직으로 말하면 이곳 우리 교회를 일종의 교피로 하지 말고 성서조선사의 전도사업으로 하고, 즉 성서조선사에서는 일본 내지 전도를 개시하고, 한편 경성에서 성경 야학을 열어 일반 신자에게 보통 성경 지식을 함양하며, 낮에는 노방 설교하여 미신자(未信者)에게 복음을 전하는 사업을 개시함이 어떠합니까? 내 생각에는 전과 같이 교회를 공격만 하지 말고 충심으로 교회를 위하여 교회 신자의 신앙을 도와주는, 진심으로 교회에 속하여 교회 내에서

성경 야학을 하면 불과 5-6년 내에 적지 아니한 효과가 있을 줄로
압니다.[226]

김교신과 장도원은 성서 위에 조선을 세우겠다는 목표에는 아무런 차이가 없었다. 그러나 장도원은 김교신의 「성서조선」을 일종의 '서생 유희'로 비판하면서 이를 전도사업으로 확대·발전시키고 교회인으로서 교회를 돕는 등 방법의 전환을 건의하였다. '유희'라고 비꼰 것은 사실 최태용이 먼저였다.[227] 이 말에는 「성서조선」이 개인적 놀이에 불과하다는 인식이 깔려 있었다.

장도원은 교회 안으로 들어가 교회와의 관계를 개선하고, 교회와 적극적으로 협력하자고 요청하였다. 기존처럼 교회를 비판하는 방식으로는 효과를 거둘 수 없고 오히려 복음 전파에 방해가 될 수 있다는 상황인식이었다. 교회와의 관계개선 및 협력, 적극적인 성서 지식보급을 위한 성경학교의 운영과 일본·만주에까지 이르는 전도사업 구상을 사업적으로 해보자는 것이었다. 이를 위해 장도원은 조선에서 자신의 생계를 김교신이 전적으로 책임졌으면 하는 의중까지 드러냈다.

1930년대 초반까지만 해도 장도원의 교회 비판은 거셌다. 그는 당시의 기독교가 문화운동이나 사회개량을 위한 종교인 것처럼 인식되고 있는 상황을 개탄하면서 이러한 위기를 극복할 수 있는 것은 "산신앙"과 "순복음"이라고 외쳤다.[228] 그런 장도원이 1930년대 중반 갑자기 친교회적으로 방향을 전환했던 것이다.

---

226 김교신, "1935년 3월 2일(토) 일기," 『김교신 전집 5』, 271.
227 최태용, "「성서조선」의 김교신께 드립니다," 『최태용전집 3』, 117.
228 장도원, "누가 천국에 들어갈까," 「성서조선」 제36호(1932. 1), 4; 장도원, "現今教會," 「성서조선」 제32호(1931. 9), 1-2 참고.

교회에 대한 근본 개념에 차이가 있다

 이러한 장도원의 요청에 대한 김교신의 첫 반응은 무교회주의자들이 교회 내에서 전도사업을 하는 것은 교회 쪽의 오해를 불러올 수 있으며 자신들과 조선교회는 교회에 대한 근본개념에 차이가 있다는 것이었다. 김교신은 자신들이 조선교회에 들어갔을 때 교회의 지도자들이 그것을 선의로 해석할리 만무하며 오히려 새로운 교파를 세우고, 기성 교회를 비판·파괴하려 한다는 오해를 불러일으킬 수 있다고 염려하였다.[229] 김교신은 교권화된 조선교회가 무교회주의자들을 절대 용납하지 않을 것으로 보았다. 당시 「성서조선」을 읽는 것은 이미 교회에서 금지되어 있었다. 그는 자신의 교회관이 조선교회의 일반적인 인식과는 판이하고 자신은 '비교회'적인 입장에 서 있다며 반대 입장을 확실히 하였다.

> 단 기성 교회나 그 기관에 너무 친근하는 일은 그들의 오해를 조장할뿐더러, 교회에 대한 근본 개념에 차이가 있다 함은 권두의 문과 같다. 교회를 복음 전달처로 하지 않고 의식(衣食)의 출처로 아는 종교가가 횡행하는 날까지, 이권화한 교회당은 저들에게 일임하고 교회 이외의 미신(未信) 형제에게 복음을 전하자는 것이 우리의 소원이요, '서생의 유희'로서 본지를 발간함에는 약점도 있으나 또한 장점도 없지 않다.[230]

 김교신은 현 조선교회의 교직자들 중 사역을 밥벌이로 하는 사람들이 많고 많은 교회가 이권화 하였기 때문에 자신은 그들의 입장에 동

---

229 김교신, "1935년 4월 22일(월) 일기," 『김교신 전집 5』, 297. 장도원의 글 속에서 김교신의 염려를 유추할 수 있다.
230 김교신, "1935년 3월 2일(토) 일기," 『김교신 전집 5』, 273.

의할 수 없다는 것이었다. 또한 김교신은 이미 교회 안에만 구원이 있다는 일부 교권주의자들의 주장에는 결코 동의할 수 없음을 수없이 밝혔다. 이러한 교회론의 차이로 조선교회 안에 들어갈 수 없다는 것이다. 서생의 유희는 그만두고 전도사업에 나설 것을 주장한 장도원에 대해 김교신은 직업적인 교역자가 아닌 서생으로, 사업이 아닌 유희로 무교회주의 운동을 계속할 것임을 밝혔다. 김교신은 복음의 본질에 귀를 막아버린 조선교회와 협조하기보다는 「성서조선」 동지들이 해오던 그대로의 길을 가겠다고 밝혔던 것이다.

김교신이 실행해 왔던 성서조선운동은 어떤 것이었을까. 이것이 파악될 때 장도원의 성서조선운동과 어떤 차이가 있는지 드러날 것이다. 「성서조선」 동인들은 "조선의 구원이 없이 우리 자신의 구원을 생각하지 못하는 자"들이었다. 이들은 일찍부터 조선인의 갱신을 위한 방법으로 성서에 주목했고 성서만이 조선인을 갱생시킬 수 있다고 믿었다. 그들은 「성서조선」을 매월 발행하고, 매주일 성서연구회를 운영했으며, 매년 동계성서강습회를 통해 각자가 공부한 것을 발표하였다. 이것이 김교신을 비롯한 「성서조선」 동지들이 택한 방법의 거의 전부였다.

김교신은 소수에게 성서의 진리를 가르쳤다. 이 방법은 다수를 대상으로 하는 부흥회나 사경회, 대규모의 노방전도와 차이가 있었다. 「성서조선」 동지들에게 숫자는 중요한 문제가 아니었다. 김교신은 믿음으로써 살아 존재하는 한 사람, 진리로 사는 한 사람을 중시했다. 이는 소돔과 고모라를 구하기 위한 아브라함의 기도 같은 것이다(창세기 18:21-33). 김교신은 조선을 구할 소수의 의인이 필요하다고 생각했다. 그는 밀린 구독료와 함께 사죄문을 보낸 한 독자에 대해 "이런 형제가 10인만 있는 성읍은 멸망을 피할 수 있으리라"고 말했다.[231] 이런 그였기에 자신이 책임진 성서집회에 한 사람이 찾아와도 몇 시간을 강의할 수 있었다.

김교신은 신앙이란 단번이 아니라 적게는 3-4년, 많게는 10년을 착실히 성서를 연구해야 깊어지는 것으로 생각하였다. 성서를 연구하고, 암송하고, 그것을 부단히 삶에 관철시켜 나가는 것이 그의 노선이었다. 이는 짧은 시일에 대규모의 열매를 바랐던 장도원의 방식과는 확실히 다르다. 김교신에게는 무슨 사업을 할 것인지가 문제가 아니라 어떻게 할 것인지가 문제의 중심이었다. 이 때문에 김교신은 친교회적 입장에서 일종의 사업화한 운동을 전개하자는 장도원의 의견에 찬성할 수 없었다. 더구나 남에게 폐를 끼치지 않는 독립인의 삶을 중시한 그가 생활비를 전적으로 의탁한 장도원의 생각에 어떻게 동조할 수 있었겠는가.

논쟁의 핵심: 성서조선운동에 대한 노선의 불일치

1935년 3월부터 7월까지 있었던 김교신과 장도원의 논쟁은 장도원의 거듭된 요청과 김교신의 잇단 거부라는 형태로 전개되었다. 장도원은 김교신에게 성서조선운동을 같이 하자고 제안한다. 김교신은 그 목적에는 동의했지만 그 방법에는 동의하지 않았다. 그렇다면 이들의 논쟁은 성서조신운동에 대한 노선의 불일치로 정리할 수 있다. 전도를 위해 문턱을 낮추라는 장도원의 요구는 김교신에게는 자신의 정체성을 훼손할 수 있는 민감한 문제였다.

장도원은 1930년대 초반 조선교회와 불거진 일련의 갈등을 통해서

---

231 김교신, "1937년 1월 20일(수) 일기," 『김교신 전집 6』, 168.

조선교계에서 활동하고 생존하는 것이 쉽지 않음을 현실적으로 체험한 사람이었다. 곧 교회와 갈등을 유발하는 무교회적 방식으로는 복음 전도에 큰 한계가 있음을 절감했던 것이다. 이러한 한계를 극복하기 위해 장도원은 교회 비판을 지양하고, 교회와 적극적으로 협력하는 전도 사업을 주장했던 것이다. 무교회의 정신을 갖고 교회 안에 남아 복음 전도라는 가장 중요한 명분에 충실하자는 장도원은 김교신과는 전혀 다른 유형의 무교회론을 대표하고 있는지도 모른다. 그러나 김교신은 조선교회와 교회 이해가 명확하게 달라서 교회와 협력할 의사가 없으며 자신이 걸어왔던 길을 계속 가겠다고 천명했다. 송두용을 비롯한 「성서조선」 동지들은 이런 김교신의 입장을 적극적으로 지지해 주었다.

제10장
최태용과 벌인 논쟁:
무교회주의의 본질에 대한
입장 차이

김교신과 최태용의 논쟁은 1936년 9월부터 11월까지 지속되었다. 무교회주의에 대해서라면 조선에서 최고의 대가라고 할 수 있는 두 사람이 맞붙은 논쟁이었다. 김교신은 이 논쟁을 통해 조선교회에 대한 입장과 자기가 생각하는 무교회주의가 무엇인지 명확하게 표명하고자 하였다. 당시 조선은 이전과는 상황이 달랐다. 1930년대 일본은 세계사의 격변 속에서 어떻게 진로를 설정해야 할지 고민하였다. 1929년 미국에서 시작된 세계 대공황, 만주에서 일본의 지위를 위협하는 강력한 중국 민족주의의 대두와 함께 국민당군의 북진(北進), 독일과 이탈리아에서 히틀러와 무솔리니의 정권 장악 등은 당시 일본의 진로에 결정적인 영향을 미쳤다. 일본은 이러한 외부적 환경에 반응하여 파시즘으로 방향을 정한다. 파시즘은 극단적 전체주의 체제로서 자유주의를 부정하고 철저한 국수주의와 군국주의를 표방하였다. 대외적으로는 침략정책이 중요한 특징이다. 이 때문에 1930년대 중반 일제의 식민정책은 훨씬 전체주의적이고 강압적인 형태로 변모하고 있었다. 조선교회는 신사참배를 노골적으로 강요당하고 있어 운신의 폭이 훨씬 줄어들었다.

최태용은 1935년 기성 교회와 차별화된 복음교회(1935)를 설립하였다. 즉 논쟁 당시 그는 한 교파의 감독이 되어 있었다. 우치무라를 떠났다고 선언하고 제도교회를 설립한 그로서는 자신의 입장을 강력하게 변호할 필요가 있었을 것이다. 그는 당시 제도교회의 긍정적 측면과 부정적 측면의 두 긴장 관계를 잘 인식하고 있었다. 그의 교회론은 무교회주의를 통해 재인식된 것이었다. 곧 무교회주의에 의해서 제도교회의 역기능이 철저하게 인식되고 교회주의가 부정된 교회론이었다는 뜻이다. 그는 당시 제도적 교회의 유용성을 확신하고 있었다. 그 확신은 불가시적 교회에 대해서는 의문을 가질 정도로 컸다. 신학적으로 교회를 가시적 교회와 불가시적 교회로 나눈다. 가시적인 교회는 이 땅에 존재하는 교회를 의미한 반면 불가시적 교회는 이 가시적 교회의 불완전성이 존재하지 않는 온전한 교회이다. 불가시적 교회는 신학적인 개념으로서의 교회이기 때문에 신자들의 마음속이나 천상의 세계에서만 존재한다. 가시적 교회는 이 완전한 불가시적 교회를 이상향으로 두고 이 땅에서 자신의 길을 걸어간다. 그런데 최태용은 교회라면 이 땅의 교회만 있는 것이지 따로 불가시적 교회가 있겠느냐며 의문을 제기했던 것이다. 그만큼 제도적 교회를 중시하게 되었다는 의미다.

최태용 목사이다. 서양 기독교 신학을 뛰어넘고자 했던 그의 학문적 열정은 대단하였다. 그는 신앙생명과 신앙혁명을 평생 부르짖었는데 이를 신학적으로 이론화한 것이 영적 기독교론이다. 그는 신앙은 생명이 있어서 영인 하나님과 교통하며 왕성하게 자란다고 주장했다.

최태용은 1897년 12월 함경남도 영흥에서 태어났다. 김교신보다 4살 위였다. 그는 원래 감리교인이었으나 일본 유학 중 무교회주의자가 되었다. 그는 우치무라에게서 적지 않은 영향을 받았다. 김교신이 최태용과 벌인 논쟁은 함경남도 출신끼리의 논쟁이었으며 전 성결교회 신도가 전 감리교 신자와 논쟁한 격이었다.

최태용의 잡지와 김교신의 잡지는 독자층이 일부 겹쳐 있었다. 「성서조선」을 보았던 이들이 「영과 진리」도 함께 구독하는 식이었다. 이는 이찬갑처럼 일부 「성서조선」의 독자들이 「영과 진리」도 갖고 있었다는 것과, 정상훈이나 김교신이 잠시 최태용과 협력했었다는 점에서 드러난다. 두 잡지는 기성 교회에 비판적 입장을 가지고 서구 기독교에 대한 대안적 기독교를 추구하였다.

김교신과 최태용은 일본 유학시절부터 가까운 사이였다. 그럼에도 신학적인 입장차에 대해서는 매우 직설적인 어법으로 상대방을 비판하였다. 본격적인 논쟁이 있기 몇 년 전 그들 사이에는 이미 「성서조선」을 둘러싼 갈등이 있었다. 1932년 1월 최태용은 일본에서 장도원과 「성서조선」에 대한 이야기를 나누었다. 그때 장도원은 「성서조선」에 글을 기고하고 있었다. 최태용은 「성서조선」이 무가치한 잡지라고 비판했다. 장도원은 최태용과 생각이 달랐다. 그래서 서로의 대화는 "담전"(談戰)이라고 할 정도로 격렬했다.[232]

김교신은 1930년대 초 「성서조선」의 폐간을 충고한 경외하는 선배가 있었다고 말했는데 그가 다름 아닌 최태용이었다. 최태용은 「성서조선」에 개인적 확신이나 사명이 보이지 않고 특별한 운동을 표방하지 않는 것이 불만이었다. 그는 잡지 이름을 '신앙혁명'으로 바꾸고 노선

---

232 최태용, "여행기," 『최태용전집 3』 104-105.

과 목적을 분명히 할 것을 충고하였다. 최태용은 학생시대의 재미로는 모르지만 조선 기독교계의 신앙 잡지로는 「성서조선」이 가치 없다고 보았다.

최태용이 잡지 이름으로 제안했던 신앙혁명은 자신의 신앙적 입장을 한마디로 대변하고 있었다. 그는 줄곧 조선교회가 신앙에 집중해야 한다고 외쳤다.[233] 신앙혁명은 최태용이 당시의 조선교회를 비판적으로 성찰한 후 이를 극복하기 위한 방안으로 도출되었다. 그는 조선교회의 근본문제를 신앙생명의 부재에서 찾았다. 그는 먼저 신앙을 부흥시키고 신앙을 혁명하면 조선교회가 안고 있는 고질적인 문제를 해결할 수 있다고 보았던 것이다.[234]

이에 대해서 김교신은 「성서조선」이 나름 차별성이 있다고 주장했다. 김교신은 조선교회가 주로 부흥회를 통해 신앙을 증진하고 사경회를 통해 성경을 가르치는데 반해 자신은 어학과 자연과학적 지식으로 성서를 연구한 후 이를 학교 선생의 교수법으로 전한다고 말했다. 그는 성서 연구 방면에서는 성서 본문의 원어적 의미를 살리고 성서와 자연과학의 조화를 추구하고 있다는 점에서 차별성을 찾았고, 전달 방식에서는 설명이나 강의 형태로 차별성을 찾았다. 곧 김교신은 「성서조선」의 독특성을 성서연구 방법론과 성서 지식을 전달하는 방식의 다름을 통해 밝혔던 것이다. 조선교회의 신자들이 성서 지식을 얻는 보통의 방법과 달리 「성서조선」만의 방식이 있는데, 이는 소박하기는 하지만 조선교회에 필요하다는 것이다. 그가 성경 연구를 강조한 이유를

---

233 이덕주, "최태용 영성의 재발견," 『선교사와 한국교회 인물 연구』(서울: 한국기독교역사연구소, 2018), 481.

234 전인수, "최태용의 조선적 기독교 연구," 「한국기독교와 역사」 제39호(2013. 9), 71-76.

다른 잡지와의 비교 측면에서 생각해 보면 교계의 특정 잡지가 지나치게 신학적인데 비해 자신의 잡지는 성서 연구에 주안점을 두고 있다는 데서 찾을 수 있다.

당시의 갈등은 서로의 입장차를 확인한 정도였다. 1932년 3월, 최태용이 김교신에게 사과하는 글을「영과 진리」(제38호)에 게재함으로써 갈등은 소강 상태에 들어갔다. 최태용은 성경을 바라보는 김교신의 시각과 교수법이 조선교회와 달라 나름의 가치가 있다면서 생각을 바꾸었다. 그는「성서조선」의 독자가 되겠다며 유화적인 제스처를 취했다. 김교신은 이를 선배의 우호로 받아들였다.

김교신과 최태용은 성서관, 신앙체험, 교회론에서 생각이 달랐다. 그럼에도 지속적으로 교류하였다. 김교신은 1933년 일본신학교를 졸업하고 돌아온 최태용의 환영회를 열어주었다. 또 함께 조선신학숙(朝鮮神學塾)을 시작해 보기로 약속하였다. 조선신학숙은 최태용이 학생들을 대상으로 신학을 전문적으로 가르치고자 했던 일종의 학교였다. 최태용은 이런 과정을 통해 조선산 신학도 창출하고 싶었다. 학과와 신학 일반에 대해서는 최태용이 강의하고 학과 이외의 자연과학은 김교신이 강의하기로 되어 있었다. 그러나 조선신학숙은 최태용이 갑자기 하지 않겠다고 입장을 바꾸면서 좌절되고 말았다. 그의 태도 변화로 김교신은 매우 당황하였다. 그러나 이 일로 둘의 관계가 근본적으로 틀어지지는 않았다. 1935년 11월에 최태용은 김교신을 찾아와 복음교회를 새롭게 시작하는 이유와 그동안의 경과를 설명하면서 참여를 권면하였다. 그는 김교신의 이해를 구할 필요가 있다고 느꼈다. 그러나 김교신은 최태용의 제안을 거절하였다.

무교회주의의 사명은 기성 교회를 공격하는 데 있지 않다

동지애에도 불구하고 신학적인 입장차는 결국 둘을 논쟁의 소용돌이로 끌고 갔다. 김교신이 1936년 9월 "나의 무교회"라는 글을 발표하면서 갈등이 다시 한번 불거졌다. 문장의 강도는 격했다. 이 글은 김교신의 무교회론을 연구하는 데에 하나의 분기점이 된다. 김교신은 이 글에서 무교회를 둘러싼 여러 시비에 대해 자신의 입장을 밝히는데 중점을 두었다. 그 시비를 건 사람들의 중심에 최태용이 있었다.

"나의 무교회"는 최태용이 「영과진리」에 쓴 "기독교의 교회적 사명"[235]에 대해 김교신이 자신의 입장을 밝힌 글이다. 최태용은 윗글에서 제도교회를 부정하는 무교회주의를 비판하였다. 그는 우치무라가 서양에서 전래된 기독교 즉 제도적 교회 없이도 복음의 진리를 배우고 전하는 것이 가능하다고 보았지만 제도교회를 대체한 성서연구회와 같은 형태가 더 우수하다고 쉽게 말할 수 없다고 주장했다. 그러면서 그는 교회가 최소한의 제도와 시설을 갖추어야 한다고 보았다. 곧 최태용은 교회개혁을 목적으로 교회를 비판하는 입장(무교회주의)은 수용할 수 있으나 조직교회 자체를 부정하는 입장(무교회론)은 수용할 수 없다고 생각했다. 그는 이처럼 무교회주의와 무교회를 구분했다. 그는 또 무교회주의가 극단적으로 고립된 개인주의에 빠지기 쉽다고 비판하였다.

최태용은 교회주의나 교회를 비판하는 무교회주의는 가능하지만 교회 자체를 부정하는 무교회론은 실존적 인간으로서 불가능하다고 주장하였다. 이 입장은 우치무라의 무교회주의를 비판함과 동시에 자신

---

235 최태용, "기독교의 교회적 사명,"(1936. 5)『최태용 전집 4』, 380-387.

의 복음교회 설립을 정당화한 것이었다. 사실 최태용은 신앙 초기부터 가시적 교회를 비판하고 불가시적 교회를 이상으로 여겼지만 가시적 교회의 불필요성을 말한 적은 없었다. 그의 무교회주의는 교회의 절대화를 반대한 것이었다. 그가 비판하고 부정한 교회는 세속과 타협하고 세속에 물들어가는 교회였다. 그는 세상을 초월하여 세상을 구원하는 교회를 간절히 사모하였다.[236] 그는 김교신과 논쟁하던 1930년대 중반 제도교회에 대한 긍정적 입장이 더욱 확고해졌다.

김교신은 "나의 무교회"를 통해 이런 최태용의 입장을 비판했다. 그는 우치무라가 아니라 "나는 나"이며 "선생이 이랬으니 너도 이래야 쓴다는 논법은 나에게 하등의 권위가 못 된다"고 주장하였다. 그는 자기 나름의 무교회주의론을 가지고 있다고 주장했다.

> 첫째로 우리에게 무교회를 논하는 이 중에는 우리가 우치무라 선생에게서 무교회주의를 전공한 사람인 줄 아나 이는 대단한 오인이다. …… 우리가 10년에 걸쳐 우치무라 선생에게 배운 것은 무교회주의가 아니요, 성경이었다. 복음이었다. 설령 우치무라 선생의 내심에는 무교회주의란 것을 건설하며 고취하려는 심산이 있었다 할지라도 내가 배운 것은 무교회주의가 아니요, 성서의 진리였다. …… 다음에 무교회주의는 기성 교회를 공격하는 것이 본연의 사명이라고 하나 나의 무교회는 결코 그렇지 않다. …… 그러므로 교회 개혁 운운의 일체의 생각을 염두에 두지 않고 오직 성서의 진리를 배우며 자신을 초달 쳐서 그리스도의 족적을 따르려는 것이 우리의 일이다. 이래도 무교회주의라고 부르고 싶거든 부르라.[237]

김교신은 우치무라에게서 배운 것은 무교회주의가 아닌 성경과 복음

---

236 이덕주, "최태용 영성의 재발견," 489.
237 김교신, "나의 무교회,"(1936. 9) 『김교신 전집 2』, 249-250.

이었다고 주장하였다. 또 기성 교회를 공격하는 데 무교회주의 본연의 사명이 있다는 주장에 대해 "오직 성서의 진리를 배우며 자신을 초달쳐서 그리스도의 족적을 따르려는 것이 우리의 일"이라고 맞받아쳤다. 그는 조선교회의 내분이 심각한 이때에 무슨 독심(毒心)으로 교회를 공격할 수 있겠느냐고 반문했다. 김교신은 상처 입은 현 조선교회를 향하여 일격을 가하는 것이 결코 즐거운 일이 못 된다고 생각하였다. 곧 최태용은 무교회주의를 정의할 때 교회를 그 중심에 놓은 반면 김교신은 성서와 그리스도를 그 중심에 두었음을 알 수 있다. 김교신은 교회 개혁이나 교회 비판이 아닌 성서 자체를 따르려는 삶이 무교회주의의 본질이라고 보았던 것이다.

무교회주의의 핵심은 교회 안의 비진리를 비판하는 것이다

최태용은 처음 김교신에게 편지를 보내는 사적인 방법으로 그의 반론에 대응했다.[238] 그러나 김교신이 이에 반응하지 않자 「영과 진리」를 통해 공개적인 논쟁을 시작하였다. 최태용은 김교신이 성서와 우치무라를 분리시켜 접근하는 태도에 대해 그것은 불가능하다고 비판하였다. 우치무라는 무교회주의와 분리될 수 없는 인물이기에 성서만을 배웠다고 말하는 것은 김교신이 우치무라를 오해했거나 교묘한 말이라는 것이다. 또 교회 공격을 위주로 하는 것은 자신의 무교회주의가 아니라는 김교신의 입장에 대해서는 무교회주의는 교회와 대립항쟁에만 그 존재 이유가 있는 것이라며, 김교신의 태도는 은둔주의요 실존적인 싸움에 임해야 하는 기독교가 취할 태도가 아니라고 비판하였다.[239]

---

238 김교신, "성조통신,"(1936. 9. 5)『김교신 전집 6』, 101.
239 최태용, "구체적 실존인 기독교,"(1936. 9)『최태용전집 4』, 442-448.

우치무라의 성서강해에는 어쩔 수 없이 그 기반에 무교회주의가 깔려있다고 본 최태용의 지적은 예리하다. "역사가가 다루고 있는 사실에 대한 연구를 시작하기 전에 그 역사가에 대해 연구해야 한다"고 말했던 카(E. H. Carr)의 지적과 크게 다르지 않다. 최태용은 우치무라가 성서의 진리를 가르쳤다고 하더라도 거기에는 우치무라의 신학적 입장이 농후하게 묻어 있음을 지적한 것이다. 또한 무너져가는 조선교회에 대해 비판적 칼날을 휘두르는 것은 자신이 나아갈 길이 아니라는 김교신의 입장에 대해 이것은 현실을 도피하려는 은둔주의라고 비판하였다. 최태용은 무교회주의자라면 교회 안에 있는 비진리와의 싸움을 중지해서는 안 된다고 주장하였다. 최태용은 복음교회 책임자로서 교회 자체는 부정하지 않으면서도 조선교회의 부정적인 면에 대해서는 비판적 목소리를 계속적으로 낼 것이라는 입장을 피력하였다. 이를 자신의 사명이라고 본 것이다. 무교회주의의 핵심을 교회 안의 비진리에 대한 공격으로 본 데서 교회를 개혁하고자 했던 그의 모습이 잘 드러난다.

무교회주의의 본질은 진리를 천명하며 복음을 살아내는 것이다

김교신은 최태용의 비판에 다시 응답하였다. 그는 "나의 기독교"라는 글에서 무교회주의가 교회 비판에 의의가 있다는 최태용의 주장에 대해 자신의 입장을 밝혔다. 그는 우리는 예수와 성서를 중심에 두지 교회에 그 중심적 의미를 부여하지 않는다, 또 우리가 교회를 이야기 할 때는 바른 기독교에서 탈선한 교회를 지적한 것일 뿐이며 우리는 단순한 그리스도와 그 복음, 성서를 사모할 뿐이라고 주장했다. 무교회주의가 주관적이라는 비판에 대해서는 그런 비난을 감수하고서라도 그리스도를 중심에 두는 신앙이 유일한 목표라고 응수했다.[240] 또한 신앙의 객관적인 측면을 강조한다면 천주교가 가장 객관적인 기독교일 것이라고 하면서 오히려 무교회가 성서에 기반을 둔 신앙이라는 점에서 객관적 기독교라고 주장하였다.[241]

김교신은 "대립 항쟁의 대상"이라는 글에서 무교회주의자는 교회와 싸우기도 하지만 자기의 입장을 망각한 듯이 협조도 하며 찬동도 한다고 주장한다. 무교회주의의 본질은 소극적으로 대립 항쟁함에 있지 않고 적극적으로 진리를 천명하며 복음에 생활하는데 있다는 것이다. 또 그는 무교회는 교회만을 대상으로 싸우는 것이 아니라 그 시대 그 사회의 현실의 문제에 착안하여 싸운다고 주장하였다. 곧 김교신은 무교회주의의 사명을 저버리고 은둔하고 있다는 비판에 대해 교회와 싸우는 것이 오히려 소극적인 항쟁이며 보다 적극적인 싸움은 당시의 조선 현실이라고 맞섰다. 또 무교회주의의 싸움 대상은 진리를 저버리는 모든 것이라고 응답하였다.[242] 김교신은 더 나아가 최태용의 됨됨이를 직접 겨냥하였다. 그는 격앙된 어조로 "최태용이 무교회주의를 떠난 이상 이에 대해서는 겸손해 져야 하는 것이 도리"라고 말했다. 또 변화무쌍 하는 그의 태도는 "마치 그 끓고 식음이 알루미늄 냄비 같다"고 비판하였다.[243]

---

240 김교신, "나의 기독교,"(1936. 10)『김교신 전집 2』, 84.
241 김교신, "신앙의 주관 객관,"(1936. 10)『김교신 전집 2』, 250-251.
242 김교신, "대립항쟁의 대상,"(1936. 11)『김교신 전집 2』, 255-257.
243 김교신, "우리의 입장을 건드리지 말라,"(1936. 11)『김교신 전집 2』, 257-258.

논쟁의 핵심: 무교회주의의 본질에 대한 입장 차이

이 논쟁은 1936년 한 해를 넘기지는 않았다. 이에 대해 김교신은 다음과 같이 말했다. "저편 단체에 속한 이들이 성조지와 그 주필에게 대한 태도가 신사답고, 사람다움을 보고 우리는 '괴이한 반성'을 일으키지 아니치 못하였다. …… 이 일 일체에 관하여는 우리 편에 관한 한 섣달그믐으로써 청산을 마치고 새해에는 넘기기를 원치 않는다."[244] 곧 김교신은 최태용에 대해 전향적인 입장 변화를 피력했다. 논쟁을 멈추겠다는 뜻이었다. 그들은 서로 화해하려는 의지를 보였다. 진리가 무엇인지에 대해서는 양보 없는 논전을 벌였지만 신사답게 마무리하고 교제를 지속하였던 그들이야말로 진정한 논쟁가였다.

우리는 여러 논쟁을 통해 김교신이 자신이 생각하는 무교회주의론을 드러내고 있음을 보게 된다. 그는 다음해 일본 무교회주의자들의 논쟁에 뛰어들면서 무교회주의를 '전적 기독교'(全的基督教)라 부른다. 무교회주의는 전적 기독교 즉 온전한 기독교, 진정한 기독교로서 기독교 자체라는 뜻이다.[245] 이는 무교회주의와 기독교를 따로 분리해서 생각할 수 없고 무교회주의가 기독교 신앙 자체라는 의미이다. 김교신이 전적 기독교를 처음 언급한 때는 1937년 3월이었다.[246]

김인서나 장도원과 벌인 논쟁에서는 교회 비판에 대한 직접적인 철회가 없었던 반면 최태용과 벌인 논쟁에서 김교신은 교회 비판이 무교

---

244 김교신, "신년의 기도(企圖),"(1937. 1)『김교신 전집 1』, 409.
245 김교신, "무교회 간판 철거의 제의,"(1937. 5)『김교신 전집 2』, 261.
246 김교신, "1937년 3월 15일(월) 일기,"『김교신 전집 6』, 199. 김교신은 무교회주의가 진정한 기독교요, 무교회주의자는 진정한 크리스천이라는 입장에 전적으로 동의하였다. 김교신, "우리의 무교회,"(1937. 6)『김교신 전집 2』, 263; 김교신, "두 사람의 증언-무교회론의 반향,"(1937. 6)『김교신 전집 2』, 264.

회의 본질이 아니라고 밝혔다. 그는 일제 말 어려움에 처한 조선교회의 상황을 고려했을 뿐만 아니라 무교회주의를 더욱 폭넓게 해석하였다. 또한 김교신은 이전보다 더 적극적으로 우치무라를 평가한다. 우치무라를 무교회주의자로 한정하는 것은 일부분만 봤다는 입장이다. 그는 우치무라를 기독교 본연의 복음을 전하고 그리스도의 복음 자체를 선양한 사람이라고 평가한다. 이 때문에 우치무라에게 배운 사람들은 일본이나 조선 공히 무교회를 초월하여 존재한다는 것이다.[247] 교회를 중심으로 우치무라를 해석하려는 입장에 반하여 김교신은 우치무라가 그리스도의 복음 자체를 전한 사람, 다시 말하면 일반적으로 알려진 무교회주의자로 한정할 수 없는 인물임을 다시 한번 밝혔다. 또한 김인서와 논쟁하면서 우치무라를 바울의 계보로 파악하였던[248] 것을 더욱 적극적으로 평가하여 그리스도에게까지 소급하였다. 우치무라가 전한 것이 그리스도의 복음 자체였다면 무교회주의 또한 복음 자체를 담고 있는 전적 기독교로 불러야 함이 자연스러운 것으로 보았다.

여기서 한 가지 해명해야 할 것이 있다. 그것은 김교신이 우치무라를 높이 평가했다 하더라도 분명한 한계선이 있었다는 점이다. 김교신이 우치무라를 바울과 예수 그리스도에게 까지 소급한 것은 우치무라를 그들과 동급에 두었기 때문이 아니라 계승자로서의 정체성을 강조하고자 했기 때문이다. 우치무라는 예수와 바울의 복음을 전했다는 점에서 의의가 있다. 또한 김교신은 우치무라의 글도 절대화한 적이 없다. 김교신은 늘 성서로써 우치무라의 글을 상대화하였다. 김교신은 오직 예수와 성서만을 절대시하였다.

---

247 김교신, "내가 본 우치무라 간조 선생,"(1936. 11)『김교신 전집 1』, 272-273.
248 김교신, "우치무라 간조론에 답하여,"(1930. 9)『김교신 전집 2』, 282

김교신과 최태용의 논쟁은 두 가지로 정리할 수 있다. 첫째는 '무교회주의는 과연 무엇인가'라는 점이다. 이에 대해 최태용은 무교회주의가 교회를 개혁하려는 비판적 사상이라고 주장했다. 곧 교회가 무교회주의의 구심점이라는 것이다. 이에 대해 김교신은 무교회주의는 교회를 비판할 때도 있지만 찬동할 때도 있으며, 무교회주의의 구심점은 교회가 아닌 성서와 그리스도라고 주장하였다. 무교회주의는 성서를 통해 그리스도를 믿는 신앙이라는 것이다. 최태용은 복음교회를 설립한 교단의 감독으로서 제도교회를 옹호하였다. 그리고 교회를 개혁하는 일은 계속하겠지만 제도교회를 부정하는 입장과는 결별하겠다는 의지를 분명히 하였다. 이에 김교신은 지금 조선교회의 현실을 고려할 때 연약한 교회를 비판하는 것은 도리가 아니라고 보았다. 1920년대 후반 무교회주의 정신으로 무장한 채 귀국한 김교신에게 싸움의 대상은 조선교회였지만 1930년대는 일제의 제국주의적이고 전체주의적인 모습이라는 것이다. 그런 점에서 무교회주의의 싸움 대상은 시대와 사회 현실에 따라 달라진다. 이를 통해 김교신은 무교회주의를 전적 기독교로 해석하면서 무교회주의가 교회론에 제한된 사상이 아닌 기독교 전반과 관계된 사상이자 기독교 자체라는 입장을 피력하였다.[249]

두 번째로 '무교회주의는 주관적인가'에 대한 문제이다. 최태용은 무교회주의에 심취한 때에는 신앙의 주관성을 강조했지만 점차 신앙의 객관성을 고민하게 되었다. 최태용은 신앙을 중심으로 하는 신앙혁명을 부르짖어 왔다. 신앙혁명은 성령을 통해 그리스도의 영을 좇아 사는 삶을 의미한다. 그런데 이런 경향은 한편으로 개인적 신앙을 강조하면서 교회와 성서를 상대화 시킬 위험성이 컸다. 곧 신앙혁명은 신앙

---

249 전인수, "김교신의 무교회주의: 최태용의 비교회주의와의 비교를 중심으로," 243.

의 기반이 오직 자기 자신 밖에 없어 극단적인 주관주의에 빠질 수 있었던 것이다. 최태용은 결국 이 문제를 해결하기 위해 제도교회를 신앙의 객관적 기반으로 수용하게 된 것이다. 그래서 최태용은 제도교회를 강조하게 되며 교회가 없는 신앙은 주관주의요, 개인주의라고 비판하게 된다.[250] 그는 무교회주의가 교회를 비판하고, 개인-성서만의 관계를 갖기 때문에 주관주의로 흐를 가능성이 높다고 보았던 것이다.[251] 이에 대해 김교신은 무교회주의가 주관적인 요소가 있는 것은 사실이나 가장 객관적이라 말하는 "천주교에 프로테스트한 루터의 도(徒)는 본래 주관적 신앙이라는 비방을 받던 무리"[252]라고 맞섰다. 곧 루터도 천주교회로부터 교회의 권위와 표준을 벗어난 신앙을 주장하는 무리라고 비판받았으나 성서에 기반에 둔 신앙은 개신교 고유의 속성인데 무교회도 마찬가지라는 말이었다. 최태용은 성서만으로는 신앙의 객관성을 확보하는 것이 어렵다고 보았으나 김교신은 가능하다고 보았던 것이다. 이런 차이는 성서를 바라보는 두 사람의 견해 차이에서 벌어진 간격이기도 하다.

---

250 최태용, "교회적 生으로의 신생," 『최태용 전집 5』, 338.
251 최태용, "교회의 진리," 『최태용 전집』, 518.
252 김교신, "신앙의 주관 객관," 251.

제11장
일본인도 회개하지 않으면 망한다

김교신 평전

소록도 한센인들을 "우리 문둥아"라고 부르다

　김교신과 소록도의 인연은 1932년 11월 시작된다. 소록도 한센인들의 요양처인 자혜의원(慈惠醫院)에 근무하는 최병수라는 사람이 「성서조선」을 구독하게 되면서다. 김교신은 이때부터 소록도에 관심을 갖게 되었다. 김교신은 어느 날 한 섬에서 한센인들과 함께 살다가 자신도 전염 되는 꿈을 꾸기도 하였다. 이렇게 점차 소록도는 김교신에게 정원의 분재보다 더 가까운 곳이 된다. 그런 점에서 최병수는 김교신과 소록도를 연결하는 다리 역할을 했던 셈이다.

　김교신과 소록도 한센인들과의 교제는 1935년 시작되었다. 그해 봄 김교신은 문신활(文信活, ?-1938)이 보낸 편지를 받았다.[253] 문신활은 손양원(孫良源, 1902-1950)을 통해 「성서조선」을 접한 사연을 시작으로 어떻게 전남 고흥의 소록도까지 오게 되었는지 소상히 밝혔다. 편지에서 김교신이 놀란 것은 교회의 일부 인사들이 한센인들이 「성서조선」을 읽지 못하게 했다는 내용이었다. 저들은 이단 사상에 빠지지 않게 하기 위해 그런 조치를 취했겠으나 김교신은 영적인 음식을 끊어버리는

253　오랫동안 무교회주의와 김교신에 관심을 갖고 있었던 부산의 김성진은 2015년 저자에게 문신활이 남성이 아니라 여성이라고 일러주었다. 그는 문신활이 여성으로 당시 26세였으며 대구사람이었다는 것을 한 한센병 환자에게 들었다고 한다. 문신활이 가문의 명예를 위해 신분을 드러내지 않았다는 것이다. 당시 한센병에 대한 사회적 평가가 부정적이었기 때문이다. 그러나 「성서조선」에는 문신활을 "형", "군", "형님"이라고 부르고 있으며, 그가 여성이라는 어떤 근거도 찾을 수 없다.

잔혹한 처사라며 분개하였다.

손양원은 1921년 봄 일본으로 건너가 도쿄 스가모중학교 야간부에서 공부한 경험이 있다. 그는 1924년 3월 일본으로 다시 건너가 7개월 동안 체류하면서 일본 동양선교회 나카다 주지(中田重治)의 영향을 받았다. 나카다는 1918년부터 우치무라와 더불어 예수의 재림을 주장하는 대중 운동을 전개한 바 있다. 이런 연유로 손양원은 우치무라의 영향을 받았고 「성서조선」을 구독하게 되었다.[254]

손양원은 1926년 부산에 있던 경남성경학원에 입학하였다. 그곳에서 공부하면서 그는 부산 한센병 수용소 교회인 감만동교회 전도사로 부임하게 된다. 1932년 손양원은 그 교회에서 일주일 동안 「성서조선」을 가지고 설교를 하였다. 문신활은 이 설교를 듣고 큰 감동을 받았다. 손양원은 우치무라뿐만 아니라 다른 무교회 인사들의 저작을 애독한 것으로 알려져 있다. 또한 여수의 애양원교회에서도 우치무라의 책을 성경공부 교재로 자주 사용하였다.[255] 이처럼 손양원은 무교회주의 신앙에 적지 않은 관심이 있었다.

조선교회가 「성서조선」을 반대한 특별한 사정이 있었다. 1931년 최태용과 백남용은 경남에서 집회를 인도하였다. 이는 경남 교회에 큰 파장을 일으켰고 주기철 목사도 문제 해결을 위해 적극적으로 개입하였다. 이 일로 조선교회는 무교회주의자란 이유로 김교신을 최태용과 같은 부류로 인식하여 교인들이 「성서조선」을 구독하는 것을 강하게

---

254 이상규, "해방 이후 손양원의 생애와 활동," 「한국기독교와 역사」 제35호(2011. 9), 221-223. 반면 이덕주는 손양원이 1921-1923년 유학 중 우치무라 간조의 영향을 받은 것으로 서술하고 있다. 이덕주, "백색순교에서 적색순교로: 손양원 목사의 순교와 신학적 의미," 149-150.

255 최병택, "손양원과 구라(求癩)선교," 「한국기독교와 역사」 제34호(2011. 3), 202의 28번 각주.

통제했다.

　소록도의 갱생원은 조선총독부가 설립한 것으로 환자의 외부 출입이 엄격히 통제되어 있었고 퇴원이 불가능한 '종신무퇴원주의'를 지향하고 있었다.[256] 조선총독부가 한센인들을 격리했던 이유는 한센병이 전염병이었기 때문이다. 1935년 당시 소록도에는 2,800여 명 정도의 환자가 있었다. 그들은 국가, 사회, 가정 모두로부터 소외된 자들이었다. 환자들은 대풍자유(Chaulmoogra Oil)를 지속적으로 투여 받았다. 이것은 대풍자나무 종자의 껍질을 벗기고 압착해 얻은 황색 지방유를 말한다. 이 치료법은 한센병의 악화를 방지하고 증세를 완화시키는 효과가 있었으나 병을 근본적으로 치료하지는 못했다.

　김교신은 문신활의 편지를 받고 남자 병동과 여자 병동에 「성서조선」을 여러 권 보냈다. 구독자로는 문신활, 윤일심, 하외열 등의 남자들과 김계화를 비롯한 몇 명의 여자가 있었다. 신앙 서적은 물론이고 일반 서적도 턱없이 부족한 소록도에 「성서조선」은 가뭄의 단비 같았다.

　김교신과 소록도 한센인들은 사랑에 굶주린 연인처럼 편지를 주고받았다. 김교신은 자신을 그들의 종이라 했으며 그들을 '우리 문둥아'라고 불렀다. 또 「성서조선」은 '문둥이 잡지'라는 별명을 얻었다. 김계화는 김교신을 "우리 나환자들의 유일한 친우"라고 했다. 환자들은 「성서조선」의 출판비용도 도우려고 하였다. 김교신은 처음 한센인들에게 관심이 없었지만 자신이 조선교회로부터 나환자와 같은 취급을 받고 보니 소록도의 그들만이 자신의 진정한 친구임을 깨닫게 되었다고 고백하였다.

256　최병택, "손양원과 구라(求癩)선교," 197.

우리 '문둥아!' 안심하고 요구하며 대담하게 명령하라. 주 예수로 인하여 나는 군등(君等)의 복(僕)이다. 제군을 위하여 인색하여 하며 꺼려하는 것이 남아 있을진대 불원(不遠)에 나도 소록도에 수용되고야 말 자이니라.[257]

"우리 문둥아!" 이 말은 가장 허물없는 친구가 되었다는 뜻이다. 소록도의 한 여성은 "김 선생이여, 우리를 향하여 문둥아!를 우렁찬 소리로 불러주소서, 영원히 영원히"라고 답해 주었다. 마음과 마음이 화학작용을 일으켰다는 뜻이리라. 김교신은 「성서조선」을 통해 소록도의 한센인들을 위로했고 그들을 성서 위에 세우고자 했다. 그는 한센인의 진실한 신앙을 통해 참으로 병든 자가 우리이고, 악취는 저들이 아닌 우리 안의 죄악 때문임을 보여주고자 했을 것이다.

어떤 의미에서 김교신이 한센인들에게 준 것보다 받은 것이 더 많았는지 모른다. 1935년 김교신은 양정학교의 농구 감독, 성서 집회, '물에산에' 참석 등으로 분주했다. 또 장도원 목사와의 노선 갈등, 「성서조선」 검열, 동료였던 류석동의 이탈로 지쳐있었다. 살인적인 스케줄, 동료와 생긴 갈등으로 어려워하고 있을 때 조선의 사마리아 같은 소록도에서 날아든 편지는 김교신을 위로하고도 남음이 있었다. 한센인들은 그동안 김교신이 해왔던 일들이 무의미한 것이 아니라고 말해주었다. 그런 점에서 이들은 사마리아 성에 아람 군대가 도망갔다는 기쁜 소식을 전한 네 명의 한센인과 같았다(열왕기하 7:9).

> 올해는 더욱 풍성한 은혜를 받은 것 같다. …… 금년 1개년 간에 다른 아무런 행복에 참여할 수 없었다 할지라도 소록도와 그 밖의 나환자들을 '우리 문둥아' 하고 부를 수 있는 세계를

---

257 김교신, "문둥아!,"(1935. 5) 『김교신 전집 2』, 219.

소유하게 된 것과 저들을 통하여 증명된 초이론적 실체의 천국을 명확히 파지(把持)하게 된 것으로만 하여도 우리의 잔은 넘치고 넘쳐흐른다.[258]

김교신은 그해 성탄절을 시작으로 소록도에 크리스마스 선물을 보냈다. 소록도에 대한 사랑이 자연스럽게 드러나고 있었다. 김교신은 일본 구마모토 현에 있었던 한센인 천문섭과 같은 조선인에게도 「성서조선」을 보내 주었다. 책값은 받지 않았다. 선금을 미리 입금한 사람에게만 「성서조선」을 보내는 규정이 있을 정도로 자립정신을 중요하게 여겼지만 빈자와 병자에게는 예외였다.

소록도 한센인들은 「성서조선」의 다른 지우들과도 연락을 주고받았다. 「성서조선」을 통해 한센인들은 새로운 친구를 사귈 수 있었다. 이 때문에 김교신에 대한 그들의 사랑은 남달랐다. 그들은 김교신이 소록도를 방문해 주기를 원했고 사진을 보내달라고 요청하기도 했다. 그를 만나고 싶었던 소망은 1936년 실제로 이루어졌다. 소록도의 윤건석이 서울에 와서 김교신을 방문했던 것이다.

김교신과 소록도 한센인을 보면 예수가 떠오른다. 예수는 한센인을 고칠 때 직접 손을 내밀어 만졌다. "예수께서 손을 내밀어서 그에게 대시고 '그렇게 해주마. 깨끗하게 되어라' 하고 말씀하시니, 곧 그의 나병이 나았다."(마태복음서 8:3) 유대 전통에 한센인을 손으로 대는 것은 철저하게 금지되어 있었다. 한센인들 또한 자신들 외에는 그 누구와도 사회적 관계를 맺을 수 없었다. 그들은 부정하다는 이유로 철저히 공동체를 떠나 홀로 살아야 했다(레위기 13:46, 민수기 5:2). 예수는 그런 한센인의 손을 잡았던 것이다. 예수는 그저 말만으로도 병을 깨끗

258　김교신, "크리스마스,"(1935. 12)『김교신 전집 1』, 397.

이 할 수 있었다. 그럼에도 병자의 손을 잡은 것은 예수가 그의 눈 속에서 깊은 소외와 아픔을 느꼈기 때문일 것이다. 예수는 율법을 어기고 스스로 부정해짐으로 그들의 친구가 되었다. 어떤 율법도 인간을 소외시킨다면 그건 이미 하나님의 율법이 아니다.

그런데 소록도 한센인들과 관련 하여 김인서가 김교신을 비판한 일이 있었다. 김교신이 문신활의 편지를 처음 받고 "하필 나환자의 최후로 남은 영적 생명의 양도(糧途)까지 끊으려 하는가"라며[259] 조선 장로교회를 비판했던 것에 대해 거의 1년에 만에 김인서가 대응했던 것이다. 특히 김인서는 「성서조선」 반입 금지를 두고 김교신이 평신도들의 돈주머니(財囊)를 탐낸다고 비판한 것에 대해 "무교회지의 폭언"이라며 분노하였다. 김인서는 "「성조」지나 「신앙생활」지를 금지할지라도 성경을 금지하지 아니하는 이상" 최후의 영적 양식까지 뺏었다고 볼 수 없으며, 손양원의 말을 들어보면 일의 사정이 김교신의 생각과는 다른 점이 있다고 주장하였다.[260]

여기에 대해 김교신은 김인서를 우회적으로만 비판했다.[261] 김인서에 대한 직접적인 비판은 문신활이 나섰다. 사건의 당사자였던 그는 자신들이 휴직을 당하고 공중기도까지 금지 당했으며, 성경에서 얻은 기쁨을 표현하지 못한 것은 성경을 금지 당한 것이나 다름없다고 주장했다. 또 손양원의 말과는 달랐다는 부분에 대해서도 손양원이 보낸 편지 구절까지 언급하며 자신의 주장을 정당화하였다. 이 또한 기성 교회에

---

259 김교신, "나환자의 음신을 받고,"(1935. 4)『김교신 전집 2』, 107.
260 김인서, "무교회지의 폭언"(1936. 3)『김인서저작전집 1』, 319.
261 김교신은 김인서가 「신앙생활」(1936. 3)에서 "가교회(假敎會)의 퇴세(頹勢)"라는 글을 통해 이용도의 예수교회를 가교회(假敎會)라고 비난한 데 대해 숫자가 많고, 분파하지 않았으며, 서구에 뿌리를 둔 교회가 정교회라는 견해는 옳지 않다고 비판하였다. 김교신, "가교회,"(1936. 5)『김교신 전집 2』, 223-224.

대한 입장차로 벌어진 일로서 김교신과 김인서는 여전히 평행선을 달리고 있었다.

류석동, 「성서조선」을 떠나다

여기서 잠깐 류석동에 대해서 언급하고 넘어가야 할 것 같다. 왜냐하면 류석동이 결국 「성서조선」과의 관계를 단절했기 때문이다. 1934년 2월 류석동이 사실상 「성서조선」과 관계를 끊겠다는 입장을 전달하면서 김교신과의 관계는 파국으로 치닫기 시작하였다. 당시 류석동이 그 누구보다 열심히 돕고 있었기에 김교신은 이런 결정이 너무나 갑작스럽고 예상 밖이었다. 류석동은 같은 시기에 송두용과도 관계를 끊었다.

류석동은 몇 개월에 걸쳐 이 문제를 고심한 터였다. 그는 결국 다른 동인들과 간격을 좁히지 못하고 사실상 절연을 선언하였다. 그러나 류석동은 왜 절연했는지 구체적인 이유를 밝히지 않았다. 김교신도 그 이유를 알 수 없었다. 이들의 결별은 우치무라의 제자 후지이 다케시(藤井武)가 스승의 문하를 떠났던 때의 장면을 연상시킨다.[262] 후지이는 1915년 스승 우치무라와 속죄론에 대한 의견 차이로 갈등을 겪었다.[263] "방합(蚌蛤)을 위하여 변함(辯)"이라는 글은 류석동과 결별한 직후 쓴 것으로 김교신의 심정이 잘 드러나 있다. 김교신은 방합, 즉 민물조개가 욕심 때문에 도요새를 놔주지 않아 어부에게 잡혀 버렸다는 비난에 대해 그것은 욕심이 아니라 유일한 방어책이라며 민물조개를 변호

---

262 김교신, "1933년 4월 30일(월) 일기," 『김교신 전집 5』, 179.
263 후지이와 우치무라 간조의 속죄론 논쟁에 대해서는 양현혜, "해제: 죄의 실재를 극복하는 법," 『구안록』 (서울: 포이에마, 2016), 219-223.

했다. 사람들은 「성서조선」 출판을 두고 여러 뒷담화를 했다. 초창기 동인들은 떠나가는데 너는 왜 아직 남아 있느냐, 쓸데없는 곳에 시간과 재정을 왜 낭비하느냐 등과 같은 비판은 왜 방합처럼 사느냐고 묻는 것과 같았다. 너도 껍데기를 벌려 「성서조선」을 놓아버리면 되지 않느냐. 왜 「성서조선」을 그처럼 물고 있느냐. 이런 비난에 김교신은 방합처럼 마음이 쓰렸다.

결별 후 김교신의 귀에는 「성서조선」을 발간하는 이유가 주필의 명예심을 만족시키기 위한 것이라는 말이 들려왔다. 최측근이 이런 말까지 흘리자 김교신은 잡지의 발행 자체를 중단하려 할 정도로 상처를 받았다. 류석동은 「성서조선」의 색깔에 만족하지 못했던 것으로 보인다. 그가 김교신에게 「성서조선」의 편집회의를 열자고 건의한 것과 절연할 때 김교신의 색채를 선명히 내라고 한 것에서 자신의 목소리가 「성서조선」에 반영되었으면 하는 기대를 갖고 있었음을 알 수 있다. 그는 「성서조선」에서 김교신의 색채, 즉 편집 방향이나 신앙관이 마음에 들지 않았던 것으로 보인다. 이와 더불어 류석동은 당시 가정을 유지하기 힘들 정도로 경제적인 어려움에 처해 있었다. 그는 「성서조선」 동인들이 자신의 어려운 처지를 돌아봤으면 하는 바람이 있었다. 그는 "너희가 밥을 나눠 먹어야 참신앙이니라"[264]고 말할 정도로 경제적으로 어려웠다.

류석동은 「성서조선」을 떠났지만 김교신과 인간관계 자체까지 단절하지는 않았다. 「성서조선」에 두 사람의 만남이 몇 번 확인된다. 주목할 점은 류석동이 「성서조선」 동인을 떠나 최태용이 세운 복음교회로 갔다는 점이다. 류석동이 최태용과 교류를 지속해 왔기에 이와 같은

---

264 김교신, "방합을 위하여 변함," 237.

결정을 내렸을 것이다. 이후 「성서조선」은 김교신, 함석헌, 송두용 체제로 유지되었다. 한 독자는 이 체제를 '삼위일체'라고 불렀다.

공덕리를 떠나 정릉으로 이사가다

김교신은 1936년 5월 정릉으로 이사를 갔다.[265] 공덕리의 집이 팔리고 식구가 전부 옮겨가기는 한 달여가 더 걸렸다. 당시 정릉은 서울에 포함되지 않은 외곽으로 솔밭이 우거진 산골짜기였다. 이곳은 서울 사람들에게는 먼 시골로 생각될 정도로 심리적 거리가 컸다. 집은 봉국사(奉國寺) 근처였다. 집에서 목탁 소리를 들을 수 있을 정도로 가까웠다. 그 고요했던 정릉은 지금 국민대학교와 북악터널이 들어서서 자동차 소리가 요란하다. 당시 집터도 주택가로 둘러싸여 있다.

김교신이 공덕리를 떠나 정릉으로 이사한 것은 자연을 벗 삼고 농사도 지을 수 있는 곳을 찾았기 때문이다. 서울은 지속적으로 확장되었다. 공덕리가 서울에 공식적으로 편입되었던 1936년 행정구역상 경성부의 면적은 약 3.5배 증가하였다. 특히 공덕리는 주거 및 경공업지역을 담당할 예정이었다.[266] 공덕리는 점차 시끄럽고 번잡해졌다. 이 때문에 김교신은 기도와 원고 쓰기에 방해를 받았다. 그는 고요하면서도 인쇄소가 가깝고 전등이 들어오는 곳을 찾았다. 잡지 발행 때문이었다.

정릉 김교신의 집은 북한산을 배경으로 하고 있었다. 그는 북한산을 후원(後園)이라고 불렀다. 그는 "천국도 북한산록보다 더 좋기를 바라지 않는다. 천당도 우리 집보다 별다르지 않을 것"이라고 말할 정도로 정

---

265 경기도 고양군 숭인면 정릉리 378번지로 이사
266 염복규, 『서울은 어떻게 계획되었는가』(서울: 살림, 2005), 32, 48.

릉을 좋아했다. 새롭게 건축해서 들어간 정릉집은 갈색 함석지붕이었다. 집 옆에는 서재가 있었다. 김교신은 목수와 함께 1937년 4월부터 두 달에 걸쳐 서재를 지었다. 서재는 5평이 조금 넘는, 석재로 지은 기와집으로, 유리창이 달린 반 지하실이 딸려 있었다. 지하실 때문에 서재에는 난방을 할 수 없었다. 그래서 한겨울에 이곳에서 원고를 쓰기는 여간 힘든 일이 아니었다.

정릉에서 김교신은 양정학교 선생으로 알려져 있었기 때문에 누군가 성서조선사가 어디냐고 물어보면 마을 사람들도 알지 못했다. 정릉 집에서 양정학교까지의 거리는 약 30리(약 12km)였다. 김교신은 자전거를 타고 출근하였다. 그가 헬멧을 쓰고 아리랑 고개를 넘어가는 모습이 눈에 떠오르는 듯하다. 당시 아리랑 고개는 정릉의 길목에 있었다. 김교신은 이 고개에 '생각하는 고개'라는 뜻을 담아 상현(想峴)이라는 이름을 지어주었다. 추운 겨울에는 자전거를 타면서 황갈색 중절모에 귀마개를 착용했다. 자전거를 탈 때 탄력이 좋은 골프용 바지를 주로 입었다.

정릉 집의 서재는 1937년 6월 말에 완공되었다. 그 후 김교신은 박넝쿨 덕을 세웠다.
이 사진은 그즈음 하숙생들과 함께 찍은 가족 사진이다. 뒤에 자전거가 보인다.

교회에 대해 전향적 입장을 갖다

1931년 9월 일본 관동군이 중국 동북부를 공격하면서 만주사변이 일어났다. 1937년 7월에는 일본이 중국에 전면전을 시작하면서 중일전쟁이 발발하였다. 이 전쟁은 1931년에 시작되어 1945년 막을 내렸기 때문에 일본에서는 15년 전쟁이라 부른다. 중국에서는 중일전쟁부터 계산하여 8년 항전이라고 부른다. 이는 중일전쟁 이전에는 중국 국민당이 내부적인 문제를 먼저 안정시키는 데 주안점을 두었고 중일전쟁부터 일본에 대한 전면적인 항전을 개시했다고 보는 중국 정부의 시각이다. 두 나라의 역사인식이 어떠하든지 중일전쟁부터 조선인이 느끼는 전시체제와 통제의 강도는 훨씬 심했다. 중국의 전면적인 반격에 조선인에 대한 일본의 착취와 통제는 한층 심화되었기 때문이다. 이 여파는 조선 기독교회에도 그대로 미쳤다. 조선교회는 당시 신앙의 정체성도 지키기 힘들 정도로 일제의 압력 하에서 변절을 강요당하고 있었다.

교회주의 때문에 제도적 조선교회에 대해 비판적이었던 김교신의 태도가 이때 바뀌었다. 김교신은 1937년 교회를 공격하는 태도를 포기하고 교회에 협조하겠다고 선언하였다. 그는 왜 더이상 제도적 조선교회를 비판하지 않겠다고 말했던 것일까. 여기에는 크게 두 가지 이유가 있었다. 하나는 조선교회의 내부적인 문제 때문이었다. 당시 교회는 심한 갈등을 안고 있었다. 특히 장로교와 감리교의 갈등과 분열, 성결교회의 분열이 대표적이었다. 김교신 자신이 예로 든 것만 해도 적극신앙단(積極信仰團)과 경중노회(京中老會) 문제가 있다.

적극신앙단은 기독교청년회(YMCA) 총무였던 신흥우(申興雨)가 기독교연구회(1926)를 모태로 해서 1932년 만든 조직으로 감리교 인사뿐만 아니라 함태영과 같은 장로교 인사도 참여하였다. 적극신앙단의 신앙선언은 예수와 함께 자연과 역사를 신의 계시로 보고 남녀가 권리·의무 행동에서 완전히 동등하다와 같은 진보적 내용을 담고 있었다. 적극신앙단은 보수적이고 소극적인 한국교회를 애국적이고 적극적인 교회로 혁신하겠다고 말했다. 이에 장로교 총회는 1934년 이 신앙선언이 장로교 신경에 위반되므로 그 단체를 용납하지 않겠다고 결의했다.[267] 또 1935년 기독교청년회 원로인 김정식과 김리교의 원익상 목사가 주도한 재경기독교유지회라는 적극신앙단 반대 모임이 결성되면서 분쟁과 갈등이 증폭되었다. 장로교 인사들이 더 많았던 이 단체는 적극신앙단을 자유주의 신학과 공산주의 이념을 전파하는 단체라고 공격하였다. 교계는 순식간에 적극신앙단 찬성파와 반대파로 나뉘었다. 결국 적극신앙단은 1935년 감리교에서는 불법 단체가 되었고 장로교에서는 이단으로 정죄되고 말았다.[268]

경중노회는 적극신앙단이 서울에서 조직되었을 때 서울의 일부 목사들 즉 함태영, 전필순 등이 경성노회에서 분리 조직한 노회였다. 장로교 총회가 가담자들에게 적극신앙단과의 관계 단절을 요구하자 그렇지 않아도 서북지역이 장악한 교권에 불만을 갖고 있었던 그들은 총회와의 절연을 선언하였다. 또한 경성노회가 적극신앙단을 이단으로 규정하고 치리하려 들자 가담자들은 경성노회를 탈퇴하고 경중노회를 따로 결성하였다. 이에 경성노회는 경중노회를 불법 기관이라고 정죄하고 여기 가담한 사람들을 제적시켜 버렸다. 이 갈등은 총회까지 분립시킬 수 있는 위협적인 사안이었다.[269] 이 외에도 조선교계는 수많은 갈등을 안고 있었다. 이 1930년대 갈등양상을 민경배는 문학적 필치로 적절히 표현해 주고 있다.

---

267 류대영, 『한 권으로 읽는 한국 기독교의 역사』(서울: 한국기독교역사연구소, 2018), 218.
268 이덕주, 『한국 교회 이야기』(서울: 신앙과 지성사, 2009), 242-246.
269 민경배, 『한국기독교회사(신개정판)』(서울: 연세대학교 출판부, 1993), 474; 류대영, 『한 권으로 읽는 한국 기독교의 역사』, 218.

> 한국 교회는 미증유의 시련에서 방황하고 있었다. 지방적인 색채로, 신학적인 사상의 충돌로, 기타의 어떠한 영향으로 견고한 통일을 볼 수가 없었을 것이라는 전망이 편재해 있었다. 그 병적인 증상은 고질적인 파괴력을 잠시 뒤에 밀어 두었을 뿐이었다. 한국 교회 전체가 받는 일본의 가혹한 손길이 이때 동시에 악랄하게 뻗쳐 왔기 때문이다.[270]

두 번째 이유는 일제의 압력 때문이었다. 일제는 전방위적인 통제와 압력을 행사하면서 조선인의 숨통을 조여오고 있었다. 특히 기독교는 유일신 신앙으로 인해 천황을 살아있는 신, 이른바 현인신(現人神)으로 믿으라고 강요했던 일본 정부와 충돌할 여지가 다분했다. 유대인이 유일신 신앙과 독특한 율법 때문에 포로기 때 수많은 신앙의 시련을 거친 것과 유사했다. 이 시련은 신사참배 문제에서 절정에 이르렀다. 한 마디로 1930-40년대 조선교회는 느부갓네살 왕이 세운 금신상에 절하라고 강요하는 바빌로니아 제국의 요구 앞에 선 다니엘의 세 친구(다니엘서 3:1-12), 페르시아의 고관 하만에게 무릎을 꿇어 절을 해야 할지를 결정해야 했던 모르드개(에스더기 3:1-6)와 같은 처지가 되었다.

김교신은 내외적으로 시련을 당하고 있는 조선교회를 공격할 수 없었다. 조선교회는 자신이 당하고 있는 갈등과 고통으로 아파하고 있었기 때문이다. 지금 조선교회를 비판하는 것은 더이상 용기 있는 행동이 아니있다. 김교신은 당시의 교회가 무교회의 공격을 견딜 수 없을 정도로 연약하다고 생각했다. 교회는 여리고로 내려가다가 강도를 만나 거의 죽은 자와 같았다(누가복음서 10:25-37). 김교신은 이런 교회를 향해서는 사마리아 사람이 되어야 한다고 생각했다. 자신은 유

---

270 민경배,『한국기독교회사(신개정판)』, 477.

대인에게 천대받았지만 정작 그 유대인이 고통을 당할 때 불쌍히 여긴 사마리아 사람 말이다.

> 그러나 10년을 자란 새해부터는 의(義)에 따르는 사랑의 성숙기이다. 지식보다는 사랑을, 공격보다는 엄호를, 지상의 논쟁보다도 갈한 자에게 냉수 한 잔을 주기를 기도(企圖)한다. 아무에게도 악의를 품을 것이 아닌데 어찌 그리스도의 이름에 관련한 개인이나 단체에 대하여 악감을 포장(抱藏)하여 내랴. 명일에 더 큰 논전이 발단될는지는 알 수 없으나 오늘날 현재의 우리 마음은 모든 사람을 사랑하기를, 누구와든지 평화하기를 기원하면서 새해를 출발한다. 보는 눈에 따라서는 창간 10년에 180도의 전향이라고도 하겠지마는 또한 자초지종의 항구한 주지(主旨)라고도 보일 것이다. "아이들아, 서로 사랑하라!"(사도요한).[271]

이것은 재출발이라고 할 수 있을 정도의 변화였다. 김교신과 조선교회 앞에는 일제라는 더 큰 괴물이 가로막고 있었다. 이런 시련의 시기는 서로가 협력해야만 극복할 수 있다. 그렇다면 김교신은 이런 일제를 어떻게 생각하고 있었을까. 그의 일본관을 한번 살펴보자.

하나님의 때를 기다리다

민족애와 조선을 빼놓고는 김교신의 기독교 신앙을 논할 수 없다. 그의 신앙은 조선과 성서라는 두 축을 중심으로 하고 있다. 그는 주 예수와 하나님의 나라를 이 세상 어느 것보다 사랑하였다. 그러나 때로는 민족애가 그의 기독교 신앙을 압도할 때도 있었던 모양이다. 송두용은

---

271 김교신, "신년의 기도(企圖),"(1937. 1) 『김교신 전집 1』, 411.

그가 "예수보다도 그의 조국인 조선을 더 사랑"[272]했다고 증언한 적이 있다. 또한 류달영도 일본 형사의 취조에 김교신이 "나는 그리스도와 끊어지는 한이 있더라도 이 조선을 사랑하지 않을 수 없다"[273]고 대답했다고 증언하였다. 그럼에도 김교신의 이러한 민족애는 늘 신앙적으로 표출되었으며 정치적인 의미는 아니었다. 그와 가깝게 지냈던 사람들의 증언도 이를 확인해준다. 그는 조선의 독립을 위한 직접적인 민족운동에는 찬성하지 않았다. 기독교를 받아들인 후 그의 민족애가 신앙적으로 승화되었다고 생각할 수 있다.

김교신은 하나님의 섭리를 고백하는 역사관을 가지고 있었다. 하나님이 이스라엘을 심판하는 도구로 바빌로니아와 페르시아를 쓰셨다는 성서의 진술을 바탕으로 그는 일본이 하나님의 도구라고 믿었다.[274] 그럼에도 김교신은 일본인도 회개하지 않으면 망하고야 만다고 생각했다. 자연계는 우승열패(優勝劣敗)의 법칙을 가지고 있지만 하나님은 때로 열승우패(劣勝優敗)의 법칙을 감행하기 때문이다. 특히 재물과 힘을 자랑하는 백성에게 말이다. 이것이 하나님의 섭리다.

조선의 운명은 철저하게 하나님 손에 달려있다. 중요한 것은 민족의 위기인 황야의 시기를 철저하게 황야같이 보내는 것이다. 잠언에는 "도가니는 은을, 화덕은 금을 단련하지만, 주님께서는 사람의 마음을 단련하신다"(잠언 17:3)는 말이 있다. 또한 이사야서에는 "보아라, 내가 너를 단련시켰으나, 은처럼 정련하지 않고, 오히려 고난의 풀무질로

---

272 김교신, "김교신과 한국의 무교회," 『김교신 전집 별권』, 22.
273 류달영, "김교신과 조선," 『김교신 전집 별권』, 132.
274 손양원도 조선에 대한 통치권을 일본이 하나님께 위탁받은 것으로 생각했다. 그러나 그 통치권은 제한된 범위 안에서 행사해야 하며 하나님의 뜻에 어긋나면 몰수될 수 있다고 보았다. 이덕주, "백색순교에서 적색순교," 159.

달구어 너를 시험하였다"(이사야서 48:10)는 말이 있다. 금은 은보다 녹는점이 약 100도 정도 높다. 곧 이스라엘 백성을 연단시키는 과정은 도가니가 아닌 풀무, 즉 더 뜨거운 용광로에서만 가능하다. 이스라엘 백성들의 풀무가 이집트와 바빌로니아였다면 조선인의 풀무는 일본이었던 셈이다. 이 식민통치는 조선인을 연단시키는 과정이며 이 단련을 통해 조선인은 정금으로 나와야 한다. 김교신은 이 시기에 조선인이 참 인간, 즉 성서적 진리로 사는 백성으로 연단되기를 바랐다.

김교신의 애국은 느헤미야의 애국에 비견할 수 있다. 그는 느헤미야를 참된 우국지사의 표본으로 생각하였다. 느헤미야가 망국민 이스라엘 백성들을 추슬러 예루살렘 성벽을 재건했던 것처럼 김교신은 조선인의 무너진 도덕을 재건하여 하나님의 백성으로 세우려 했다.

> 사람들은 흔히 애국심이라 하면 카이저가 통치하던 독일 연방이나 비상시 일본 같은 데만 한한 것인 줄로 아나, 실상 우국의 정은 느헤미야와 같이 망국지민(亡國之民)에게도 있는 것이며, 있을 뿐 아니라 더욱 뜨거운 법이다. 부모 떠나면 효심이 동하는 법이요, 나라 망하면 충성이 솟는 것이 차라리 자연스러운 현상이다. 웃지 말라, 망국민의 애국심을! 느헤미야의 가슴은 또한 느헤미야와 같은 처지에 있는 백성이라야 능히 통찰할 수 있는 것이다.[275]

김교신은 일제 말 전체주의 하의 일본 통치를 온몸으로 겪었다. 그가 평교사였기 때문에 일본 정부의 직접적인 회유 대상은 아니었지만 일제의 시책에 대해 민족적으로나 신앙적으로 고민이 많았다. 중일전쟁부터 조선의 분위기는 전시체제로 하루하루가 다르게 변화되었다. 학교에서도 일어 사용이나 국체명징(國體明徵)을 강조하는 강압적 분위기

---

275 김교신, "에스라, 느헤미야,"(1934. 1) 『김교신 전집 3』, 107.

가 조성되었고 극심한 언론 통제가 자행되었다. 조선 사회는 전쟁선전과 등화관제(燈火管制)와 같은 전시체제로 더 강압적인 통제 사회로 변해갔다. 신사참배 문제로 인한 기독교 학교의 폐교도 현실화 되고 있었다.

김교신은 만주사변과 중일전쟁에 대한 확고한 비판 의식이 있었다. 그러나 「성서조선」에서 이를 직접적으로 드러내기는 힘들었다. 그는 우회적 방법으로 일본의 전체주의적 속성을 비판하였다. 그런 비판은 그가 풍자의 대가였기 때문에 가능했다. 김교신은 중일전쟁의 발발이 전적으로 중국 측에 책임이 있다는 신문 논조에 대해 "일만(日滿) 국경에는 모두 불손한 놈들만 사는 모양이다. 매우 괘씸한 나라들인 것 같다"고 비꼬았다. 또 "근일 라디오는 들을 것이 없다"고 비아냥거렸다. 그는 런던 타임즈(London Times)와 같은 외국 언론을 통해 중일전쟁의 실상을 알고 있었다. 아무튼 김교신이 당시 중국을 침략한 일본에 대해 비판적 의식을 갖고 있었던 것은 분명하다. 그런 의미에서 김교신이 일본과 일제를 구분하여 일제에는 저항하였다는 견해는 합당하다.[276]

일제 말에는 일본어 사용 정책과 창씨개명 정책이 강력하게 추진되었다. 당시 조선인으로서 민족성을 지키려는 김교신의 노력은 두드러진다. 창씨개명은 1939년 10월에 발표되고 그 다음해 2월부터 실시되었다. 창씨개명은 조선인을 전쟁에 동원하고 조선의 가족제도를 약화시켜 천황에 대한 충성심을 고양시키는데 목적이 있었다.[277] 그러나 김교신은 끝까지 창씨개명을 하지 않았고 그의 가족도 마찬가지였다. 자녀들이 상급학교 진학에 어려움을 겪고 교장실에 불려가는 수모를 당

---

276 김은섭, 「김교신의 역사인식」(연세대학교 박사학위논문, 2005), 9.
277 이준식, 『일제강점기 사회와 문화: 식민지 조선의 삶과 근대』, 264-265.

함에도 말이다. 당시 자녀들이 다녔던 학교에서 대부분의 학생들이 창씨개명을 했기에 김씨는 김교신의 딸들이 유일했다고 한다.[278]

「성서조선」 동지들은 조선어를 무척이나 사랑했다. 앞에서도 언급한 것처럼 이찬갑은 덴마크를 재건시킨 그룬트비가 했다는 "그 나라의 말과 역사가 아니고는 그 민족을 깨우칠 수 없다"는 말을 생활신조로 삼았다. 일제 말 조선어와 관련된 함석헌의 일화가 있다. 함석헌의 제자였던 이기백이 중학교 2학년 말에 겪었던 일이다. 1938년 2월쯤이었다. 그즈음 일제는 학교 강의를 일본어로 하도록 강요했다. 그때까지 오산학교에서는 일본어를 가르치는 두 명의 일본인 교사를 빼고 일본어로 강의하는 교사는 없었다. 그래서 이 조치에 교사들은 크게 당황했다. 당시 학생들의 얼굴을 제대로 쳐다보며 강의하는 교사를 볼 수가 없었다고 한다. 특히 인상에 남아 있는 역사 교사인 박한석(朴漢錫) 선생은 교탁과 창밖을 교대로 쳐다보면서 강의를 했다. 다른 교사들의 태도도 대동소이하였다. 그런 중에 수신(修身)을 가르치던 함석헌은 여전히 우리말로 강의를 했다. 수신은 윤리나 도덕 과목을 말한다. 그리고 이것을 학생들은 당연한 일로 생각하였다. 그러던 어느 날 수업 도중에 평안북도의 일본인 시학관이 교장과 함께 교실 안에 들이닥쳤다. 문을 급히 여느라고 요란하게 소리를 내던 광경을 이기백은 평생 잊을 수가 없었다고 한다. 그가 보기에 함석헌이 우리말로 강의하는 현장을 적발하려는 의도가 분명했다. 뒤에야 안 일이지만 당시 교사 중에도 일본 경찰과 내통하는 사람이 있었다는 것이다. 함석헌은 잠시 뜸을 들이고 나서 일본말로 강의를 시작하였다. 상상 이상으로 일본말에

---

278 김교신의 둘째딸 김시혜 여사의 증언. 2010년 7월 1일. http://cafe.daum.net/sisterskim/dwbO/8

능숙한 그의 강의를 들으면서 학생들은 놀란 가슴을 진정시킬 수 있었다. 그 뒤 얼마 안 가서 함석헌은 학교를 떠났다. 학생들은 필시 이 사건과 무관하지 않으리라고 생각했다. 학생들은 이 수업 시간을 실질적인 선생의 마지막 수업으로 기억하게 되었다.[279]

조선어 폐지와 관련된 또 다른 기억도 가슴 시리다. 이기백의 동생인 이기문의 회고가 그것이다. 소학교 4학년 때 조선어가 없어지던 광경은 아직도 그의 머릿속에 똑똑히 새겨져 있다고 한다. 그때 담임 선생님은 매우 엄격한 분이었다. 그런데 그날은 숙제를 해오지 않은 것도 책망하지 않고 두어 시간 남짓 우리말로 편지 쓰는 법을 자세히 가르치고 시조도 몇 수 가르치더니 이것으로 조선어는 마지막이라고 말했다는 것이다. 나지막하게 떨리는 목소리와 함께 선생님의 눈에 눈물이 번쩍이는 것을 보았을 때 교실은 한동안 울음바다가 되었다. 이기문은 자신이 소설가의 소질이 조금이라도 있었다면 아마 알퐁스 도데의 〈마지막 수업〉보다도 감동적인 작품을 쓸 수 있었을 것이라며 아쉬워했다.

김교신의 조선 사랑은 일본에 대한 직접적인 비판이나 정치적 독립운동에 참여하는 방식이 아니라 조선인이라는 민족의식을 포기하지 않고 끝까지 유지하는 것이었다. 그는 일본의 통치를 섭리적 역사관 속에서 수용했지만 민족과 기독교의 진리가 위협받을 때는 예언자적 정신을 잃지 않으려 노력하였다. 그러나 우치무라의 제자 쯔카모토와 아제카미 켄조(畔上賢造, 1884-1938)는 기독교에서 예언적 요소를 포기해 버렸다. 더구나 이들의 복음 제일주의 노선은 일본의 전쟁협력에 일조

---

[279] 이기백, "일제시대에 경험한 몇 가지 일들," 『한국사를 보는 눈』(서울: 문학과지성사, 1996), 159-160.

하게 된다.²⁸⁰ 김교신은 이런 함정에 빠지지 않기 위해 자신과의 싸움을 계속해 나갔다.

쯔카모토는 1930년대 초부터 예언성을 상실하는 모습을 두드러지게 보여주었다. 기독교의 예언성 문제에서 쯔카모토가 우치무라와 다른 노선에 섰으며, 우치무라의 입장에 대해 확실히 선을 그은 것은 학계에서 인정되고 있다. 예를 들면 쯔카모토는 비전론(非戰論)을 주장한 우치무라와 달리 십자가 복음을 전하는데 방해가 된다며 비전 문제를 논하지 않겠다고 말했다. 그는 예언과 복음을 분리하고 '복음만'의 입장에 섰다. 그런데 복음만을 전하겠다는 입장은 침략 전쟁을 적극 옹호하는 것으로 나타났다. 그의 복음제일주의 노선은 어느새 일제의 전시 동원 체제를 지지하는 입장으로 변모해 있었던 것이다.²⁸¹

김교신은 예언자적 정신을 상실한 무교회주의자들을 비판했다. 김교신이 예언성 상실 문제로 확실하게 비판한 인물은 아제카미이다. 김교신은 1937년 12월, 도쿄에서 온 한 잡지에서 전시 기독교 강연회에 대한 기사를 읽고 크게 실망하였다. 그리고 "평화 시절에는 예언자로 대접 받아도 고사하지 않다가 비상시국을 당한즉 별안간에 '예언자'가 아니고 '복음자'라느니, '신앙으로 구원 받는다'느니, '사명이 다르다'느니 하고 변명인 모양"이라는 소견을 남겼다.²⁸² 이 글은 아제카미의 "암중촌경"(暗中寸景)이라는 글이다.²⁸³ 이후에도 김교신은 몇 번 더 예언자와 복음자를 대조시키며 그에 대한 실망을 드러낸다.²⁸⁴

---

280 양현혜, 『윤치호와 김교신』(서울: 한울, 1994), 144-147.
281 양현혜, 『김교신의 철학』, 90-93.
282 김교신, "1937년 12월 14일(화) 일기," 『김교신 전집 6』, 317.
283 양현혜, 『김교신의 철학』, 99.
284 김교신, "1938년 1월 4(화)일 일기," 『김교신 전집 6』, 326; 김교신, "1938년 2월 11

그렇다면 김교신과 다른 기독교인들의 차이점은 무엇일까. 조선의 패망과 독립이 전적으로 하나님의 손에 달려있다고 본 것은 이들의 공통점이다. 그러나 많은 기독교인들은 조선의 독립을 하나님의 섭리에 전적으로 맡김으로써 운명론적인 역사관에 빠져 버렸다. 이것은 신앙적인 태도로도 비쳐질 수 있겠으나 사실상 독립을 포기해 버린 것과 별 차이가 없었다. 반면 김교신은 정체성을 지키면서 조선인을 하나님의 마음에 합당한 사람으로 빚기 위해 끊임없이 노력했다. 이는 하나님의 때를 앞당기려는 그만의 방식이었다. 하나님의 나라는 하나님의 때가 차야 가능하다(마가복음서 1:15). 곧 카이로스가 무르익어야 한다. 구약의 예언자들과 예수는 이스라엘의 운명을 선포하면서 이스라엘 백성의 회개를 촉구하였다. 김교신은 이런 예언자들의 호소에 자신의 방식대로 응답했던 것이다. 그는 조선의 운명을 하나님의 섭리에 맡겨두면서도 조선인을 하나님의 마음에 합한 사람들로 만들어 결국 카이로스, 즉 하나님의 때를 앞당기려 했던 것이다.

『상록수』가 아쉬워 『최용신 소전』을 출판하다

최용신(崔容信, 1909-1935)은 1930년대 농촌계몽운동사에 뚜렷한 족적을 남긴 인물이다. 최용신은 1931년 10월 경기도 수원군 반월면 천곡, 일명 샘골에 조선 YWCA의 농촌 지도원으로 파견되어 샘골강습소에서 어린아이들을 가르치고, 부녀회를 중심으로 계몽활동을 하다가 25년 6개월의 짧은 생을 마감하였다. 그런데 그의 전 생애는 독실

일(금) 일기", 『김교신 전집 6』, 342; 김교신, "1938년 2월 14일(월) 일기", 『김교신 전집 6』, 344; 김교신, "1938년 6월 30일(목) 일기", 『김교신 전집 6』, 401.

한 기독교 신앙이 버팀목이 되고 있었다.[285] 김교신이 최용신에 대한 전기를 쓰기로 마음을 먹은 때는 1939년 정초의 성서강습회에서였다. 이때 참석자들은 최용신의 생애를 정리해서 후세에 남길 필요가 있다는 의견을 주고받았다. 집필자는 류달영으로 결정되었다. 전기를 써야 한다는 김교신의 마음은 북한학원의 경영에 도움이 될까 하여 『상록수』를 읽은 후 더 굳어졌다. 심훈의 소설 『상록수』는 농촌의 열악한 아동 교육을 배경으로 하고 있다. 북한학원은 1938년 11월 초에 정릉에 설립된 비정규 초등교육 기관으로 창립과 운영에 김교신이 깊이 관여하였다. 북한학원은 아동들을 대상으로 주간반, 야간반으로 나누어 저학년 수준의 조선어, 일본어, 산수 등을 가르쳤다. 『상록수』의 여주인공 채용신은 최용신을 모델로 하고 있다. 김교신은 감동을 받기는 했으나 뭔가 부족하다고 느꼈다.

> 그러나 소설의 여주인공 최용신 양의 신앙이 그 정도뿐이었는지 혹은 작자 심씨의 사상이 그 정도에 지나는 것이 없었는지는 알 수 없으나 요컨대 '일하러 가세'라는 찬송가 이외의 아무 깊은 것도 높은 것도 없어 보인다.[286]

"일하러 가세"라는 찬송가는 지금도 한국교회에서 사랑받고 있는 "삼천리 반도 금수강산"을 말한다. 이 찬송은 일제강점기 무궁화 묘목 전파에 앞장섰던 남궁억(南宮檍, 1863-1939) 장로가 지은 것이다. 그는 1922년 어느 날 밤 마태복음 9장을 읽다가 영감을 받고 이 찬송을 작사하였다. 암울한 시대에도 불구하고 조선을 위해 일어서야 한다는 계

---

285 김형목, 『최용신 평전』(서울: 민음사, 2020), 17, 35, 86-97.
286 김교신, "1939년 2월 19일(일) 일기," 『김교신 전집 7』, 35.

몽적인 찬송이었다. 이런 깊은 역사성에도 불구하고 김교신은 이 찬송에 비판적이었다. 이 찬송이 기독교 신앙의 핵심을 담고 있다기보다는 농촌운동이나 사회계몽에 적당하다고 생각했기 때문이다. 그는 이것을 사업에 합당한 찬송이라고 보았다. 『상록수』를 읽을 때의 느낌이 이런 것이었다. 김교신은 소설에 농촌계몽은 부각되어 있지만 최용신을 이끌었던 신앙이 빠져 있다고 느꼈다.

김교신은 과학조선, 농업조선, 상공조선, 공산조선은 풀의 꽃이나 아침 이슬과 같이 사라지지만 성서조선은 영구하다고 생각했다. 조선은 성서적 신앙을 통해서만 다시 살 수 있다. 또한 기독교는 사업이나 운동이 아니라 신앙 그 자체다. 김교신의 신앙 중심적 경향은 1920-30년대 조선교회의 사회운동이나 문화운동에 대한 한계를 지적한 것이었다. 기독교는 신앙으로 움직이는 것이지 사업으로 움직이는 것이 아니라고 본 것이다. 곧 기독교는 신앙 이외의 문제에 힘을 써서는 안 되고 기독교의 정체성도 오직 신앙에서만 찾을 수 있다는 생각이다.

김교신이 류달영에게 『최용신 소전』의 집필을 맡긴 것은 글솜씨뿐만 아니라 그의 성실함과 진지함을 높이 샀기 때문이다. 김교신은 병으로 동계성서강습회에 참석하지 못한 친구를 위해 집회 광경을 꼼꼼하게 필기하는 그를 기억하고 있었다. 그때의 필기가 1935년 2월호 「성서조선」에 실린 "성서연구회기"이다.[287] 류달영은 수원고등농림학교 시절 최용신과 함께 일한 경험도 있었다.

김교신은 전기 자료 수집에 적극 동참하였다. 그는 생전에 최용신을 만나본 적이 없었다. 그저 주변에서 들은 이야기가 전부였다. 그러니

---

287 류달영, "성서연구회기," 「성서조선」 제73호(1935. 2), 11-22. 그의 또 다른 글은 류달영, "제4회 동계성서강습회에서," 「성서조선」 제85호(1936. 2), 14-17.

꼼꼼한 자료 수집은 필수였다. 그는 평소 식물을 채집하던 습관대로 최용신의 가족과 주변인물을 만나면서 자료를 챙겼다. 수원 천곡학원(泉谷學院)을 둘러보았으며 최용신의 오빠 시항과 여동생 용경도 만났다. 그리고 그 자료를 류달영에게 전달하였다. 류달영도 전기 자료 때문에 여러 차례 천곡학원을 방문했고 최용신의 고향인 원산과[288] 모교인 루씨(樓氏)고등여학교를 찾아갔다. 집필은 기도나 다름없었다. 그가 김교신에게 보낸 편지를 보면 알 수 있다.

> 근일 주야로 전기의 안(案)에 몰두하고 있습니다. 천곡에 생긴 하나님의 화학 실험을 정확히 분석하기에는 너무나 지혜가 부족합니다. 시작하여 쓰기 5-6차, 오늘 다시 쓰던 것을 전부 찢어 버리고 기도합니다.[289]

류달영이 원고를 들고 왔을 때 김교신은 측량할 수 없을 정도로 반가웠다. 전기 집필을 계획한 지 칠 개월여 만이었다. 이렇게 하나님의 영광을 드러낸 최용신을 그려보고자 했던 김교신의 소망은 이루어졌다. 『최용신 소전』은 출판 이틀 만에 초판 천부가 전부 매진되었다.

---

288 최용신의 실제 고향은 원산 인근인 함경남도 덕원군 현면 두남리이다. 김형목, 『최용신 평전』, 7.
289 김교신, "1939년 4월 20일(목) 일기," 『김교신 전집 7』, 68.

제12장
성서조선사건:
아 전멸은 면했나 보다

「성서조선」에 대한 검열과 폐간 문제

1930년대 후반은 「성서조선」의 폐간 문제가 김교신의 가장 큰 고민 중 하나였다. 사실 오랫동안 이 문제는 김교신의 주변을 떠난 적이 없었다. 1934년부터 총독부 검열 때문에 폐간 문제가 여러 번 가시화 되었다. 조선에서 검열의 큰 범주는 치안방해와 풍기괴란(風紀壞亂)이었다. 치안방해는 조선의 독립을 선전하거나 민족독립의식을 고취하는 것, 배일(排日)의식을 선동하는 것을 말한다. 풍기괴란은 풍속이나 도덕적 규율을 무너뜨리거나 어지럽게 하는 행위이다. 「성서조선」의 검열은 치안방해와 관련되어 있었다.

1934년 7월 김교신은 「성서조선」 66호 때문에 용산경찰서에 불려갔다. 범죄 의사가 없었다는 이유로 인쇄된 300부가 압수되는 선에서 마무리되었다.[290] 그러나 검열에서 다시 일본인을 내지인(內地人)으로 정정하라는 요구를 받자 김교신은 잡지 발행을 중단하려고 하였다. 내지인은 식민지 사회에서, 그 나라를 지배하는 사람을 말한다. 일본인은 내지인, 조선인은 외지인인 셈이다. 당시 조선인은 내지인과 구별된 차별적 존재였다. 김교신은 조선이 일본에 예속되어 있다는 것을 확실히 하라는 시정 명령에 화가 나 더이상 구차하게 「성서조선」을 발행하고 싶지 않았던 것이다. 이때 류영모가 "행랑살이하는 자와 안채 살림하

---

290 김교신은 1938년 1월에도 서점에 맡기는 것까지 포함해서 발송 부수가 300부 내외라고 말하고 있다. 김교신, "가타야마 데츠 형," 『김교신 전집 7』, 387.

는 자에게 구별 있는 것이 오히려 지당하니, 쓰라는 대로 쓰라"고 하여 마음을 다시 잡았다.²⁹¹ 「성서조선」에 대한 사전 검열은 식민통치의 허상과 그 이면을 극명하게 보여주는 사례였다.

김교신은 1937년 12월에도 조선총독부 경무국의 전화를 받고 「성서조선」의 폐간을 각오하였다. 황국신민서사를 게재하라는 것 때문이었다. 일본인 친구 가타야마 데츠는 잡지의 발행인이 되어 주겠다는 편지를 보내 선한 사마리아인을 자처하였다. 그가 발행인을 자처한 이유는 검열 강도가 조선에 비해 일본이 훨씬 약했기 때문이다. 일반적으로 검열 강도는 일본, 대만, 조선 순으로 높았다. 조선과 대만은 사전 검열(허가주의)이 원칙이었지만 일본은 사후검열(신고주의)이 원칙이었다. 일제는 조선과 대만의 특수성을 내세우며 이런 차별을 합리화하였다.²⁹² 김교신은 1938년 5월에도 「성서조선」 112호의 출판 허가원을 세 차례나 제출해야 했다. 이것이 김교신을 몹시 힘들게 했다.

특히 1939년은 고민의 해였다. 1938년 연말 김교신은 「성서조선」의 존폐 문제로 기도하지 않을 수 없었다. 잡지 발행에 대한 신방침(일왕의 궁성 사진 게재)이 문제였다. 그는 성탄절 즈음 일본에 갔는데 그곳에서 잡지의 존폐에 대한 지인들의 의견을 들었다. 그는 1939년 초에 잡지 발행을 재개하였지만 앞으로 총독부가 어떤 압박을 가해올지, 그 때문에 또 무엇을 양보해야 할지를 생각하니 괴로웠다. 김교신은 그해 가을 또다시 다음해의 「성서조선」의 발행을 단념하였다. 잡지의 발행 조건으로 총독부의 요구 조건을 다 수용했다가는 복음의 순수성과 예언성 모두를 잃어버릴 위험성이 있었기 때문이다. 함석헌은 발행 조

---

291 김교신, "1934년 8월 1일(수) 일기," 『김교신 일보』, 273.
292 정근식, "식민지 검열과 '검열표준': 일본 및 대만과의 비교를 통하여," 『검열의 제국』 (서울: 푸른역사, 2016), 104-113.

건이 너무 친일적이고 성서의 정신을 훼손하는 것이라면 "전사하는 것이 좋다"고 충고했다. 「성서조선」을 폐간하자는 의미였다. 김교신도 잠시 폐간을 결심하였지만 잡지 발행에 대한 방침에 특별한 변동이 없었기 때문에 「성서조선」은 1940년에도 발행되었다. 그는 검열의 어려움 때문에 성서조선사를 일본의 도쿄로 옮기려고도 하였다. 이사를 위해 정릉의 집과 땅을 팔려 했으나 실현되지는 않았다.

양정중학교를 사직하고 미국 유학을 생각하다

김교신은 1940년 3월 양정중학교를 사직하였다. 그리고 바로 도쿄로 떠났다. 그는 그곳에서 한 달 정도 머물면서 몇 가지 일을 처리하였다. 하나는 딸 시혜의 도쿄 유학문제였다. 시혜는 도기와마츠(常盤松)고등여학교에 입학하였다. 시혜는 YMCA 기숙사에 거주하면서 아버지를 토요일마다 만났다.[293] 또 하나 김교신은 도쿄에서 야나이하라 다다오(矢內原忠雄, 1893-1961)를 만나 조선 강연 문제를 상의하였다. 이 강연은 야나이하라가 제안한 것이었다.[294] 이후 김교신은 최근 4년간 「성서조선」의 권두 단문을 일본어로 번역하여 도쿄제일고등학교(東京第一高等學校)의 사토 도쿠지(佐藤得二)에게 전했다. 사토는 조선에 있을 때

---

293 김시혜는 한 학기만 일본에서 공부하고 귀국하여 9월부터 진명고등여학교에 전학하였다. 김교신, "1940년 8월 24일(토) 일기," 『김교신 전집 7』, 279.

294 김교신, "1939년 7월 20일(목) 일기," 『김교신 전집 7』, 110쪽과 김교신, "1940년 3월 26일(화) 일기," 『김교신 전집 7』, 219쪽 참조. 많은 연구자들이 이 강연회를 김교신이 요청했다고 말하고 있는데 옳지 않다. "내년 하계에는 야나이하라 다다오 씨 도선(渡鮮)할 터이니 집회 준비하라는 쾌(快) 소식 전래"에서 알 수 있듯이 이 집회는 야나이하라가 먼저 제안한 것이다. 당시는 일제 식민지 말기로 매우 억압적이고 민감한 시기였기 때문에 강연회를 누가 제안했는가는 한 인물을 연구하는데 매우 중요한 문제이다. 집회를 돕겠다고 한 김교신도 높이 사야겠지만 이 집회는 조선인에 대한 복음적·민족적 소명감을 느꼈던 야나이하라가 주도한 것이다. 김교신 연구에서 가장 유의해야 할 것이 바로 김교신 중심적 역사해석이다.

수원고등농림학교의 교관이었고 김교신과 막역한 사이였다.[295] 김교신은 본래 「성서조선」의 권두 단문 200여 편을 모아 『신앙과 인생』이라는 단행본으로 낼 계획이 있었지만[296] 좌절되었다. 그러자 이를 일본에서 출판하려고 했던 것 같다.

그런데 김교신은 왜 양정중학교의 교직을 그만두었을까. 복음 전파에 전념하기 위해서였을까. 이러한 설명은 "교직을 사퇴하시고 복음 전파에 헌신"하기로 했다는 한 지인의 편지와 김교신 스스로의 고백에서도 드러난다. 많은 연구자들이 이 견해를 수용하고 있다. 이 점은 넓은 의미에서 맞다. 그러나 김교신이 양정중학교를 사직한 후 경기중학교와 송도중학교 등 교직에 복직한 이유를 설명하지 못한다. 물론 경제적인 이유가 가장 컸겠지만 심사숙고 끝에 학교를 그만둔 그가 육 개월도 지나지 않아 교편을 다시 잡은 보다 미시적인 이유가 필요하다.

김교신이 양정중학교를 그만둔 이유 중 하나는 미국 유학 때문이었다. 유학 문제가 양정중학교를 사직하는데 영향을 미쳤고, 그것이 좌절되어 다시 교편을 잡았다는 말이다. 김교신이 사직의 이유를 전도라고 한 것은 그것이 진심이었을 뿐만 아니라 미국 유학과도 크게 모순되지 않았기 때문이었다. 김교신은 사십 세 이후의 삶을 하나님께 드리고 싶은 신앙적 도전을 받았다. 이런 장기적인 전도 사역의 발판으로 미국 유학을 생각했을 것이다.

김교신이 미국 유학을 심각하게 고민했던 흔적은 1939년 여름부터 「성서조선」에 나타난다. 김교신은 이때 미국 유학 경험이 있는 누군가

---

295 사토는 김교신이 1937년 5월 야마모토 타이지로(山本泰次郞)의 「성서강의」(聖書講義)에 "무교회 신도에 대한 희망"이라는 글을 발표하였을 때 김교신의 의견에 전적으로 동의해 주었던 사람이다.

296 김교신, "신간예고," 「성서조선」 제130호 (1939. 11), 26.

를 만나 여러 이야기를 들었다. 그는 김교신에게 유학을 어떻게 준비해야 하는지, 미국의 사정은 어떤지에 대해 상세하게 이야기 해주었다. 그가 확실히 누구였는지는 알 수 없다. 김교신이 양정중학교를 그만두고 미국으로 유학을 가려 했다는 것은 김교신의 칠촌 조카인 김이희(金俐熙)의 증언에서도 드러난다.[297] 또한 셋째 딸 김정혜 여사의 증언에 의하면 김교신은 미국행 문제를 협성신학교의 정일형(鄭一亨, 1904-1982), 지우인 김주항(金周恒, 1899-1986)과 깊이 상의했다고 한다. 그리고 가족의 생활비를 위해 땅과 집을 저당 잡히고 대출까지 받았다.[298] 이 정도라면 유학이 거의 실행 단계까지 갔을 것이다. 정일형은 미국 드류대학(Drew University)에서 박사학위를 받고 귀국하여 연희전문학교와 협성신학교에서 학생들을 가르쳤다. 그렇다면 미국 유학에 대해 이야기해 주었던 사람은 정일형일 가능성이 높다.

김주항과 상의한 내용은 「성서조선」에 구체적으로 언급되어 있다. 김주항은 미국인 아그네스 데이비스(Agnes Davis, 1900-1989)와 결혼하였다. 그는 1940년 봄 조선을 떠나서 일본을 거쳐 미국에 들어갔다. 김교신이 양정중학교를 사직하고 도쿄로 간 이유에는 미국 유학 문제도 있었던 것으로 보인다. 그러나 유학길은 열리지 않았다. 미국행이 좌절되었음에도 김교신은 김주항을 통해 계속 도미 가능성을 타진하였다. 그러나 김주항은 김교신이 유학 오는 것을 반대하였다. 그는 기계

---

[297] 김이희의 기억에는 다소 불확실한 부분이 있다. 그럼에도 기억을 교정해 나간다면 큰 문제는 없어 보인다. 1941년경은 정확히 1940년 3월로, 캐나다는 미국으로 고치면 될 것이다. 그의 요지는 양정을 그만두고 미국으로 가려했고 그것이 좌절되자 경기중학교로 들어갔다는 것이다. 친척들은 김교신의 미국행 문제를 보다 빨리 알았을 것이다. 김이희, "집안에서 들은 이야기," 『김교신 전집 별권』, 398.
[298] 저자의 질문에 대한 김정혜 여사의 답변, 2010년 5월 15일. http://www.biblekorea.net.

문명, 과학 문명에서는 서양이 앞서 있지만 정신적인 부분에서는 동양이 앞서 있다며 태도를 바꾸었고 자신 또한 조선으로 돌아가고 싶다고 했다. 김교신이 왜 미국에 가려 했는지는 더 연구가 필요하다. "미국식 예수교회"나 "미국식 기독교"라며 '미국식'을 부정적인 의미로 사용했던 김교신이 미국으로 유학을 가려고 했던 이유는 무엇일까. 미국의 압도적인 힘과 영향력을 직접 눈으로 확인하고 싶었던 것일까.

조선 기독교계에 "우리를 이용하라"고 외치다

김교신은 양정중학교를 그만두면 함석헌, 송두용과 함께 자신들을 불러주는 곳은 어디든지 가서 복음을 전하겠다며 조선 기독교계에 "우리를 이용하라"고 말했다. 그는 자신들을 불러주는 곳에 가서 복음을 전했지만 결국 복음을 받아들인 사람이 없었다며 "어떤 사람들에게는 이용을 당하였"다고 한탄하기도 했지만[299] 이제는 이를 기꺼이 감수하겠다는 태도였다. "무슨 모양으로든지 복음 전도에 전심하리라."[300] 그의 진심 어린 마음이었다. 어떤 교회나 기관이 불러도 가겠다는 김교신의 결단은 비상시국에 복음이 더 절실하다는 생각 때문이었다. 이는 교회와 협력하여 전도에 매진하자는 장도원의 요구와 부합되는 측면이 있다. 사회 상황이 급변하면서 교회에 대한 김교신의 생각도 점차 변하고 있었다.

제일 먼저 김교신을 부른 교회는 부산 영주정(瀛州町)의 성결교회였다. 1940년 3월 말 김교신은 부산으로 내려가 사경회를 인도할 생각이었으나 이내 단념하고 말았다. 왜냐하면 예배당 건축을 위한 부흥회

---

299 김교신, "불여학(不如學),"(1937. 2) 『김교신 전집 1』, 219.
300 김교신, "복음 전도에 관하여(社告)," 「성서조선」 제135호(1940. 4), 19.

를 인도해 줄 것을 요구받았기 때문이다. 김교신을 거스르게 했던 것은 부흥회보다 교회 건축이었을 것이다. 집회가 헌금을 모금하기 위한 수단으로 전락했다고 느꼈기 때문이다. 조선교회를 돕겠다고 어려운 결단을 했지만 김교신과 기성 교회의 거리가 이처럼 멀었다. 결국 이번 사건은 교회의 요구와 김교신의 소신이 맞지 않는다는 것을 다시 확인하는 계기가 되었다.

우치무라 선생 10주기 기념강연회로 구로사키 고키치가 오다

양정중학교를 사직할 즈음 김교신의 마음은 복잡했다. 미래에 대한 기대와 불안감이 교차하고 있었기 때문이다. 이 와중에 김교신은 의미 깊은 행사를 하나 치렀다. 바로 '우치무라 선생 10주기 기념강연회'였다. 주강사는 우치무라의 제자이자 제2세대 무교회주의 지도자였던 구로사키 고키치(黑崎幸吉, 1886-1970)였는데 김교신은 성의를 다해 이 행사를 도왔다. 첫 모임은 1940년 3월 11일부터 이틀간 부산의 보수정(町) 일본기독교회에서 열렸다. 구로사키가 일본에서 왔기 때문에 부산이 첫 모임 장소로 선택되었다. 김교신은 이튿날 "우치무라와 우리"에 대해 이야기했다.

1940년 3월 13일 경성의 기독교청년회관에서 열린 우치무라 선생 10주기 기념강연회. 앞줄 왼쪽에서 다섯 번째가 주강사인 구로사키 고키치. 마지막 줄 왼쪽부터 김교신, 류석동이고 가장 오른쪽 인물이 송두용이다.

두 번째 모임은 3월 13일 경성 기독교청년회관에서 열렸다. 이 회관은 조선인을 위한 중앙 YMCA와는 다르며, 일본인을 위한 것이었다. 참석자의 반수 이상이 「성서조선」의 독자들이었다. 250명을 수용할 수 있는 강당이 가득 차서 보조 의자를 두었고 서서 듣는 이들도 있었다. 이날 개회 기도는 최태용이 맡았다. 김교신은 "우치무라 선생과 조선"이라는 주제로 강연했다. 그는 우치무라와 조선인의 우인 관계, 독자 관계, 제자 관계를 밝혔고 일본혼의 바닥을 관봉하는 척골이 되는 우치무라의 신앙으로 조선의 영적 척추를 삼았으면 하는 바람이 간절하다고 말했다. 구로사키는 "우치무라 선생과 그의 신앙"이라는 제목으로 강연했다. 당시 이 모임에 참석했던 사람의 증언이 있어 주목된다.

> 이때에 김선생께서 강연회 사회를 하시는데 성서 낭독은 이사야서 1장 2절 이하 9절까지였다. 다음 우치무라 간조와 조선과에 대한 소개의 말씀 중 105인 사건에 언급하자 임석(臨席) 경관으로부터 '주의!'란 소리가 있었으나, 선생은 초연한 태도로 시종일관 말씀을 끝내신 데에는 경복하지 않을 수 없었다.[301]

강연 중 경관이 주의를 주었던 사실은 김교신도 밝힌 바가 있다. "이날 저녁의 최태용 목사의 개회 기도가 꾸지람을 받고, '소감'으로 서술한 나의 '우치무라 선생과 조선'이라는 강화는 불온의 낙인을 받고 말았다"가 그것이다.[302] 다음날 구로사키는 협성신학교에서 "바울의 성격"이라는 주제로 강연을 했다. 이때 김교신이 개회 기도를 담당하였다.

경기중학교에 부임하다

김교신은 여러 학교에서 교사로 와 달라는 요청을 받았고, 1940년 경기중학교에 부임하였다. 김교신은 총독부에서 경기중학교 교장 이와무라 아토오(岩村後雄)를 우연히 만나게 된다. 그는 도쿄고등사범학교 선배였고 전공까지 같았다. 이와무라가 어떻게 지내는지 묻자 김교신은 그냥 놀고 있다고 대답하였다. 그는 학교에 마침 빈 시간이 있으니 임시 교사로 와 달라고 간곡히 요청하였다. 이와무라는 전에 연구차 개마고원에서 식물 채집을 위해 온 김교신을 우연히 만난 적이 있었

---

301 박석현, "선생을 추억함,"『김교신 전집 별권』, 26.
302 김교신, "1940년 3월 13일(수)『김교신 전집 7』, 216.

다.303 이 만남에서 그는 김교신에게 깊은 인상을 받아 기회가 되면 같이 근무했으면 하는 바람을 갖고 있었다. 임시 교사였기 때문에 절차는 빠르게 진행되었다.

김교신은 1940년 9월 9일 월요일부터 경기중학교에 출근하였다. 학교 강당에서 이와무라가 그를 직접 소개하였다. 김교신은 학생들에게 의연한 인상을 주었다. 그는 이곳에서도 박물실을 따로 사용할 수 있었다. 수업도 그곳에서 이루어졌다. 그는 지리 시간에 조선의 5만분의 1 지도를 학생들 스스로 색칠하게 하였다. 학생들은 강이나 개울은 파란 물감으로 칠하고 해발 100미터 이상은 다갈색으로 칠하되 고도가 100미터 달라질 때마다 농담(濃淡)을 다르게 해야 했다. 색칠을 하면서 조선의 국토와 지리를 몸과 마음으로 익히길 원했던 것 같다. 그런데 경기중학교의 지리 수업에서도 양칼 같은 모습이 여지없이 드러났다. 색칠을 가장 먼저 끝낸 H군에게 김교신은 매를 들었다. 하나하나를 성실하게 하지 않는 모습에 화가 났던 것이다. 김교신은 한 학생에게 "너도 거짓말하느냐?"며 뺨을 친 적도 있다. 다른 반에서 빌려왔음에도 자기 책이라고 거짓말을 했기 때문이다. 당시는 이런 신체적 체벌이 학생 지도라는 명목으로 허용되었다.304

김교신이 훗날 감옥에 갔을 때 학생들 사이에서는 이 조선 지도를 독립군에게 전달한 것이 체포 이유였다는 근거 없는 소문이 돌았다. 조국을 사랑하는 마음이 학생들에게도 전해졌다는 의미일 것이다. 경기

---

303 김이희, "집안에서 들은 이야기,"『김교신 전집 별권』, 398. 이와무라가 김교신을 만난 곳이 백두산이라는 회고도 있으나 김교신이 1937년 7월 개마고원에 속해있는 부전고원에 간 일이 있었기 때문에 개마고원일 가능성이 더 높다고 보았다. 백두산이었다는 회고는 홍승민, "소년의 눈에 비친 김교신 선생,"『김교신 전집 별권』, 332를 참조하라.

304 최규진,『일제의 식민교육과 학생의 나날들』, 99-100.

중학교에서의 짧은 교사 생활에도 다음과 같은 줄거리의 시가 나왔다는 것이 놀랍다.

> 선생님의 팔목에 있는 상처는 어떻게 된 것이냐고 제자인 시인이 묻는다. 그러면 선생님께서 겨레를 사랑하시려고 했다가 수갑을 차였을 때의 상처라고 대답하신다. 다시 제자는 선생님의 가슴에 있는 흉터는 어찌된 흉터냐고 묻는다. 선생님께서 그것은 나라를 사랑하시려고 했다가 묶였을 때의 흉터라고 대답하신다. 다시 제자는 선생님의 등에 있는 핏자국은 어찌 된 핏자국이냐고 묻는다. 다시 선생님께서 그것은 주를 위해, 인류를 사랑하고 자유를 사랑하고 평화를 사랑하시려고 했다가 매를 맞은 핏자국이라고 대답하신다.[305]

김교신은 경기중학교에 반년밖에 머물지 못했다. 학교에서 말썽이 되어 권고사직을 당했다는 말도 있고 스스로 그만두었다는 이야기도 있다. 두 가지 다 진실을 담고 있을 것이다. 김교신은 수업에서 학생들을 조선말로 호명하고, 더러 조선말로 강의하였으며, 시험에 교과목과 상관없는 교양이나 종교, 역사 문제를 출제하기도 했다. 그리고 민족의식을 강조하는 경우가 많았는데 이런 그를 마음에 들어 하지 않는 학생들도 있었다. 상급 학교 진학과 출세를 위해 모인 수재들이었던 만큼 학생들은 김교신을 이해할 수 없었을 것이다. 이와무라는 김교신을 경기중학교에 불러놓고 총독부, 고등경찰 등에 해명하러 다니느라 혼났다고 해방 후 술회하였다. 이를 볼 때 경기중학교를 그만둔 것은 김교신의 민족적이고 소신 있는 교육에 일부 학생이 반발한 결과였음을 알 수 있다.

김교신은 경기중학교에 부임할 무렵 두 가지의 큰일을 치렀다. 그 하

---

305 서장식, "참 삶을 사신 분을 존경하는 마음으로," 『김교신 전집 별권』, 338.

나는 야나이하라의 로마서 강연회였다. 행사 주최자는 경성 기독교청 년회였다. 그럼에도 김교신은 이를 「성서조선」 동인들의 모임으로 생각하고 많은 이들이 참석할 수 있도록 힘썼으며 지방에서 온 이들을 위해 숙소를 마련하였다. 김교신은 야나이하라를 일본의 국보적 교사로 평가하였다. 야나이하라는 원래 도쿄대학 경제학부 교수였다. 그는 일제가 만주사변을 일으키자 "국가의 이상(理想)"이라는 글을 썼고 1937년 중일전쟁이 발발하자 그해 「중앙공론」(中央公論) 9월호에 기고하였다. 이 글은 당시 일본 정부의 정책을 비판한 것이었기 때문에 전문이 삭제 당했고 그는 중일전쟁을 비판한 강연 때문에 대학에서 쫓겨나고 말았다. 그는 "국가의 이상"에서 국가의 이상이나 본질을 정의(正義)라고 보고 국가가 정의에 우선할 수 없다고 주장하였다. 또한 정의는 평화로 발현되기 때문에 국제간에 강대국이 자기 나라의 필요에 의해 약소국의 권리나 이익을 침해하는 것은 정의의 원칙에 반하는 것이라고 주장하였다. 이것은 일본의 군국주의 정책을 비판한 것이다. 그는 또 정부가 국가의 이상을 저버렸을 때 국민 중 소수자가 그 이상을 품고 있는 경우가 있는데 그 예가 이스라엘의 예언자라고 하였다. 야나이하라는 일본 국민이 잘못된 정부의 시책을 국가의 이상에 비추어 감시할 수 있는 예언자로 서기를 원했다. 그는 예언자적 입장에서 혼란의 시대에 일본 정부와 일본 국민의 길을 제시했던 것이다.

두 번째는 함석헌이 경찰에 체포되어 구금된 것이었다. 그는 계우회(鷄友會) 사건에 연루되어 체포되었다. 계우회 사건은 송산농사학원의 전 주인이던 김두혁(金斗赫)이 도쿄에서 항일 운동을 한 혐의로 체포된 사건을 말한다. 계우회는 일본의 도쿄농과대학 조선인 졸업생들의 모임인데 그 사건으로 김두혁이 검거되자 평양 대동경찰서에서 함석헌도 연루시켜 투옥시켰다.[306] 함석헌은 오산학교 시절 민족주의 교사여서 끊임없이 관할 지역의 학사 시찰을 맡아보던 학무국 시학관(視學官)에게 표적 감시를 받는 요주의 인물이었고 1930년 'ML당 사건'으로 정주경찰서에 일주일 동안 투옥된 전력도 있었다. 오산학교의 사회주의 학생들이 보낸 편지를 함석헌이 읽고 쓰레기통에 버렸는데, 경찰이 이 편지를 압수하여 관련 학생들을 연행했고, 함석헌도 잡혀갔던 것이다. 여기서 ML당은 제3차 조선공산당을 말한다. 1925년 처음 조직된 조선공산당은 일제의 탄압과 검거로 해체와 재조직을 반복하였는데 제3차 조선공산당을 ML당이라고 불렀다. ML은 마르크스-레닌주의(Marxism-Leninism)를 의미했다. 또 함석헌은 "성서적 입장에서 본 조선역사"를 연재함으로써 총독부 검열관을 자극시킨 인물이기도 했다. 그가 계우회 사건에 연루된 것은 이런 사건의 연속선상에 있었다.[307] 김교신은 함석헌의 소식을 듣고 "드디어 접전(接戰)"이라고 탄식했다. 수감 중 함석헌은 감기로 고생했다. 송산학원은 함석헌에게 성경책을 넣어주고 하루 한 끼 사식을 먹을 수 있도록 도왔다. 김교신은 함석헌의 석방을 위해 교섭했으나 무위로 돌아갔다. 설상가상으로 함석헌이 수감된 지 얼마 되지 않아 아버지 함형택(咸亨澤, 1878-1940)이 사망하였다. 김교신과 송두용은 상주를 대신하여 장례를 도왔다. 함석헌은 8개월 4일간의 옥고를 치르고 1941년 5월 13일에 석방되어[308]「성서조선」에 감사의 말을 전했다.

---

306 이치석,『씨올 함석헌 평전』(서울: 시대의창, 2005), 281.
307 서정민, "한국 무교회주의 운동사의 검토: 한국교회사적 평가를 중심으로,"「신학사상」146집(2009. 가을), 228.
308 서정민, "한국 무교회주의 운동사의 검토: 한국교회사적 평가를 중심으로," 227-228.

지난날 제가 잠간 괴롬을 당하였을 때는 많은 염려와 기도로
도와주시어서 감사의 말씀을 다 못하오며, 이 모든 것이 다 우리 주
예수 그리스도와 하나님 아버지를 위한 것인 줄 알아 기뻐합니다.[309]

'성서조선사건'으로 수감되다

1941년 새해 제9회 동계 성서강습회가 열렸다. 장소는 정릉 김교신의 집이었다. 함석헌이 참석하지 못해 주강사는 김교신과 일본인 사토미(里見安吉)가 맡았다. 강습회마다 청중들의 감정을 고조시켰던 함석헌이 없어 이전보다 차분한 모임이었다. 같은 해 7월에는 「성서조선」 창간 14주년 기념감사예배가 있었다. 이 모임에는 석방된 함석헌이 참석하였다. 김교신은 그해 여름에 만주에 갔던 것으로 보인다.[310] 북만주에서 서울까지 돌아오는 길에 전도도 계획하였다.[311]

이즈음 성서조선사는 오늘날 북한과 중국의 국경 지역인 도문(圖們)에서 젖소를 키우고 있던 김봉국(金鳳國)으로부터 목장을 기증받았다. 도문에는 김봉국이 경영하던 6만평 규모의 가는골목장이 있었다. 김봉국은 처음 함경북도 북단 종성(鍾城)에 있었던 이 목장을 사업 확장을 위해 도문으로 옮겼다. 종성에서 도문으로 가려면 더 북쪽으로 올라가야 한다. 김교신은 1939년에 김봉국을 종성서 만난 적이 있는데, 그를 "그 지방 굴지의 대실업가"로 소개하였다. 목장 교섭은 그때부터 시작되어 1941년에 여름에 마무리된다. 김봉국은 이 목장의 관리인을 자처하였다. 이후 김교신은 젖소 한 마리를 사서 도문목장에 기증하자

---

309 함석헌, "지우 여러 형제들께," 「성서조선」 제150호(1941. 7), 7.
310 김교신, "일년유반,"(1940. 7) 『김교신 전집 2』, 220.
311 김교신, "영원한 학생,"(1940. 7) 『김교신 전집 2』, 219; 김교신, "제14주년 제150호 기념 전도여행," 『김교신 전집 7』, 348.

는 '팔팔팔팔'(八八八八) 운동을 전개하였다. 그 이유는 김봉국이 목장을 도문으로 옮긴 후 젖소 7마리가 병사하는 등 사업에 어려움을 겪었기 때문이다. 당시 젖소 한 마리는 800원 정도였다. 1930년대 중반 김교신은 100원이 약간 넘는 월급을 받았는데 이 금액은 조선인 노동자의 월급에 비할 때 상당한 액수였다. 그런데도 젖소 가격은 김교신의 월급 7-8개월 치에 육박할 정도로 비쌌던 셈이다. 그는 한 사람당 80전씩 약정하여 천 명이 소 한 마리를 보내자고 제안하였다.

일제의 전시체제는 더 깊은 암흑을 향해 달려갔다. 일본은 미국을 무력화시키기 위해 1941년 12월 하와이 진주만을 공격했다. 상황이 긴박하게 전개되어 매년 겨울마다 열렸던 성서강습회도 진행할 수 없었다. 한 치 앞도 예측할 수 없는 날들이 계속되었다. 김교신은 1942년 3월 함석헌의 장남 결혼식에서 주례를 보았다. 그리고 모친 양신의 회갑연을 치르고 개성으로 돌아갔다가 경찰에 체포되었다. 3월 30일이었다. 그는 곧바로 서울로 연행되었다.

사건의 직접적인 발단은 "부활의 봄(春)"과 "조와(弔蛙)"라는 글이었다. 이 글들은 「성서조선」의 정신을 한 페이지로 압축한 것이나 다름없었다. 당시의 시대적 배경을 놓고 읽으면 하나같이 가슴 뜨겁게 하는 명문이다. 유난히도 추웠던 두 해의 겨울을 보내면서 김교신은 영원히 봄이 오지 않을 것 같은 두려움에 빠졌다. 그 겨울의 혹독함은 "강과 산과 땅과 하늘까지" 얼어붙게 할 정도였다. 이대로 겨울이 계속될 것만 같은 절망감에 사로잡혀 있을 때 봄이 왔다.

> 그러나 드디어 봄이 돌아왔다. 전체가 빙괴(氷塊) 같던 지구도 무르녹아 생기가 돌기 시작했다. 만물이 모두 사(死)에서 생(生)으로

동하기 시작했다. 이렇게 확실하게 현저하게 생명으로써 임하는 봄을 어찌하여 영원히 안 올 것으로만 알았던고.[312]

안 올 것만 같던 봄이 왔다는 것은 무슨 말인가. 그것은 혹독한 겨울 뒤에 반드시 봄이 오듯이 조선인이 꿈꾸던 그 소망의 날도 온다는 것이다. 그는 부활의 봄을 맞이하기 위해서는 죽음의 겨울을 통과해야 한다고 말했다. 이 고난의 시기를 소망을 갖고 견디면 반드시 임하는 봄처럼 조선 독립의 날이 온다는 것이다. 혹독한 겨울은 소망의 날이 임한다는 전조라 할 수 있다. 조와는 '개구리의 죽음을 애도하다'는 뜻이다. 여기서 개구리는 조선인을 가리켰다. 이 글은 20세기 명문으로 평가받고 있다.

> 작년 늦은 가을 이래로 새로운 기도터가 생겼었다. 층암이 병풍처럼 둘러싸고 가느다란 폭포 밑에 작은 담(潭)을 형성한 곳에 평탄한 반석 하나 담 속에 솟아나서 한 사람이 꿇어앉아서 기도하기에는 천성의 성전이다.
> 이 반상(磐上)에서 혹은 가늘게 혹은 크게 기구하며 또한 찬송하고 보면, 전후좌우로 엉금엉금 기어오는 것은 담 속에서 암색(岩色)에 적응하여 보호색을 이룬 개구리들이다. 산중에 대변사(大變事)나 생겼다는 표정으로 신래(新來)의 객(客)에 접근하는 친구 와군(蛙君)들, 때로는 5, 6마리, 때로는 7, 8마리.
> 늦은 가을도 지나서, 담상에 엷은 얼음이 붙기 시작함에 따라서 와군들의 기동이 일복일(日復日) 완만하여지다가, 나중에 두꺼운 얼음이 투명을 가리운 후로는 기도와 찬송의 음파가 저들의 이막(耳膜)에 닿는지 안 닿는지 알 길이 없었다. 이렇게 격조(隔阻)[313]하기 무릇 수개월 여!

---

312 김교신, "부활의 봄,"(1942. 3) 『김교신 전집 2』, 153.
313 멀리 떨어져 있어서 서로 통하지 못함.

> 봄 비 쏟아지던 날 새벽 이 바위틈의 빙괴도 드디어 풀리는 날이 왔다. 오랜만에 친구 와군들의 안부를 살피고자 담 속을 구부려 찾았더니, 오호라, 개구리의 시체 두세 마리 담 꼬리에 부유(浮遊)하고 있지 않은가!
> 짐작컨대, 지난겨울의 비상한 혹한에 작은 담수의 밑바닥까지 얼어서 이 참사가 생긴 모양이다. 예년에는 얼지 않았던 데까지 얼어붙은 까닭인 듯. 동사한 개구리 시체를 모아 매장하여 주고 보니 담저(潭底)에 아직 두어 마리 기어 다닌다. 아, 전멸은 면했나 보다![314]

이 글의 배경은 개성 송도고등보통학교 시절 김교신이 새벽 기도터로 자주 찾았던 송악산 기슭의 조그만 연못가이다.[315] 김교신은 언젠가 "붓을 잡는 것은 무사가 검을 빼는 것과 마찬가지"라고 말한 적이 있다.[316] 이것이 조와를 쓸 때의 심정이었을 것이다. 조와는 문자 그대로가 아니라 자간과 행간을 읽어 내야 한다. 일제 말기는 비유, 상징, 은어가 아니면 표현할 수 없는 시대였기 때문이다. 그는 독자들에게 「성서조선」을 읽을 때 자간과 행간을 읽을 수 있는 도량을 요청했다.

> 본지 독자는 문자를 문자 그대로 읽는 외에 자간과 행간을 능히 읽는 도량(度量)이 있기를 요구하는 때가 종종 있다. 이는 학식의 문제가 아니요, 지혜의 문제이다. 불학 무식한 노농(老農)과 초부(樵夫)라도 이 지혜를 가진 이는 풍부히 가진다. 옛날부터 참된 것, 옳은 일, 바른 말들은 적나체(赤裸體)로 드러내지 못하고 무슨 표의(表衣)를 입고 나타나는 수가 많다. 신약성서의 묵시록은 그런 종류의 문자 중에

---

314 김교신, "조와,"(1942. 3) 『김교신 전집 1』, 38.
315 김교신은 공덕리에서는 의령원에, 정릉에서는 북한산 기슭에 기도터를 두었다. 그런데 "조와"라는 글은 송도고보 재직 시절에 쓴 글로서 그 배경은 송악산 기슭이었다. 김교신은 흥남질소비료공장에서 일할 때 송도에 들린 적이 있었는데 그때 류달영에게 보낸 편지에 "아침에 송악 산록 기도터에 오르니 바위도 개구리도 가재도 예와 같이 맞아 주어 함께 기도하고 몸 씻고 거닐다가"라고 쓰고 있다. 김교신, "류달영군,"(1944. 11. 12) 『김교신 전집 7』, 372.
316 김교신, "1938년 12월 8일(목) 일기," 『김교신 전집 6』, 486.

가장 현저한 것이다. 정도의 차는 있으나 본지도 일종의 묵시록이라
할 수 있다. 지금 세대는 비유나 상징이나 은어가 아니고는 진실한
말을 표현할 수 없는 세대이다. 지혜의 자(子)만 지혜를 이해한다.[317]

김교신은 "일찍이 출판의 자유가 있는 나라가 간절한 소원"이라고 밝혔다.[318] 또한 함석헌이 쓴 "성서적 입장에서 본 조선역사"가 검열로 문제가 되자 "어서 자유롭게 진리를 공부하며, 말하며, 글 쓸 수 있는 저 나라가 그리워"라고 탄식했다.[319] 이처럼 김교신은 언론의 자유를 꿈꾸었지만 그 자유를 식민지 현실 속에서는 이룰 수 없었다. 이 때문에 자신의 생각을 글 속에 비유와 상징, 은어로 담아 자간과 행간을 읽어야 비로소 알 수 있는 일종의 묵시록으로 만들었다. 일제의 검열은 김교신의 문학적 감수성을 최대치로 끌어올렸던 셈이다. 보아도 보지 못한 이들이 있었지만 들을 귀 있는 자는 들었다(누가복음서 8:8-10 참조).

겨울은 김교신에게 어떤 이미지였을까. 그는 학생들과 함께 북한산을 오르며 "눈은 풀에 대하여 무서운 장애물이다. 그러나 그 풀은 입춘이 되면 날씨가 춥더라도 생기를 도로 찾게 된다"고 말했다.[320] 이때 겨울은 조선인의 민족의식과 정기를 억누르는 일제를 의미했다. 겨울은 글 쓰는 지식인의 손끝도 얼게 할 정도로 폭력적인 것이다. 그러나 봄 앞에서는 아무런 힘도 쓰지 못한다. 겨울은 고난의 상징이자 모든 것이 숨을 죽이는 계절이다. 그런데 봄이 왔다. 이런 문학적 은유는 "겨울이 지나고 나의 별에도 봄이 오면"이라고 노래했던 윤동주(尹東柱, 1917-1945)의 시 〈별 헤는 밤〉과 같다. 윤동주는 일제강점기 조선을 병원(病

---

317 김교신, "본지 독자에 대한 요망,"(1939. 9)『김교신 전집 1』, 326.
318 김교신, "1933년 12월 23일(토) 일기,"『김교신 일보』, 212.
319 김교신, "1935년 6월 12일(수) 일기,"『김교신 전집 5』, 335.
320 류승환, "북한산상에서의 교훈,"『김교신 전집 별권』, 199.

院)으로 묘사했다. 이 병원은 상처 받은 사람들이 치유 받는 긍정적인 의미라기보다는 조선인을 병들게 하는 그 시대를 가리키는 용어였다. 윤동주는 나이 많은 의사도 진단하지 못하는 병 때문에 아파했다. 이는 젊은이들이 앓고 있었던 시대의 병이었다. 그는 병 때문에 화단에서 일광욕하던 젊은 여인의 건강뿐만 아니라 자신의 건강도 속히 회복되기를 바라며, 그 여인이 누웠던 자리에 누워보았다. "전멸은 면했나 보다!"라는 김교신의 한마디에서 윤동주가 말했던 회복과 동일한 메시지를 읽는다.

김교신이 혹독한 겨울과 같은 일제 말기를 통과할 수 있었던 것은 부활 신앙이 있었기 때문이다.[321] 이 부활 신앙은 "암흑의 정점에서도 희망을 접지 않는 기독교의 역사의식"이었다. 그에게 부활 신앙은 "복음의 기초요, 신도의 유일한 희망이요, 구원의 근거요, 또한 범백 실제 문제 해결의 원동력"이었다. 이는 그의 생애를 관통하고 있다. 부활 신앙은 십자가의 죽음을 통과하면 다시 산다는 믿음으로 상황을 초극해 간다. 부활은 자신이 죽은 다음에야 비로소 맛볼 수 있다. 곧 부활 신앙을 가진 자에게는 역사에 대한 회피가 있을 수 없다. 부활 신앙은 역사적 현실을 정면으로 부딪친다. 김교신은 부활, 즉 그리스도의 승리를 얻기 위해서는 먼저 그의 패배를 맛보며, 그 영광에 달하기 위해서는 먼저 그의 치욕을 감수해야만 한다는 것을 알았다. 그러므로 온 세상을 얼음덩이로 만들어버리는 혹한을 피하는 것은 신앙적으로 허용

---

321 1930년대 중반 이후 김교신이 예측하기 어려운 세계정세와 조선의 현실을 보면서 재림신앙을 강조했다는 연구가 있다. 그러나 김교신은 예수 재림 후 인류가 부활하고 예수가 통치하는 새로운 세계가 열릴 것을 믿었기 때문에 재림 신앙과 부활 신앙은 별개가 아니다. 그에게 예수께서 재림하는 것과 인류가 부활하는 것은 유기적으로 연결되어 있다. 이 말은 김교신이 부활 신앙을 강조할 때 거기에는 재림 신앙이 전제되어 있었다는 뜻이다.

될 수 없었다. 이처럼 부활 신앙은 당시 현실 문제에 대한 구체적인 결단을 가능하게 한 내재적인 원동력이었다.

김교신은 1930년대 중후반, 시대가 더욱 어두워질수록 복음의 예언성을 잃지 않으려 노력했다. 둥글둥글한 돌은 세파에 부딪히지 않는다. 그러나 모난 돌은 늘 부딪히기 마련이다. 그는 세상의 부정의와 폭력 앞에 복음만을 전하는 자가 아니라 하나님의 구체적인 뜻을 전하는 모난 예언자의 삶을 살려고 했다. 김교신은 일제강점기 말에 출판을 위해 「성서조선」의 순복음적인 면을 강화하려고 한 것은 사실이지만 어떤 형태로든 예언성을 담지하려 노력했다. 이것이 무사가 칼을 뽑는 심정으로 쓴 "조와"와 "부활의 봄"이었다.

수감생활, 인생의 대학이자 최고 학부

김교신은 서울로 압송되어 경기도 경찰부에서 취조를 받았다. 성서조선사건 관련자들이 경찰에 연행된 이유는 사상범으로 간주되었기 때문이다. 그들은 사상범으로 취조를 받았다. 일제는 사상범을 식민지 체제에 반대하고 그들이 구축해 놓은 사회질서를 무너뜨릴 여지가 있는 자들로 인식했다. 일제는 「성서조선」에 민족주의 색채가 강하고 이것이 장기적으로 조선인의 민족의식을 강화하여 조선의 독립의지를 고취시킬 위험성이 있다고 보았다. 일제는 김교신을 위시한 「성서조선」의 구독자들을 종교를 가장한 민족주의적인 불온 단체나 결사(結社)로 간주하고 이들을 일망타진하고자 하였다.[322] 이에 대해 함석헌은 다음과 같이 말했다.

---

322 전인수, "'성서조선사건'의 재검토," 「한국기독교신학논총」 제122집(2021), 93-94.

특별한 내용이 문제가 됐다기보다는 민족적 색채가 있는 간행물은 모두 없애버리려는 의도에서 조작된 것이었어요. 이미 오래전에 발간된 책의 내용을 '불온'하다고 해서 문제 삼았고, 2백여 명 되는 독자들까지도 잡아들였으니까.[323]

일제 경찰은 「성서조선」 구독자들을 "팔딱팔딱하며 결사나 꾸미는 민족주의자나 공산주의자 이상 더욱 조선 민족의 100년 아니 500년 후를 계획하는 최악질들"이라고 판단하였다. 평양 광성중학교 교사였던 김석목은 당시를 이렇게 회고한다.

> 진남포 경찰서 고등계 조선인 형사이다. 평양 경찰서 고등계의 지시를 받고 나를 데리러 왔다는 것이다. 이유가 무엇이냐고 물어도 자기는 모른다고 하였다. 다만 무슨 종교적인 사건에 가담한 일이 없느냐고 물을 뿐이다. …… 진남포 경찰서 고등계로 들어갔다. 나를 평양 경찰서 고등계 형사에게 넘겨주려는 참이다. 한참 내버려 두더니 평양 경찰서 고등계 형사가 나타난다. 똑같은 어조로 무슨 종교 단체에 가담한 일이 없느냐고 묻는다. 그런 일이 없으니까 없다고 대답할 수밖에 없었다. 짐작이 필시 「성서조선」을 받은 사실이 문제로 된 것이 아닌가 싶었다.[324]

경기도 경찰부의 형사가 김교신에게 물은 첫 마디도 "민족 의사가 있느냐?"는 질문이었다. 여기서 일제가 성서조선사건을 하나의 정치적 사건으로 이슈화하려 했음이 분명해진다. 이에 김교신은 "그 민족 의사라는 말이 정치적인 의미의 민족 의사라면 그것은 없으나 조선 사람임을 의식하느냐는 뜻이라면 그것은 물론 있다"고 대답했다. 그리고 전향문을 제출해서 관대한 처분을 받으라는 형사의 요구에 특별한 정치적 운

---
323 조양욱, "나라위해 간디 같은 인물 나와야," 「조선일보」(1988. 3. 17), 4.
324 김석목, "선생의 주변담," 『김교신 전집 별권』, 43.

동을 한 것이 없기 때문에 그럴 수 없다고 버텼다. 또한 "일본 천황도 하나님이 창조했느냐고 믿느냐"는 질문에 "그렇다"고 대답하자 형사는 아주 큰 증거나 잡았다는 듯이 "더이상 물을 필요가 없다"고 말했다. 김교신은 신앙의 문제에 있어서는 조금도 양보할 생각이 없었다.

일본군 전투기 포탄에 새겨진 문장이 의미심장하다. "일발필중미귀격멸"(一發必中 米鬼擊滅)"과 "장제스에게 보내다"(蔣介石に贈る)

류달영의 증언에 의하면 김교신은 취조하는 형사에게 중국을 침략한 일본을 비판했다. 그는 형사의 물음에 "나는 그리스도와 끊어지는 한이 있더라도 이 조선을 사랑하지 않을 수는 없다. 황국신민서사는 후일에 망국신민서사가 될 날이 있을 것"이라고 대답하였고[325] "만주사변은 마치 일본이 호랑이를 올라탄 것과 같은 것으로 섣부른 짓을 저지른 것이다. 이제는 타고 가도 결국 물려 죽을 것이요, 또 도중에서 뛰어내리지도 못할 딱한 사정에 있는 것"이라며 자신의 소신을 밝혔다. 김교신은 일본의 중국 침략이 멈추고 싶어도 멈출 수 없는 기호지세(騎虎之勢)의 잘못된 정책이라고 보았던 것이다. 이러한 일본에 대한 비판적 시각은 국민당 정부의 장제스(蔣介石, 1887-1975)에 대한 애정에서도 드러난다. 그는 장제스를 중심으로 한 중화민국이 승리하여 민족의 자유가 인정되는 국가로 성장하기를 바랐다. 장제스에 대한 그의 지지는 일제의 패전과 밀접하게 연결되어 있다.[326]

김교신은 서대문형무소에 수감되었다. 서대문형무소는 일본인 시텐노 가즈마(四天王要馬)가 설계한 한국 최초의 근대식 감옥이다. 경성감옥, 서대문감옥으로 불리다가 1923년부터 서대문형무소로 불렸다. 「성서조선」은 묵은 호까지 압수되었다. 『최용신 소전』도 마찬가지의 운명에 처했다. 잡지 구독자들은 모두 구속되었는데, 몇 개의 경찰서

---

[325] 1938년 경상남도 진주중학교에서는 '황국 신민'을 '망국 국민'이라고 개사해 제창했고, 6명의 학생이 퇴학 처분 받았다가 다음 달 처분이 유보되어 복학된 경우가 있었다. 진고70년사 편찬위원회 편, 『진고70년사』(진주고등학교동창회, 1995), 114; 히우라 사토코, 『신사·학교·식민지: 지배를 위한 종교-교육』, 이언숙 역(서울: 고려대학교출판문화원, 2016), 279쪽에서 재인용. 김교신은 양정중학교에서 가르칠 때 황국신민서사를 망한 나라 조선의 신민들의 서사라는 뜻으로 '망국신민서사'로 불렀다고 한다. 박동호, "위대한 모습," 『김교신 전집 별권』, 195.
[326] 김교신, "김교신의 장개석 인식 연구," 「신학논단」 제81집(2015. 9), 323-324.

유치장에 분할·수감되었다. 그중에서도 김교신은 만 1년, 함석헌, 송두용 등은 10개월 여 동안 장기 수감되었다.[327] 류달영은 서대문경찰서 유치장에 여섯 달 동안 갇혀 있다가 다시 서대문형무소로 넘어갔다.[328] 그는 총 9개월 여 동안 수감되었다. 김교신의 양정학교 제자인 박동호도 "근 일 년"을 경찰서와 형무소에서 고초를 겪었다고 한 것으로 보아 김교신처럼 장기 투옥되었던 것으로 보인다. 또한 "우리 친구들과 함께 수감되었다"고 한 것에서 김교신의 양정학교 제자들이 더 있었음을 알 수 있다.[329]

이찬갑은 성서조선사건으로 서대문형무소에 6개월가량 갇혀 있었다. 그는 1937-1940년까지 약 3년 동안 「조선일보」와 「동아일보」의 기사를 오려 붙이고 그 기사 옆에 자신의 관점을 솔직하게 적었다. 이렇게 정리한 분량이 책으로 7권이나 되었다. 거기에는 일제에 대한 비판, 조선에 대한 안타까움과 희망이 깨알같이 적혀 있었다. 그는 1941년 이 책들을 항아리에 넣고 자신의 과수원인 오산농장에 파묻었다. 검거 당시 이것이 발견되었다면 수감생활은 훨씬 길어졌을 것이다.[330] 류영모는 종로경찰서에서 57일간 옥고를 치렀다.[331] 류영모의 아들 류의상도 연행되었다.[332] 손정균(양정학교 제자)은 동대문경찰서 유치장에서 10일,

---

327 김교신은 출옥 직후 가타야마 데츠에게 보낸 편지에서 "소생 이제 29일 야반(夜半) 주 예수 안에서 무사히 출감을 허락 받았습니다. 함, 송 양군(兩君) 등과 함께 일동 13인 영육 함께 부지되어 감사와 찬미 가운데 귀택하였습니다"라고 말했다. 김교신, "가타야마 데츠 형,"(1943. 3. 30)『김교신 전집 7』, 388.
328 류달영, "칠십평생 세 번의 공짜 이발,"「경향신문」(1981. 11. 11)
329 박동호, "위대한 모습,"『김교신 전집 별권』, 195.
330 백승종,『그 나라의 역사와 말: 일제 시기 한 평민 지식인의 세계관』, 37-38, 45.
331 박재순,『다석 유영모』, 76.
332 박영효,『다석 류영모』(서울: 두레, 2009), 69.

경기도 경찰부 구치장에서 40일 갇혀 있었다. 송후용(송두용의 사촌), 김헌직(양정학교 제자), 강교안도 수감되었다. 이들 외에도 구독자라는 이유로 최진삼(함석헌의 사위)은 30일, 장기려(평양 연합기독병원 의사), 김석목(평양 광성중학교 교사), 정태시(춘천 공립소학교 교사), 신근철(류달영의 동료),[333] 박승협(오산고보 학생), 이중일(양정고보 제자), 노재성(경성제대 학생), 권기형 등은 일주일에서 10여 일 정도 구금되었다. 일부는 고문을 받았다. 박승협의 경우 「성서조선」 독자라는 이유로 유학 중 도쿄에서 수감되었다고 한다.[334]

성서조선사건은 예상치 못한 곳으로 불똥이 튀기도 했다. 그것을 잘 보여주는 일화가 바로 「성서조선」의 구독자이자 해방 후 정의여자고등학교를 설립했던 윤기안(1899-1990)이다. 그와 관련된 사건을 들어보자.

> 선생 또한 김교신 선생이나 함석헌 선생과의 오랜 교분을 통해 일찍부터 조선성서연구회에 참여하였고 성서조선 발간에도 깊이 관여하였다. 비록 수감은 면했지만 일제의 탄압에 혹독한 시련을 치를 수밖에 없었다. 게다가 신의주 지역에 성서조선을 배포하기 위해 사위집에 잡지를 맡겼다가 일본 헌병대의 수사망에 걸려드는 바람에 딸이 이혼당하는 고초까지 겪었으니 그 처절한 심정은 이루 말할 수 없었을 것이다.[335]

---

[333] 성서조선사건으로 연행된 이들 중 저자의 이전 연구에 오류가 있어 수정한다. 신옥철은 신근철로 수정한다. 노재성은 중학교에서 김교신에게 직접 배운 제자가 아니다. 그리고 강경하가 수감되었다고 보았으나 오류이다. 전인수, 『김교신 평전』, 168; 전인수, "'성서조선사건'의 재검토," 96.

[334] 박승협, "오산에서 뵈온 스승," 『김교신 전집 별권』, 79.

[335] 삼산학원 편, 『낮추고 숨겨도 그 빛은 세상을 밝히리』 (서울: 학교법인 삼산학원, 2005), 60.

「성서조선」을 잠시 맡았던 일로 윤기안의 사위는 경찰의 수색을 받았고 일제의 마수가 어디까지 뻗어올까 두려워 아내와 이혼까지 감수했다는 이야기이다. 성서조선사건은 이처럼 평범한 한 집안을 흔들어 놓았다.

그렇다면 정상훈, 류석동, 양인성은 어떻게 되었을까. 「성서조선」을 구독하고, 성서 집회에 참여한 학생들까지 투옥되는 마당에 이들도 화를 피해가기는 힘들었을 텐데 말이다. 그러나 성서조선사건으로 이들이 수감되었다는 자료나 증언은 없다. 어쨌든 이들이 성서조선사건 발생 오래 전에 「성서조선」에서 이탈하였다는 점은 기억해 둘 필요가 있다. 정상훈은 1933년 4월 이래 남해산업조합의 이사를 맡았고, 1936년에는 경남산업조합연합회의 주사(主事)로 활동하는 등[336] 「성서조선」에는 전혀 관여하지 않았다. 류석동은 복음교회로 적을 옮겼지만 1940년 구로사키 고키치의 강연회에 참석한 것을 보면 김교신과 교류는 지속했다. 양인성은 어떻게 된 것일까. 사건이 발생했을 당시 양인성도 「성서조선」에 신경을 쓰지 못하고 있었다. 김교신은 1936년에 "호수돈여고를 사임하고 동경 문리과대학에 입학한 양군(楊君) 내방. 그 장지(壯志)를 선망불이(羨望不已)"라고 쓰고 있는데,[337] 이 양군이 바로 양인성이다. 양인성은 일본 도쿄로 건너간 후 쯔카모토 집회 소식을 김교신에게 전하기도 했다.[338] 그는 생물학을 전공했다. 성서조선 사건 때 일제 경찰이 "잡지를 10여 년 전 창간까지 소급하여 독자 명

---

336 "정상훈(鄭相勳)씨 부임(남해)," 「부산일보」(1936. 12. 12), 4.
337 김교신, "1936년 4월 4일(토) 일기," 『김교신 전집 6』, 35.
338 김교신, "1936년 5월 13일(수) 일기," 『김교신 전집 6』, 49. 1939년 1월 양인성이 함흥 영생고등여학교의 교무주임으로 부임한다는 기사가 있다. "지방인사," 「매일신보」(1939. 1. 26)

부에 의해 잡지를 압수하고 독자를 검거했다"는 말이 있지만[339] 위 3인을 보건대 오랫동안 「성서조선」에 관여하지 않은 사람들은 크게 문제를 삼지 않았던 것으로 보인다.

김교신은 유치장에 있을 때 새로 들어온 사람들과 팔씨름을 해서 늘 이겼다고 한다.[340] 팔씨름은 교사 시절 그가 매우 자신 있어 했던 운동이었다. 그는 수감생활 중 건강에 신경을 많이 썼다. 냉수마찰도 잊지 않았다. 성경은 시편을 주로 암송하였다. 또 하루에도 주기도문을 300번, 적게 한 날도 100번은 외웠다. 김교신은 주문처럼 외우는 기도가 아무 유익이 없다는 것을 잘 알고 있었다. 그럼에도 주기도문을 반복했던 이유가 무엇일까. 그는 "주기도문이 기도의 전형이요, 세계 최대의 기도요, 구신약 66권이 전하는 기독교 전체 즉 우주 경륜의 대진리가 모두 이 57어 중에 포함되었다"고 보았다.[341] 곧 기독교의 핵심이 주기도문 안에 있다는 것이다. 그는 주기도문에서 예수의 기도를 보았고 그 기도가 우리의 기도가 되어야 한다고 생각했다.

김교신은 "하늘에 계신 우리 아버지여 이름이 거룩히 여김을 받으시오며"라는 부분은 예수의 삶이 어떠했는지를 보여준다고 말했다. 예수의 생활과 기도는 시종일관 하나님 중심주의였다는 것이다. 예수는 늘 아버지의 이름이 거룩하게 되는 삶을 추구했다. 예수의 하나님 중심주의가 우리의 신앙과 기도가 되어야 한다.[342] 김교신은 주기도문을 외우면서 하나님의 뜻을 끊임없이 묻고 그분의 뜻이 이루어지기를 기도했

---

339 류달영, "끝에 붙이는 말," 『성서조선 7』(서울: 홍성사, 2019), 451.
340 박동호, "위대한 모습," 『김교신 전집 별권』, 196.
341 김교신, "附: 주기도의 연구: (1) 서언,"(1931. 3) 『김교신 전집 4』, 137.
342 김교신, "附: 주기도의 연구: (1) 서언," 137-138.

던 것으로 보인다. 그리고 이 고난으로 하나님의 영광을 저버리지 않도록 자신을 채찍질했을 것이다. 주기도문은 아기가 어머니의 품에 매달리듯이 하나님의 절대 보호하심을 구하는 기도였다.

1950년 4월 2일(일) YMCA 강당에서 열렸던 우치무라 승후(昇后, 별세 후) 20년·김교신 승후 5년 기념강연회 모습이다. 이날 함석헌은 무교회 운동을 '제2의 종교개혁'으로 설명하였고 류달영은 "김교신과 조선"이라는 제목으로 강연하였다. 김교신의 감옥 생활은 이날 류달영이 증언한 것이다.

류달영도 냉수마찰을 했다. 그는 양정학교에 입학하면서 김교신을 따라 냉수마찰을 시작했다. 그는 또 함석헌과 함께 단진호흡과 명상으로 정신통일법을 익혀 수감생활의 어려움을 이겨냈다.[343] 그의 회고에 의하면 김교신은 형무소에서 수염을 길렀다고 한다. 수염이 왠지 낯설지만 말이다.

---

343 "서울대 명예교수 84세 유달영씨 '목욕할 때 비누 안써요,'"「동아일보」(1995. 8. 5)

이때의 이발은 복역수가 수감자들을 수십명씩 데려다가 소독도 하지 않은 이가 빠진 낡은 이발기로 머리를 마구 밀어 깎았다. 머리가 고르게 깎이지 않는 것은 물론이고 머리털이 그대로 뽑혀서 피가 군데군데 맺히기도 하였다. 수염까지도 이발기로 막 밀어대곤 하였다. 어떤 이들은 끝까지 고집을 부리고 이발을 안 해서 저절로 장발이 된 이들도 있었다. 김교신 선생도 감옥에서 수염을 길게 길렀었는데 아마 이발기로 수염을 깎는 것이 싫어서 그대로 길렀을 것으로 짐작된다.[344]

김교신은 미결수로 감옥에 있었다. 미결수는 석방될 날짜를 알 수 없어 기약 없이 시간을 보내는 경우가 많았다. 불안감은 증대되고 정신적 충격도 가중되기 마련이다. 김교신도 예외가 아니었을 것이다. 그럼에도 김교신은 감옥생활을 잘 이겨냈다. 감옥은 그에게 어떤 곳이었을까. 감옥은 인간으로서는 누구나 피하고 싶은 곳이지만 때로 인생을 새롭게 만드는 대학이 되기도 한다. 김교신에게 수감생활은 모세의 광야 생활에 비견할 수 있다. 모세는 광야 생활을 무의미한 황야의 생활로 만들지 않았다. 이 기간을 통해 그는 하나님을 전적으로 의지하는 존재가 되었다. 김교신은 평소 형무소를 "인생 대학이요, 최고 학부"라고 불렀다.[345] 그는 "러시아 거인들의 교양 장소는 대학이 아니요, 포로 병사의 감옥과 시베리아 유형장이었다고 한다. 광야를 통한 교양만이 참 의미의 대학 교육"이라고 말한 바도 있다.[346] 그에게 감옥은 이런 인생의 대학이 되었을 것이다.

---

344 류달영, "칠십평생 세 번의 공짜 이발," 「경향신문」(1981. 11. 11). 경기도경찰부에서 "수염이 장장하신 모습"을 목격한 또다른 제자도 있다. 이중일, "아, 김교신 선생님," 『김교신 전집 별권』, 152.
345 박동호, "위대한 모습," 『김교신 전집 별권』, 195.
346 김교신, "노국인의 교양,"(1937. 7) 『김교신 전집 1』, 45.

제13장
흥남 일본질소비료회사에 취업하다

김교신 평전

석방 후 만주 도문에서 일하다

　김교신은 1943년 3월 29일 밤중에 출옥하였다. 개성에서 연행된 지 정확히 일 년 만이었다. 어머니와 아내는 한시도 기도를 멈추지 않았을 것이다. 북한산 정릉에 모처럼 웃음이 가득 찼다. 김교신에게 출옥 후의 기간은 잠시 휴식하는 시간이기도 했겠지만 앞으로 어떤 인생을 살아야 하는지, 무슨 일을 해야 하는지를 고민하는 기간이었다.

　김교신은 1943년 여름 만주 도문으로 향했다. 그곳에는 김봉국이 성서조선사에 기증한 가는골목장이 있었다. 김교신은 출옥 후 쉽게 직업을 구하지 못했고 「성서조선」도 출판할 수 없었다. 그는 오랫동안 소망했던 농사와 목축에 전심을 기울일 수 있는 기회를 얻었는지도 모른다. 이제는 다른 무언가를 돌아보지 않아도 땀을 흘리며 노동할 수 있게 되었다. 그는 본래 함흥농업학교 출신이었고 양정학교에서 교직에 몸담고 있을 때에도 수색과 정릉에서 농사를 지은 적이 있었다. 또한 그는 육체노동이 복음의 진리를 깨닫는 데에 한층 도움이 된다고 생각하고 있었다.[347] 그는 목수였던 예수처럼 땀 흘려 노동하는 것을 중시했고 천막을 만들었던 바울처럼 경제적인 생활의 독립을 중시하였다. 곧 그는 스스로 땀 흘리면서 노동의 가치를 알고 경제적으로 독립하는 것

347　김교신, "데살로니가 전서 강의,"(1942. 3) 『김교신 전집 4』, 383.

을 신앙인이 갖추어야 할 기본적인 요소라고 보았던 것이다.

국민복을 입고 있는 김교신. 국민복은 1940년대에 일제에 의해 강제된 남성 일상복으로서 양복, 연미복, 평상복을 대신하였다. 짧은 머리와 국민복은 당시 조선인의 일상이 군인에 준하는 삶이었음을 보여준다. 만주차사(滿洲茶社)라는 간판과 고장원척(高掌遠蹠)이라는 문장이 보인다. 고장원척은 큰 야심이나 모략이라는 뜻이다.

김교신은 도문에 몇 달 동안 머물렀다. 아내와 어린 자녀들도 도문에 들렀다고 한다. 그가 박동호라는 양정 제자, 「성서조선」의 독자이자 경찰이었던 박석현(朴碩鉉, 1908-1984)[348]을 불러 함께 일을 했다는 것은

---

[348] 박석현은 전남 담양경찰서에서 근무했는데 성서조선사건이 있던 해인 1942년 7월 3일 해고당했다. 박석현, "7월 3일의 25주년 소감(1967. 11)," 『박석현신앙문집 (하)』 (서울: 박석현신앙문집간행위원회, 1992), 12-15.

제13장 흥남 일본질소비료회사에 취업하다 245

가는골목장을 사업적으로 궤도에 올려놓고 싶은 생각이었을 것이다. 그는 만주에서 흩어져 있는 「성서조선」 독자들을 심방하기도 했을 것이다. 둘째 딸 김시혜의 증언에 따르면 김교신이 도문에 머물렀던 기간은 6월부터 9월까지였다.

도문에서 서울로 돌아온 후 김교신은 다시 경남 진영(進永)의 신에이(信英) 소다공장에서 잠시 일하였다. 그곳에서 보낸 편지에 그는 "이곳 교우의 경영 공장 조력하는 겸 산재한 친구들을 찾아 위려하며 다니나이다"349라고 쓰고 있다. 그는 1943년 말 서울로 돌아왔다. 1944년 1월 김교신은 함흥과 원산에 가서 지인들을 심방했다. 그 지역은 1923년 김교신이 학생 시절 여름 방학을 이용하여 일주일 동안 전도한 지역이기도 했다. 이 부분은 제2장 "일본 유학으로 우치무라 간조의 제자가 되다"에서 이미 언급했다. 20년 만의 재방문이었기에 감개가 남달랐다.

> 전번 여행은 예정대로 기쁨에 넘쳐 돌아왔나이다. 학생 시대에 하계 휴가 일주일간을 이용하여 전도한 지방을 만 20년 만에 심방한 때의 놀라운 환영들은 장차 우리가 모두 한 정원에서 만나볼 천국 재회의 기쁨을 증명하여 마지않았나이다. 넘어진 자도 없지 않았으나 선 자가 더 많았고, 20년간 변함없이 선 자의 그 귀함과 그 사랑스러움!350

이처럼 김교신은 석방 후 지인들을 자주 심방하였다. 「성서조선」 독자들 방문, 출옥 후 안부 인사, 직업에 대한 모색 등 여러 가지 이유가 있었을 것이다. 그런데 김교신은 지인들을 심방하면서 신앙적인 권면뿐만 아니라 조선의 독립에 대한 희망도 불어넣었던 것으로 보인다.

---

349 김교신, "류달영군,"(1942. 12. 1) 『김교신 전집 7』, 369.
350 박석현, "선생을 추억함," 『김교신 전집 별권』, 31.

1944년 늦가을에는 대구의 지인들에게 "일제의 패망이 눈앞에 있으니 참고 기다리자"고 권면했다고 한다.[351]

한편 김교신은 출옥 후 기본적인 생계 문제를 해결하기 위해 분주했다. 그러나 일 년이 넘도록 안정된 직장을 찾지 못했다. 특별히 만주 도문행은 김교신으로서는 일종의 모험으로 큰 결심을 하고 떠났다고 생각된다. 그가 한반도를 떠나 만주라는 낯선 땅까지 갔다는 점, 처음으로 육체노동에 전적으로 생계를 맡겼다는 점 등이 이런 추론을 가능하게 한다. 그러나 이도 하나의 실험으로 끝나고 말았다. 어떤 이유에서인지 그는 몇 개월 만에 서울로 돌아왔다. 이후 김교신은 도문에 대한 어떤 미련도 갖지 않았다. "도문 소식 나는 듣지 못하나이다. 성씨가 작년 말에 귀가하여 선전(宣戰) 전사로서의 사명을 다하고 있는 모양이나 나는 대항할 아무 흥미도 못하나이다"[352]라는 말에 그의 심정이 드러난다. 도문에서의 생활이 처음 갔을 때의 생각과는 많이 달랐다는 의미이다. 그가 박석현에게 "도문 갔을 때 군이 놀랐거니와"라는 말에서 그러한 부정적인 뉘앙스를 읽을 수 있다.[353] 이런 경험이 김교신이 도문을 미련 없이 떠난 이유가 되었을 것이다.

이 시기 김교신은 변변한 직업이 없었기 때문에 경제적으로 곤란했던 것으로 보인다. 류달영은 성서조선사건 후 경기도 여주군청 내무과 학무 촉탁으로 일하게 되었는데 이런 스승을 생각해 월급을 쪼개 보냈다.[354] 이 돈을 받았던 김교신의 감격과 부담감을 아래의 편지에서 읽을 수 있다.

---

351 이중일, "아, 김교신 선생님," 『김교신 전집 별권』, 152.
352 박석현, "선생을 추억함," 『김교신 전집 별권』, 32.
353 박석현, "선생을 추억함," 『김교신 전집 별권』, 32.
354 김홍근, 『류달영 박사의 생애와 사상』(서울: 상상의숲, 2021), 146-151.

전일 귀경하였으나 공교롭게 면담의 기회를 놓친 것을 한탄했는데 지금 22일부 봉함(封緘) 받고 감격 불금(不禁). 속에 그리스도를 모시는 자 하는 일마다 성업(聖業). 보는 산천마다 절승(絶勝). 만나는 사적(史蹟)마다 천년 정든 터임을 찬탄. 소액환은 내 편에서 군에게로, 또 여러 친구들에게 보내어야 할 터인데 이렇게 역류가 되니 어깨가 무거울 뿐이오.[355]

김교신은 이런 미안한 마음을 떨쳐버리기라도 하려는 듯 류달영의 모친이 진갑(進甲)을 맞자 옷이나 한 벌 지으라며 돈을 보냈다. 류달영은 수감생활로 모친의 회갑연을 참여하지 못했는데, 김교신은 그것이 자신 때문이 아닌가 하는 부담감을 갖고 있었던 것이다.[356]

서본궁 조선인 노동자 사택촌의 관리계장이 되다

김교신은 1944년 7월부터 함경남도 흥남의 일본 질소연료공업 주식회사 용흥공장에서 일하게 되었다. 이 공장은 응용화학적인 중공업 공장이었다. 중일전쟁 이후 비료 공업은 군수 공업으로 전환되었는데[357] 이곳에서 생산되는 제품 중 특별히 눈에 띄는 것은 비행기 연료였다. 김교신은 군수품을 직접 생산하는 직원은 아니었고, 근로과에 속한 관리계장이었다. 유족의 말에 따르면 석방 후 요시찰 인물은 취직은 엄두도 못 내고 농사를 대규모로 지으면 징용은 면했기에 김교신은 사과 과수원을 물색하던 중이었다고 한다. 그런데 교섭하려는 과수원의 소유주가 일본인으로 용흥공장 공장장이었는데 그가 "과수원은 조선인에게 소작을 주었는데 계약 기간이 일 년 남았으니 기다리는 동

---

355 김교신, "류달영 군(1943. 12. 1)," 『김교신 전집 7』, 369.
356 김교신, "류달영 군(1943. 12. 20)," 『김교신 전집 7』, 370.
357 김정인·이준식·이송순, 『식민지 근대와 민족 해방 운동』, 263.

안에 우리 공장에 와서 같이 일합시다"라고 하여 징용도 면할 겸 다니게 되었다고 한다.358 어쨌든 김교신이 이 회사에 취업하게 된 데는 직업을 구하고자 하는 자신의 선택이 크게 작용했다고 생각된다. 노동자들을 계몽시키고, 열악한 환경에 노출되어 있던 그들의 복지에 대한 관심도 작용했을 것이다. 함석헌은 김교신이 1944년 7월 자신을 찾아와 공장에 함께 취직하여 노동자들을 계몽시키고 그들의 복지 향상을 위해 일하자고 권유했다고 말했다.359

흥남은 원래 함경남도 함주군의 한 어촌에 지나지 않았다. 그러나 1927년 일본의 대표적 신흥 재벌이던 노구치(野口) 콘체른의 투자로 질소 비료 공장이 건설되기 시작하면서 '북선(北鮮)의 대읍'이니 '동양 굴지의 기업 도시'라는 이름으로 불리는 대규모의 중화학 공업 도시로 탈바꿈하였다. 노구치의 일본질소비료회사는 일본보다 조선에 사업 비중을 더 많이 두고 일제의 국책사업을 떠맡으며 빠르게 성장하였다. 이 때문에 일본질소비료회사의 성장은 일제의 식민지 정책이나 해외 진출과 긴밀하게 연결되어 있었다. 비료 공장 건설로 1920년대 초까지 지명조차 없던 흥남은 1931년 읍으로, 다시 1944년에는 부(府)로 승격되었다.360 1930년대 초반 신흥도시 흥남에 대한 기사를 참고해 보자.

> 흥남은 5, 6년 전만 해도 인가가 수십호에 불과한 어촌이었으나
> 일인(日人) 경영의 조선질소비료수식회사가 창립되면서 갑자기

---

358 박찬규, 『김교신, 거대한 뿌리』(서울: 익두스, 2011), 347.
359 김성수, 『함석헌 평전(개정판)』(서울: 삼인, 2011), 188. 김교신이 흥남의 질소비료 회사에 취업한 이유에 대해서는 전인수, "김교신과 일본질소비료회사의 관계에 대한 기존 논의의 재검토," 「한국기독교와 역사」 제56호(2022), 143-174를 참조하라.
360 차승기, 『식민지/제국의 그라운드 제로, 흥남』(서울: 푸른역사, 2022), 31-32; 김정인·이준식·이송순, 『식민지 근대와 민족 해방 운동』, 143.

늘어서 지금은 만여호의 대도시를 이루었습니다. 이 회사는 일본에서도 몇 째 안가는 큰 회사로 5, 6천명의 종업원을 둔 큰 공장이 있고 매월 5만 톤이란 거량의 비료를 지어내는 규모가 매우 큰 것입니다. 공장의 내부는 어떤 이에게라도 종람을 절대 사절하는 고로 볼 수 없으나 외부의 모든 시설만 잠깐 보아도 그 광대함에 놀랄만 하겠더이다. …… 흥남은 오로지 이 회사의 중심으로 발전하는 것이라 하지만 우리의 문화 기관이 좀더 늘어갔으면 하는 기대가 없지 아니합니다.[361]

1930년대 일본질소비료회사의 선전용 엽서를 보면 일본인 사택촌은 '소련식 신흥도시'의 모습으로 매우 현대적이다. 그런데 이 주택들은 일본인 거주용으로 김교신이 일했던 서본궁 조선인 거주지의 시설과는 달랐다. 서본궁 사택촌은 일본질소비료회사의 여러 조선인 거주지 중의 하나로서 본궁(本宮)의 서쪽에 위치하고 있어서 붙여진 이름이다. 본궁은 조선을 개국한 태조 이성계의 오대조(五代祖)의 신위(神位)를 모시고 있던 신궁을 말한다. 일본인과 조선인의 사택촌이 명확히 구분되어 있었던 것에서 알 수 있듯이 일본인과 조선인은 일하는 분야나 월급에서도 상당한 차이가 났고, 조선인에 대한 일본인의 차별도 일상화되고 구조화되어 있었다. 흥남에서 일했던 한 일본인의 회고에 의하면 "내지의 공작공장이라면, 다나카와 사토의 관계가 생기죠. 식민지에선 다나카와 김이 같이 일해도 아무런 관계도 생기지 않아요"라고 회고할 정도였다.[362]

당시 서본궁 사택촌에는 궤짝 같은 집들이 줄을 지어 늘어서 있었다. 더구나 거주하는 인구에 비해 문화시설과 복지시설이 턱없이 부족했

---

361 이윤재, "한글순례: 흥남에서," 「동아일보」(1932. 8. 16)
362 차승기, 『식민지/제국의 그라운드 제로, 흥남』, 155.

다. 김교신은 사택 800여 호와[363] 그곳에 사는 직공들, 그들의 가족 약 4-5천명의 복지시설을 관리하고, 그들을 훈육하는 일을 맡았다.[364] 곧 조선인 노동자들이 사는 서본궁 사택촌의 책임자였다. 김교신은 김계장으로 불리면서 노동자들의 호주나 가장 역할을 하였다. 그는 유치원과 학교를 세우고, 병원 설립을 계획하는 등 사택촌의 환경과 복지를 개선해 나갔다. 또 경찰이나 군부가 노동자들을 착취하지 못하도록 일선에 나섰다.

사택촌에는 많은 인력이 필요했다. 질소공장이라 항상 폭발로 인한 사고의 위험이 존재했고 부상이나 각종 질병을 치료할 의사와 간호사가 필요했다. 또한 직공들의 자녀들을 돌봐줄 수 있는 유치원 보모와 기숙사 아주머니 등이 필요했다. 김교신은 노동자들과 하급 직원들을 관리할 사람들을 지인들로 채우기를 원했다. 이는 검증된 지인들과 함께 일을 원활하게 진행하려는 이유가 컸다. 일제의 패망이 가까이 온 것을 예견하고 동지들과 독립 후를 도모하려 했다는 이야기도 있지만 이 주장은 검증이 더 필요하다. 어쨌든 그는 도문 목장에도 불러들였던 박석현과 제자였던 이창호, 이경종, 류달영, 노평구 등을 흥남으로 오라고 하였다. 지인이었던 함석헌, 김종흡, 박희병도 불렀다.

이창호는 양정 출신의 제자로서 일본의 관서학원대학(關西學院大學) 신학부에서 공부한 후[365] 아현정(阿峴町)감리교회에서 목회를 했다. 당시는 만주국 길림(吉林)신학교 교수로 있다가 학교가 문을 닫자 서울에

---

363 김교신, "류달영에게 보낸 편지,"(1944. 10. 2) 『김교신 전집 7』, 371.
364 김교신, "류달영에게 보낸 편지,"(1944. 12. 28) 『김교신 전집 7』, 374.
365 이창호, "내가 본 김교신 선생," 『김교신 전집 별권』, 167. 김교신, "1936년 7월 19일 (일) 일기," 『김교신 전집 6』, 73쪽에는 "관서대학 신학부"라고 되어 있지만 관서학원대학이 맞다.

귀가해 있던 상태였다. 그는 흥남에서 노동자들의 자녀 교육을 맡았다. 류달영도 김교신의 적극적인 부름에 흥남에 왔다. 그의 임무는 물자배급과 농장 경영이었다. 그러나 개성에 출장 갔다가 건강과 일신상의 이유로 다시 돌아가지 못했다. 김교신은 노평구를 서본궁의 교육 책임자로 구상하고 있었다. 박석현은 자신은 못가더라도 다른 사람이라도 보내겠다고 약속했으나 끝내 지키지 못했다. 이처럼 김교신이 불렀던 사람들은 많았지만 실제로 흥남에 갈 수 있었던 이들은 많지 않았다.

유족들이 흥남의 질소비료공장에서 일할 당시로 추정하는 김교신의 사진이다. 김교신은 평소 반바지에 스타킹 같은 긴 양말, 농구화를 자주 신었다.[366]

---

366 구건, "스승님의 면모," 『김교신 전집 별권』, 176-192를 보면 김교신이 자주 착용했던 골프 바지, 모자, 신발, 스타킹 등에 대한 이야기가 나온다.

김교신은 노동자들과 살을 맞대는 것도 마다하지 않았다. 어느 날 점심시간에 팔씨름 대회가 열렸는데 김교신은 6척 장신의 노동자를 물리치고 최종 우승자가 되었다. 이 일로 안하무인이었던 그 노동자는 행동을 조심하게 되었다. 김교신은 손수 삽을 들고 노동자들과 같이 아이들의 똥을 치우거나 석탄을 운반하기도 했다. 그는 관리계의 생활부와 교육부 직원들에게 조회와 석회에 두 차례의 훈화를 했다. 밤에는 야학을 열어 당시 교육 취약 계층이었던 여성들과 문맹자들을 가르쳤다. 또한 매월 두 차례 사택촌의 여성들을 광장에 모아놓고 집단생활에 대한 상식이나 위생에 대해 강연했다. 김교신은 노동자들의 처우와 생활환경을 개선해 가면서 사택촌의 분위기를 변화시켜 나갔으며 여성과 어린이 교육에도 힘을 쏟았다.

　김교신이 서본궁에서 열심히 일한 결과는 뚜렷하게 나타났다. 1945년 4월, 공장의 간부들이 불시에 사택지구를 시찰한 후 변화의 흔적이 역력하다고 보고하였다. 공장 간부들은 직원들에게 서본궁을 견학하도록 하였다. 김교신은 일본인들이 비로소 서본궁에 사람이 산다는 것을 인식하기 시작했다고 느꼈다.

> 서본궁에 사람이 존재한다는 것이 비로소 인식되는 모양이지요. 우리는 사업의 귀천을 가리지 않고 지위의 고하를 개의치 않고 오직 놓인 자리에서 누구보다도 못지않게 단지 일본 본토인들보다 못하지 않을 뿐 아니라 영, 미, 불의 어느 인간보다도 못하지 않게 맡은 소임을 충실하게 고귀하게 현명하게 다하고자 밤낮 몽매에 노력하고자 지(智)와 역(力)과 신(信)으로써 주님께 기구하나니 이것이 또한 우리의 유일한 야심이외다.[367]

---

[367] 김교신, "박태석 선생,"(1945. 4. 20) 『김교신 전집 7』, 379.

물론 모든 노동자가 김교신에게 만족한 것은 아니었다. 김교신은 점심을 담아오는 밥그릇 다섯 개가 없어진 것을 알고 이것은 조선 민족 전체의 수치라고 하면서 연대 책임을 물어 점심을 굶게 한 적이 있었다. 책임감 있고 꼼꼼하게 일을 처리하는 스타일 때문에 그를 악평하는 사람들도 있었다. 이러한 도덕적 엄격함이 불만을 불러왔을 것이다.

김교신은 회사에서는 작업복 차림으로 일했지만, 집에서는 조선옷을 입었다. 그는 일본 직원 사택에 살고 있었기 때문에 조선옷을 입는 것이 쉬운 일은 아니었다. 그는 일어가 상용이었던 당시 회사에서도 일본어를 모르는 노동자들이 많다는 이유로 조선말로 훈화를 했다. 그는 자신이 평생 동안 매진해 왔던 조선의 갱생을 서본궁에서도 실험해 가고 있었던 것인데, 교직에서와는 다른 감흥과 기쁨을 느꼈다. 류달영에게 보낸 편지를 보자.

> 교육이라고 이름이 붙은 교육보다는 서본궁의 일이 훨씬 교육적이고 생생한 일로 나에게는 느껴지는 것일세. 그리고 공장장이나 근로과장 등 이곳 사람들은 교육가들과 관리들보다는 월등히 순진한 인간들이며 피도 통하는 사람들일세. 나는 이곳 공장에 들어와서 신세계를 발견한 것일세. 교육계에서는 밀려 나온 것이 웅덩이에서 태평양으로 옮겨진 것 같은 느낌일세.[368]

김교신은 노동자들과 삶을 공유하면서 분필 가루가 날리는 말뿐인 교육과는 차원이 다른 교육의 새로운 면을 경험하게 되었다. 그리고 노동자들이 교육계에 종사하는 선생들보다 훨씬 인간적이고 순수하다는 것에 고무되었다. 그에게 학교는 작은 웅덩이였다면, 새로운 삶터

---

368 김교신, "류달영 군," (1944. 12. 28) 『김교신 전집 7』, 374.

인 서본궁은 태평양 같은 새로운 세상이었다. 김교신은 제자 이경종에게 "내가 쉬지 않고 일하면 그만큼 우리 동포 노무자들의 복지가 향상되는 것을 느끼게 되니 일할 만한 보람이 있다. 너도 이곳을 와서 같이 일할 수 있겠느냐?"고 편지했다.[369] 지식인으로 교육계에서 종사하면서 체험할 수 없었던 하층 노동자들과 살을 맞대는 경험, 그리고 노동자들의 복지가 향상되는 것을 바라보는 보람 등 이 모두가 조선 민중의 삶을 느끼고 그들과 자신이 하나라는 의식을 직접적으로 경험하는 것이었다. 유족들은 2010년 김교신이 국가유공자로 선정되는 과정에서 정부가 옥살이 한 공적인 증거가 없다는 표면적인 이유 말고도 그가 친일을 하지는 않았는지 의심하는 느낌을 받았다고 한다. 그가 질소비료공장의 간부로 있었기 때문이었다. 이것은 직책을 지나치게 일반화한 생각일 뿐이다. 김교신은 늘 조선인과 함께 있었고, 조선인의 복지를 위해 삶을 헌신했다.

발진티푸스에 감염되어 이 세상을 떠나다

흥남에서 바쁜 나날을 보내고 있던 김교신은 1945년 4월 18일 복부에 심한 통증을 느꼈다. 급성 맹장염을 의심할 정도로 고통이 심했다. 조선인 기숙사인 의료(誼寮)의 의무사감이었던 박춘서는 김교신의 몸에 열이 있는 것을 보고 유행성 감기가 아닐까 생각했다. 그날은 생일이어서 아내 한매가 음식을 만들었지만 김교신은 아무것도 먹지 못했다. 생일 축하 인사로 찾아온 사람들은 졸지에 병문안을 하게 되었다. 이틀이 지났지만 좀처럼 나아지지 않았다. 열은 더 올랐고 맥박도 빨

---

369 이경종, "회고 한 토막," 『김교신 전집 별권』, 174.

라졌다. 그러나 김교신은 그 와중에서도 류달영이 흥남으로 돌아왔으면 하는 바람을 적은 편지를 박태석에게 보냈다. 의기는 좀처럼 꺾이지 않고 있었다.

발병 삼일째가 되었을 때 안상철이 김교신을 함흥에 있는 자신의 병원으로 옮겼다. 안상철은 김교신이 '우리의 누가'라고 부를 만큼 아끼는 사람이었다.[370] 그는 열병이라고 진단하였다. 발병 육일째가 되어서야 다른 의사에 의해 발진티푸스라는 병명이 확진되었다. 법정 전염병이었다. 이 병은 "병사들의 참호생활이나 피난민의 집단이동 또는 강제수용소 등에서 곧잘 발생하는 병"이었다.[371] 심한 경우 피로가 계속되고 망상과 혼수에 빠지며 심장기능장애가 직접적 사망 원인이 될 수 있었다. 서본궁에서는 발진티푸스가 4월 8일 제6동에서 발생했다.[372] 서본궁에 병이 유행하자[373] 김교신은 환자들을 간호하느라 몹시 고생했다.[374] 이는 숙소 노동자들을 적극적으로 간호하다가 전염되었다는 뜻이다.[375] 그런데 여기서 잘 이해되지 않는 부분이 있다. 발진티푸스가 서본궁에 집단발병했음에도 왜 의사나 주변인들이 병명을 제대로 진단하지 못했느냐는 것이다. 여기서는 발진티푸스 증상이 확실하게 나

---

370 김교신, "1931년 8월 23일(일) 일기," 『김교신 전집 5』, 58. 김교신은 안상철 뿐만 아니라 의사인 지인들을 '누가'라고 불렀다. 김교신의 제자였던 손정균은 양정을 졸업하고 경성의학전문학교에 입학하였다. 그는 "언젠가 「성조」지의 선생님 일기에 나를 가리켜 '우리의 누가'라고 기록하셨음을 보고 얼마나 기쁘고 황송하였는지 모른다"고 말해 오늘날 무교회 그룹에서 우리의 누가는 손정균으로 알려져 있다. 손정균, "선생님과 나," 『김교신 전집 별권』, 160쪽과 김교신, "1940년 10월 7일(월) 일기," 『김교신 전집 7』, 300쪽 참조.
371 박이철, "병고와 신앙," 『김교신 전집 별권』, 237.
372 안경득, "김교신 선생에 대한 증언," 「성서연구」 제275호(1977. 10), 25.
373 박춘서, "김교신 선생 시병기(하)," 21.
374 박춘서, "김교신 선생 시병기(하)," 12.
375 안경득, "김교신 선생에 대한 증언," 26.

타나기 전까지 의사들이 확진을 주저했거나, 아니면 질소회사의 부속 병원 의사가 아니었기에 관련 정보에 취약했거나 주변인들이 발진티 푸스 증상에 대해 제대로 알지 못했을 가능성 등을 추측해 볼 수밖에 없다.

김교신은 병상에서 성경을 읽어달라고 부탁했다. 그러나 몸은 희망이 보이지 않을 정도로 악화되었다. 그는 기도 소리에 "아멘"조차 하지 못했다. 그리고 4월 25일 새벽 4시 40분 세상을 떠났다. 한마디 유언도 남기지 못했다. 너무나 갑작스러운 죽음이었다. 그의 마지막을 지켜본 이는 아내와 박춘서 뿐이었다. 그 해에 발진티푸스가 창궐했고 걸린 사람 80%가 죽었으며 특히 "인텔리가 걸리면 에누리가 없다"는 풍문이 돌았다고 한다.[376]

법정 전염병인 관계로 사망한 다음 날 유해는 급히 화장되었다. 지인들이 참석할 틈도 없었다. 서본궁 관리계 직원 오십여 명, 친지 몇 사람만 참석하였다. 영결식은 함흥 중앙교회 목사가 맡았다. 고다마(兒玉) 근로 과장은 조사에서 "선생은 참으로 책임감이 강하였다. 유행 감기와 같은 것은 개의치 않고 출근했다. 나는 이런 때에 무리하지 말고 정양하라고 충고도 여러 번 했었으나 듣지 않고 일에만 전력하여 이런 일을 당하게 된 것이다. 내가 이렇게 존경하는 선생을 잃게 되어 슬픔은 한이 없다"고 슬퍼했다.[377] 조문객 중 울지 않는 이가 없었다. 장남 정손이가 대패밥에 불을 달아 점화했다. 이렇게 김교신은 한 줌의 재로 남았다.

화장까지 마쳤으나 대부분의 지인들이 장례식에 참석하지 못하였고,

---

376 임옥인, "환희에 찬 비통의 전승가: 김교신저작집을 읽고," 『김교신 전집 별권』, 238.
377 박춘서, "병상기 초(抄)," 『김교신 전집 별권』, 89.

회사에서 순직으로 처리하였기 때문에 공장장(工場葬)으로 장례식을 다시 치르기로 결정되었다. 뒤늦게 송두용, 안상영, 노평구가 흥남으로 달려왔다. 5월 1일 공장장으로 장례식이 치러졌다. 장례식장은 사람들로 가득 찼지만 정작 예식은 신도식(神道式)으로 거행되었다. 식민지 시대의 아픔을 보여주는 한 장면이다. 우인 대표로 친구 한림이 분향하였다. 박춘서에 의하면 김교신의 유해는 5월 2일 함흥 주북 선산 사설 묘지에 안장되었다.[378] 이로써 그는 세살 때 돌아가신 아버지 옆에서 비로소 영원한 안식을 취할 수 있었다. 김교신이 가족에게 준 가장 큰 상처는 이른 나이에 죽은 것이었다. 좋은 아들이요, 남편이요, 아버지였기에 가족의 아픔은 컸다. 모친 양신은 "내가 하나님을 믿기보다 아들을 더 믿고 의지했다"며 울었다.

  죽음을 안타까워했던 것은 지인들도 마찬가지였다. 그의 죽음에 대해 하나님께 그 이유를 따진 이도 있었다. 박석현은 하나님께 항의하며 기도했다. 박사명은 김교신이 해방을 앞에 두고 우리 민족의 죄를 지고 희생된 것은 아닌가 생각하였다. 우치무라는 인류가 연대 책임으로 서로 연결되어 있다고 보았다. 한 사람의 죄가 인류 전체에 영향을 미친다. 죄 없는 자가 죄 있는 자의 죄를 짊어지지 않으면 죄는 소멸되지

---

378 박춘서, "김교신 선생 侍病記(하)," 21. 그런데 류달영은 박춘서의 글을 요약하면서 이 선산의 위치를 "함흥서 50여리 되는 함주군 가평면 다래봉 선산 가족묘지"라고 수정하였는데, 그 이유가 확실하지 않다. 아마도 당시 매장에 참여했던 노평구의 영향이 아닐까 짐작해 본다(박춘서, "병상기 초(抄)," 『김교신 전집 별권』, 91.). 만약 이것이 사실이라면 김교신은 1940년 가평에 가서 성묘를 한 적이 있는데 이 묘지가 부친의 묘소인 것 같다[김교신, "1940년 6월 20일(목)," 『김교신 전집 7』, 252]. 그런데 여기서 한 가지 더 지적할 점은 김교신 문중의 선산은 함흥 반룡산(현재 동룡산)에 있었다는 것이다[김교신, "1939년 8월 12일(토)," 『김교신 전집 7』, 119]. 김교신의 작은아버지인 김충희가 이 반룡산에 묻혔는데 김교신은 이곳의 위치를 함흥 집 "후록(後麓)의 문중 공동묘지"라고 했다. 이 때문에 김교신이 묻혔던 가족 선산과 김충희가 묻혔던 문중 선산은 서로 다른 곳으로 보인다. 그러나 아직까지 박춘서와 류달영의 기록 중 무엇이 정확한지 알 수 없다.

않는다. 인류 역사의 시작부터 지금까지 사회의 부패는 언제나 의인의 피로써만 늦춰지고 멈춰졌다. 그는 예수 그리스도의 대속 사역도 이런 관점에서 이해했다.³⁷⁹ 김교신도 이와 비슷한 말을 한 적이 있다.

> 죄의 결과는 청산 없이 말소되는 법이 없다. 죄란 과연 실재한다. 그것을 범한 자를 어디까지든지 추궁하여 항복하기까지 급박하지 않고는 마지않는 것이 여호와의 성격이신 듯하다. 범죄자 자신에게 그 청산을 강요하실 때는 오히려 참을 수도 있으나 무고한 가족, 친척, 고우 중에 그 대속의 요구가 임한 것을 볼 때에 아무리 암흑의 권세에 사로잡힌 죄인의 눈에서라도 참회의 눈물이 없을 수 없다. 그리고 하나님은 즐겨 그런 방법을 취하시는 듯하다. 일가 호주의 방종을 책하실 때에 연약하고 가련한 처자에게 대환(大患)을 내리시는 일 같은 일, 또는 한 나라, 한 민족의 주초 같은 이를 치시는 일을.³⁸⁰

김교신은 큰 나무가 하룻밤 태풍에 쓰러지듯 이 땅을 떠났다. 모세가 가나안 땅에 들어가지 못했던 것처럼, 그도 해방을 불과 몇 달 앞두고 쓰러졌다. 직접적인 유언은 없었지만, 사실 「성서조선」을 유언이라 할 만하다. 김교신은 학교를 옮길 때마다 자신이 사용하던 박물실 책상을 깨끗하게 정리했다. 그는 평소 철두철미하게 정리하는 사람이었다. 그러나 자신의 죽음은 삶을 정리할 틈도 없이 찾아왔다. 그렇지만 그는 자신이 기도했던 대로 죽었다. 그는 1932년 8월 과로로 몸져누웠을 때 다음과 같이 기도했다. "원컨대 소인이 한거(閑居)하여 불선(不善)을 행하는 일이 없이 무위 무용한 세포 분열만 하다가 조선적 환갑연을 베푸는 추태를 보이기 전에 노동 현장에서 땀 흘리다가 거꾸러지기를. 원컨대 하루바삐 세상을 떠나서 그리스도와 함께 있기를. 이것이 최선의

---

379 우치무라 간조, 『구안록』, 172-176.
380 김교신, "如是我信,"(1939. 11) 『김교신 전집 1』, 176-177.

일이다."³⁸¹ 그는 육십이 되기 전에 땀 흘리다가 죽기를 바랐던 것이다. 범사에 기한이 있고 천하만사가 다 때가 있다(전도서 3:1). 이 땅에서의 삶이 거기까지였다.

김교신은 생전에 이런 말을 했다. "아마도 선인(善人)은 이 세상에 오래 있을 수 없는 게야."³⁸² "이 세상은 참 이상도 하게 정직하고 옳은 일 하는 좋은 사람은 생애가 짧다."³⁸³ 이것이 자신에게도 해당되는 말이라는 것을 알았을까. 제자 이종근의 죽음에 대한 단상은 김교신의 죽음을 이해하는 포인트가 된다. 김교신의 말이다. "이렇게 아름다운 사람이 왜 이다지도 조급하게 갔는가. 이렇게 단정하게 속과 겉이 같아서 표리가 없는 사람이 왜 일찍 갔을까. 이렇게 생각할 때에 그리스도가 연상됩니다. 이는 우리로 하여금 각기 자기를 위하여 살지 말고 주 예수 그리스도를 위하여 굳세게 살라는 일대 경종을 울리는 큰 '사변'인 줄로 압니다."³⁸⁴ 함석헌도 마찬가지다. "사람이 이렇게 귀한 이 조선에 모처럼 아름다이 내셨던 이를 또 그리 빨리 데려가실 것도 무엇일까 하는 생각이 납니다. 그러나 또 이것은 우리 욕심이지 원체 이 밭에서는 늘 묵여만 보고 알곡이라고는 좀체로 구경을 못해 보시던 주님 편으로서야 하 드물게 열리는 그 이삭이 너무 귀해 어서 맛보신 것인지 않나 하기도 합니다."³⁸⁵ 그렇다. 김교신의 죽음은 우리가 그리스도를 위하여 굳세게 살라는 일대 경종으로 다가온다.

성서조선사건 때 경찰의 말처럼 김교신의 삶은 조선의 백 년을 준비

---

381 『김교신 전집 5』, 94.
382 김교신, "1935년 11월 6일(수) 일기," 『김교신 전집 5』, 413.
383 김교신, "1938년 5월 1일(일) 일기," 『김교신 전집 6』, 375.
384 김교신, "인생 사상(沙上)의 족적,"(1941. 11) 『김교신 전집 1』, 301.
385 김교신, "인생 사상(沙上)의 족적," 301-302.

하는 일이었다. 그는 하나님 앞에 선 단독자였다. 그는 평생을 오직 하나님 앞에 신실한 한 사람으로 살기를 원했다. 그에게는 단지 하루만이 주어졌다. 이 하루를 온전히 하나님께 드리는 삶이었다. 그리고 조선인이 하나님 앞에 이런 단독자로서 살기를 원했다. 조선인이 성서의 기반 위에 서고 성서의 가르침이 그들의 뼈와 피가 될 때 비로소 조선인은 하나님의 백성으로 선다. 이때 하나님의 계획은 열리고 그분의 긍휼이 임한다. 그는 진실한 하루의 삶을 통해 조선의 일세기를 기약했던 것이다.

제14장
김교신, 한국 기독교에 어떤 유산을 남겼나

이제까지 김교신의 삶과 사상을 추적해 보았다. 그를 전체적으로 조망하고 싶은 욕심은 있었으나 채워지지 않은 빈공간이 아직 많다. 또 지금까지 서술한 김교신을 김교신 자신이라고 평가할 수 있을지도 미지수이다. 모든 연구가 그렇듯이 역사적 연구도 역사가의 관점으로 서술되기 마련이다. 그런 의미에서 이 책은 저자의 관점이 투영된 김교신이라고 보면 될 것이다.

김교신의 삶은 섬돌 위에 놓인 신발 같다. 그 신발은 가지런히 놓여 있다. 어떤 신발은 섬돌 위에 있으나 어지럽게 널려 있고 어떤 신발은 섬돌 밖에 떨어져 나뒹군다. 섬돌은 이 땅이다. 신발은 우리의 삶이다. 그는 이 땅에서 하나님 앞에 가지런히 놓인 신발처럼 살려고 노력했다. 그러나 그 신발은 구두나 나막신이 아니다. 조선인이기에 고무신이나 짚신이다. 그가 기독교인이면서도 조선인이라는 정체성을 버리지 않았다는 의미다.

역사에 이름을 남긴 이들의 평전을 읽으며 느낀 점이 있다. 그들에게는 몇 가지 공통점이 있다. 첫째, 그들은 자신이 당하는 문제가 사회의 부조리와 깊숙이 연결되어 있음을 목격한다. 둘째, 그 문제가 자신의 뇌리를 떠나지 않는다. 그래서 이를 해결해야 한다는 강한 역사의식과 도덕적 의무감을 느낀다. 셋째, 그들은 안락한 길과 고난의 길 사이에서 선택에 직면한다. 그리고 결국 현실문제에 뛰어드는 선택을 한다.

이를 기독교적으로는 십자가를 지는 것 혹은 하나님의 협력자가 되는 것이라고 말할 수 있다.

김교신도 하나님의 협력자였다. 그는 식민지 백성으로 조선이 왜 식민지가 되었는지, 어떻게 하면 조선인을 어엿한 민족으로 세울 수 있는지를 고민했다. 이 문제는 그의 뇌리를 떠나지 않았다. 그는 조선인을 성서적·도덕적으로 다시 세우는 것을 자신의 역사적 과제로 삼았다. 조선인이 성서적 백성으로 세워지면 조선을 향한 하나님의 때를 앞당길 수 있다고 보았기 때문이다. 여기에는 민족의 독립 문제도 포함되어 있다. 물론 김교신의 생애는 완벽한 삶, 의문이 없는 삶은 아니었다. 그도 이성의 문제에 무너지고, 정치적 압박에 타협하지 않았던가. 그럼에도 현실을 외면하지 않고 당면한 문제에 기꺼이 고난의 길을 걸어가고자 애썼다고 평가할 수 있다. 김교신이 이런 삶을 살 수 있었던 배경에는 하나님의 존재를 믿었기 때문이었다. 하나님 앞에 서고자 한 삶이다. 그래서 김교신을 조명할 때는 기독교 신앙을 고려하지 않고는 한 치도 나아갈 수 없다.

김교신은 일제강점기에 기독교의 복음과 예언성 모두를 담지하려고 노력했다. 김교신은 많은 연구자들의 수고로 조선인의 민족의식을 일깨우고 기독교의 예언적 정신을 지키려고 노력한 인물로 재평가되었다. 그럼에도 한국교회 내에는 아직도 무교회주의자라고 하여 김교신을 부정적으로 평가하는 이들이 있다. 이런 태도는 무교회주의라는 담론을 자기 방식으로 해석해 버린 결과이다. 김교신을 오해하는 이유 중 하나가 무교회주의라는 용어가 풍기는 부정적 어감 때문이다. 무교회주의라는 용어는 이미 역사적·신학적 용어가 되었다. 그래서 이 용어 자체를 다른 말로 바꿀 수는 없다. 그러나 무교회주의가 교회를 없애려는 사상이 아님을 유념해야 한다. 무교회주의는 교회의 본질을 회복하기 위해 교회주의를 비판하고, 제도교회가 구원의 문제에서 그리스도의 자리를 차지하면 안된다고 보는 사상이다. 또 무교회주의는 성서중심주의에 근거한 하나님 절대주의와 십자가 복음 위에 서 있다. 이 책에서 자세히 언급했듯이 김교신이 부정한 것은 본질을 잃어버린 교회였다. 또 교회를 절대화하고 구원의 도구로 보는 교회주의였다. 그가 비판적으로 바라본 것은 하나님 중심주의와 십자가 복음에서 멀어져 제도와 의식에 매달리는 종교로 전락한 기독교였으며, 복음 선포의 미명하에 예언성을 상실해가는 조선교회의 모습이었다.

역사 안에서 이단시 되었던 사상이 때로는 신앙의 본질에 더 충실했을 때가 있다. 당시에는 사상의 급진적인 부분이나 시대를 앞서감으로써 교회에 용납되지 못하다가 일정 시간이 흐른 뒤에 재평가되는 것이다. 적대시되었던 사상이 교회를 살리는 영적 에너지가 된다는 것은 역사의 역설이다. 이런 모습을 잘 보여주는 이가 김교신이다. 오늘날 한국교회는 김교신을 소환하고 있다. 그런데 이런 소환이 김교신을 그저 영적 소모품으로 소비하는 단계에 머물러서는 안된다. 즉 김교신이라는 존재가 한국교회에 있었다는 만족과 영적인 위안에 그쳐서는 안된다. 바라기는 김교신을 읽는 우리들의 전적인 삶의 변화로 이어지기를 기대한다. 우리가 살아내지 못한 삶을 누군가가 살아냈다는 신앙적인 위안만으로는 우리가 당면하고 있는 현실을 바꿀 수 없기 때문이다.[386] 김교신은 기독교인 수의 감소와 낮은 대사회적 인식 속에 괴로워하는 오늘날 한국교회에 새로운 지침을 제공한다. 김교신은 우리에게

---

386 전인수, "서평: 김교신, 한국교회의 지침으로 부활하다,"「기독교사상」제653호 (2013. 5), 117.

어떤 지침을 줄 수 있을까.

성서로 조선을 다시 세우다

김교신이 늘 고민했던 것은 조선이었다. 그의 조선 사랑은 오늘 한국 교회의 귀감이 된다. 「성서조선」에는 성서를 통해 조선인을 다시 세우려고 했던 김교신의 열의가 잘 드러나 있다. 김교신은 성서가 기독교의 진리를 담고 있는 최고 가치이기 때문에 성서로써 조선을 다시 세울 수 있다고 보았다. 그에게 성서와 조선은 융합되어 있었다. 민족혼과 성서라는 두 축을 놓지 않았던 그의 신앙적 입장을 성서민족주의 내지 성서입국이라고 부를 수 있다.

김교신은 일제강점기에 기독교인이 되었다. 그리고 나라 잃은 백성으로서 왜 조선이 식민지가 되었는지 고민했다. 성서에는 이스라엘의 멸망이 그 백성의 죄 때문이라고 말하고 있다. 그는 조선이 멸망한 이유도 조선인의 죄악이 자리 잡고 있다고 생각하였다. 그는 조선인이 도덕적으로 많은 문제를 안고 있다고 보았는데 특히 태만, 게으름, 불신용, 정직하지 못하거나 신실하지 못함, 죄의식의 결핍을 안타까워하였다. 이런 죄가 결국 조선을 멸망으로 이끌었다고 판단한 것이다. 그는 이런 조선인을 성서로써 다시 세우지 않는다면 민족에 희망이 없다고 생각했다.

김교신은 조선인이 성서로써 갱생되어야 한다고 생각했다. 그러나 그가 말하는 갱생은 단순히 도덕적인 것이 아니다. 조선인을 성서가 말하는 하나님의 백성으로 다시 빚는 것이다. 이런 백성이 되어야 민족의 독립과 미래를 기대할 수 있다. 그가 바라보았던 조선인의 문제는 정치적이거나 경제적인 것이 아닌 영적인 것이었다. 김교신은 조선에 성서를 주어 성서 위에 조선을 세우면 조선인이 하나님의 백성으로 빚어지고 갱신될 수 있다고 믿었다. 조선을 성서화하는 것이다. 만약 김교신이 오늘날 우리 사회의 여러 문제에 당면했다면 동일하게 성서적 신앙으로만 이것들을 해결할 수 있다고 주장했을 것이다.

참된 에클레시아

　김교신이 최근 부각되는 이유 중 하나는 그를 한국교회의 원조 가나안 성도라고 부를 수 있기 때문이다. 그를 보면 가나안 성도가 보이고 대안도 탐색할 수 있다는 생각이 든다. 가나안 성도는 제도교회에 출석하지 않는 개신교인을 말한다. 2017년 한국교회탐구센터가 실시한 조사에 따르면 개신교인 10명 중 약 2명은 교회에 출석하지 않고 있다.[387] 곧 개신교인의 20%가 교회와는 상관없이 신앙생활을 하고 있다. 이들이 가나안 성도가 된 중요한 이유에 교회가 자리 잡고 있다. 그들이 가나안 성도가 된 이유에 교회에 대한 불만이 상당 부분을 차지하고 있다.[388]

　김교신이 가나안 성도가 된 것도 교회와 깊은 관련이 있었다. 그럼에도 무교회주의자가 된 후에도 그는 교회와의 인연을 완전히 끊지 않았다. 이런 태도는 교회에 대한 그의 입장을 보여준다. 그는 교회 출석을 금기시하지 않았다. 그에게 교회 출석 자체는 아무런 문제가 되지 않았다. 그는 한때 교회에 힘을 보태고 싶어 했다. 그는 교회를 떠났지만

---

387 "가나안 교인 5년 전보다 8% 늘었다,"「뉴스앤조이」(2017. 6. 9)
388 정재영, 『교회 안나가는 그리스도인: 가나안 성도를 어떻게 이해할 것인가』(서울: IVP, 2015), 47.

한편으로 결코 교회를 떠난 적이 없었던 것이다. 그가 갈구한 것이 참된 에클레시아였기 때문이다.

대표적인 것이 공덕리장로교회(현 공덕교회)와의 관계이다. 김교신은 정릉으로 이사 가기 전 공덕동에 오랫동안 살았다. 그는 특히 공덕리장로교회 1대 담임목사였던 김정현(金正賢)과 관계가 깊었다. 이 인연은 김정현 목사가 주도했다. 무교회주의자이긴 하지만 일본 유학을 다녀온 엘리트요, 성서에 대한 이해가 깊었던 김교신은 놓칠 수 없는 인재였다. 그는 몇 번 김교신을 심방했다. 이를 계기로 김교신은 그 교회에서 주일학교장도 맡고 청년부에서 성경공부도 인도했다. 가족도 교회에 등록했다. 지금의 공덕교회 옆이 김교신의 집터이다. 공덕교회 교인들은 김교신이 그곳에서 주일학교 부장까지 맡았다는 사실을 알고 있을까.

김교신이 무교회주의자가 되기 전 경험했던 교회 기간은 짧았다. 그것도 그가 존경하는 담임 목사가 쫓겨나는 것을 지켜보아야 했던 슬픈 경험이었다. 기독교 신앙에 머물도록 그를 붙들어 준 이도 제도교회에 비판적인 우치무라 간조였다. 그는 교회를 긍정적으로 생각할 만한 경험을 거의 갖지 못했다. 이 때문에 김교신은 교회에 대한 부정적 인식이 강했다. 나는 김교신을 중요한 신앙의 모델로 존경하고 있다. 그래서인지 혹자는 내가 무교회주의자가 아닌지 묻는다. 사실 나는 성서만으로 신앙생활 하는 자는 아니다. 교회가 하나님이 세우신 공동체이며 이 교회가 하나님 나라의 빛이 새어나오는 창문으로써 이 시대의 답이자 대안이라고 믿고 있다. 그럼에도 김교신을 연구하는 이유는 그의 삶이 한국교회를 성서적이면서 그리스도 중심적 신앙으로 돌아오게 하는데 도움을 줄 수 있다고 믿기 때문이다. 곧 한국교회를 위한 김교신 연구를 하고 있다.

주위에 가나안 성도가 되고 싶은 이들이 있을 때 나는 김교신에 대한 이야기를 들려준다. 김교신의 주일 하루는 교회에 나가는 그 어떤 기독교인보다 전투적이고 바빴다. 그에게는 새가 지저귀고 물이 흐르는 북한산 계곡이 교회였다. 그는 보통 새벽에 일어나 산에서 기도하고 냉수마찰을 했다. 학기 중에는 주일마다 학생들을 불러 두 시간 정도 성서를 가르쳤다. 그는 거의 매일 가족과 함께 성경을 읽으며 가정 예배를 드렸다. 기도와 찬송, 성경 연구를 직장생활을 하면서도 쉬지 않았다. 그가 근무했던 학교 박물실은 하나님을 찬송하고 성서를 연구하는 공간이었다. 그는 하루하루를 하나님 앞에 온전히 서고자 몸부림 쳤다. 교회에 나가지 않고 신앙생활하려는 이들에게 김교신은 좋은 귀감이 된다. 가나안 성도들 중에도 여러 유형이 있지만 명목상 기독교인은 김교신의 모습은 아니다. 모든 것을 따라할 수는 없겠지만 그는 우리가 일상에서 하나님을 어떻게 섬길 수 있는지 보여준다. 일상의 영성이야말로 김교신이 우리에게 남겨준 값진 신앙의 유산이다.

우리는 교회에 나가지 않아도 될 수십 가지 이유를 가지고 있다. 지금 교회는 루터가 종교개혁을 일으켰던 16세기 로마 가톨릭교회보다 더 타락한 것처럼 보인다. 이 때문에 많은 이들이 "교회에 희망이 있을까?"를 묻는다. 그럼에도 나는 희망이 있다고 믿는다. 하나님은 성도들을 교회로 불렀고, 교회는 예수운동을 계승한 공동체로서 그 운동을 지속해 나가야 한다. 하나님 나라 백성은 예수 그리스도를 통해 죄 사함과 자유를 얻었다고 믿으며 하나님을 아버지라 부른다. 그들은 하나님과 이웃을 사랑하고 세상이 버린 사람들을 품고 예수의 가르침을 지키는 존재다. 또 하나님이 우리를 용서하심과 같이 서로를 용서하며

살아간다. 김교신이 말한 것처럼 교회는 교회 자체가 목적이 되어서는
안된다. 교회는 예수 그리스도의 구속 사역과 하나님의 나라를 전파
하는 도구이다. 이것이 김교신이 꿈꾸었던 교회의 모습이다. 그래서 그
가 참 에클레시아를 추구했다고 말하는 것이다.

일상의 영성: 세속 성자

　김교신 하면 반드시 언급하고 싶은 것이 일상의 영성이다.[389] 그는 삶
의 모든 영역이 하나님을 만나는 지점이라고 생각했다. 이런 경향은 일
요일과 같은 특별한 시간에, 교회와 같은 구별된 공간에 가야 하나님
을 만날 수 있다는 제도 종교의 영성과는 다르다. 한국교회사에서 삶
의 모든 영역, 즉 일상에서 하나님의 백성으로서 살아가려고 했던 삶
을 김교신처럼 잘 보여주는 인물은 드물다.

　김교신은 신앙대로의 삶을 살려고 노력하였다. '하루살이'를 추구하
였던 만큼 기독교 신앙은 생활과 밀접하게 연결되어 있었다. 물론 김교
신은 구원이 오직 예수 그리스도의 대속사역에 대한 신앙만으로 가능
하다고 믿었다. 그는 구원에 행위가 필요하다는 그 어떤 사상도 거부하
였다. 그럼에도 그에게 신앙과 삶·생활은 둘이 아니었다. 신앙은 삶과
생활로 나타나야 한다. 그는 인간 자신에게 구원받을 수 있는 가능성
이 있다는 생각을 거부했지만 신앙은 생활과 절대로 떨어져 수 없다고
보았다. 신앙은 생활이자 삶이었다. 그는 그리스도만을 믿는 단순한 신
앙은 겨자씨처럼 자라 주위를 정복한다고 보았다. 왜냐하면 그 신앙
은 살아있기 때문이다. 김교신은 삶에서 생명처럼 자라는 이런 신앙을

---

389 "일상의 영성" 부분은 전인수, "김교신의 일기 연구: 삶에 대한 그의 철학과 그 구현
　　형태," 308-311, 317쪽을 참고하였다.

"생활화한 신앙"이라고 불렀다. 그에게 "생활, 신앙대로의 생활"은 끊을 수 없는 욕망이었다.

　신앙대로의 생활은 자연스럽게 자신에 대한 성찰, 즉 자기반성으로 이어졌다. 김교신은 10살 때부터 거의 평생 일기를 썼다. 그가 일기를 쓴 이유는 하루의 삶을 반성하기 위해서였다. 그는 「성서조선」 원고의 교정을 보면서도 삶에 대해 성찰했다. "초준(初準), 재준, 삼준으로 교정을 거듭할수록 혼돈으로부터 정연에 이르는 과정은 비할 데 없는 쾌미가 있다. 만일 나의 습성과 덕행에도 활자와 같이 현저한 교정을 행할 수 있다면 그 얼마나 쾌사일까?"[390]

　생활화한 신앙 추구는 사실(事實)에 대한 강조와 맞닿아 있다. 김교신은 공상이나 상상의 산물보다 실제를 더 중요하게 생각하였다. 그는 실제와 신앙이 분리되어서는 거짓이라고 생각하였다. 또한 "사실보다 더한 예술은 없다"고 생각했다. 그는 실제 기록(實記)이라는 이유로 전기(傳記)를 좋아했다. 그는 인간의 생애에 관심을 가졌다. 이런 성향 때문에 김교신은 수필 쓰는 것을 부담스러워하였다. 신문사나 잡지사에서 몇 번 글을 청탁했지만 그는 거절하였다. 그는 실제가 결여된 미문은 문필을 희롱하는 일이라고 생각했던 것이다. 그는 류영모를 사색형으로 평가하였는데[391] 이 점이 김교신과 류영모의 차이점이다.

　삶의 기저에 하루살이가 자리 잡고 있었기 때문에 김교신은 무엇보다 시간을 아꼈다. 게으름, 나태를 그는 경계하였다. 또 불참자라는 소리를 들을 정도로 가능하면 회식을 피했다. 반대로 진리라고 생각하는 곳에 쏟는 시간을 아까워하지 않았다. "사교와 향락 등의 세속적 시간

390　김교신, "1930년 12월 3일(수) 일기," 『김교신 전집 5』, 33.
391　김교신, "1939년 6월 25일(일) 일기," 『김교신 전집 7』, 97-98.

은 1초라도 절약할 것이나 진리와 생명에 관한 일에는 아껴야 할 시간이 없다. 거기는 시간을 초월한 자리다."³⁹² 그는 하루를 소일하는 것에 죄책감을 느껴 여러 일로 자신을 혹사하기도 하였다. 다음은 그가 얼마나 꽉 채운 하루를 살려고 했는지 보여준다. 물론 가장 바쁜 때의 하루다.

> 등교 수업을 마친 후에 2월호 출래하여 발송 사무. 피봉(皮封) 쓰는 일, 붙이는 일, 우편국 및 경성역에 반출하는 일은 물론이요, 시내 서점에 배달하며 수금하는 일까지 단독으로 하다. 서점에서는 '선생이 이처럼 친히 다니시느냐'고 하나 대체 위로의 말인지 조롱의 말인지 모르겠다. 주필 겸 발행자 겸 사무원 겸 배달부 겸 수금인 겸 교정계 겸 기자 겸 일요강사 등등. 그 외에 박물교사 겸 영어·수학 교사(열등생도에게) 겸 가정교사(기숙 생도에게) 겸 농구부장 겸 농구협회 간사 겸 박물학회 회원 겸 박물연구회 회원 겸 지력(地歷)학회 회원 겸 외국어학회 회원 겸 직원 운동선수 겸 호주(戶主) 겸 학부형 등등. 월광에 비추이는 가엾은 자아를 헤아리면서 귀택할 때에 삼수(參宿)가 중천에 솟았다.³⁹³

김교신은 인생의 마지막 때 하나님께서 인생을 결산하신다는 믿음을 가졌다. 그래서 삶을 대하는 태도에 엄숙함이 배어 있었다. "인생은 전장이요. 두려운 데요, 엄숙한 곳이다." 자신은 이 땅에서 하나님께서 주신 사명을 감당하는 마라톤 주자이며 이 바통을 다음 주자에게 잘 전달해야 한다고 생각했다. 또한 자신이 마지막 주자일지도 모른다는 엄중함을 가지고 삶에 임해야 한다고 보았다. 나는 한 가정의 가장으로, 직장인으로서 자신의 삶의 철학을 생활 속에서 구현하려 했던 김

---

392 김교신, "1933년 6월 19일(화) 일기," 『김교신 전집 5』, 193.
393 김교신, "1936년 1월 31일(금) 일기," 『김교신 전집 6』, 18.

교신을 한 명의 세속 성자라고 평가한다. 이런 영성은 일상의 삶과 유리된 수도사적 영성과 다르며, 전문 사역자들의 목회 영성과도 다르다.

기독교는 복음적이고 예언적이다

김교신은 복음적인 삶을 살았다. 하나님 앞에 선 한 명의 인간으로서 하나님의 말씀을 이 땅에 실현하려는 몸부림이었다. 아시시의 프란치스코의 가난의 영성, 루터의 하나님 은혜의 재발견, 허드슨 테일러의 선교 열정, 본회퍼의 행동하는 양심, 마틴 루터 킹의 사회적 영성도 모두 성서가 제시하는 복음에 근거하고 있다. 예수께서 제시한 복음을 어떻게 살아낼 것인가에 대한 각자의 고민이 이들의 삶을 결정했다. 김교신도 마찬가지다. 그리스도를 믿는다는 것은 무엇을 의미하는가. 그것은 복음대로 사는 것이다. 교사로서의 그의 모습도 복음적 삶의 연장선에 있었다. 또한 그의 인생사에서 보이는 연약한 인간적인 모습도 그리스도의 은혜 없이는 설 수 없는 우리 인간의 실존과 닿아있다.

김교신은 교회의 모습이 성서적 가르침과 다르다고 생각될 때 비판의 화살을 날렸다. 그러나 그 비판은 부득이한 때에 던진 한마디였다. 그에게 교회 비판보다 더 적극적인 개혁의 길은 복음의 방식대로 진리를 천명하며 사는 것이었다. 복음적인 삶 자체, 그리스도인으로서의 존재 자체가 교회를 개혁하는 방법이었던 셈이다. 사실 프란치스코나 루터와 같은 인물들의 삶도 복음이 제시한 길을 걷는 것 자체가 교회개혁과 연결되어 있음을 보여준다. 기독교인의 모습은 말에 있지 않고 복음대로 사는 데 있다.

기독교는 왜 위대한가. 나는 기독교의 역사인식 때문이라고 생각한다. 기독교인은 역사에서 발생하는 그 어떤 고난에도 희망을 포기하지 않는다. 일찍이 함석헌이 말했던 것처럼 고난에는 하나님의 뜻이 있기 때문이다. 고난에 하나님의 섭리가 있기에 고난이 깊어질수록 하나님이 이 역사에 개입할 가능성은 더 커진다. 그래서 종말처럼 인식되는 위기는 역설적이게도 하나님의 구원이 임하는 때이다. 그러므로 기독교인은 절망스러운 역사의 한 가운데에서 오히려 하나님의 뜻을 묻는다. 그리고 그 고난 너머 구원을 준비하고 계신 하나님을 바라본다. 이것을 볼 수 있는 사람은 처절한 고난 가운데서도 그것을 통과할 수 있는 내적인 힘이 생긴다. 겨울 한 가운데에서도 봄을 기다릴 수 있는 사람이 바로 기독교인이다. 이런 기독교의 역사인식이 기독교의 예언성을 뒷받침하는 힘이다.

  고난이 닥칠 것을 알면서도 하나님의 뜻을 말해야 하는 예언자가 바로 기독교인이다. 곧 나단처럼 다윗 왕에게 가난한 사람의 어린 양을 빼앗다가 자기 손님을 대접하였다(사무엘하 12:4)고 이야기해야 하는 사람이다. 김교신은 이런 예언자였다. 예수께서는 우리에게 이 세상의 소금이라고 말했다(마태복음서 5:13). 소금은 음식의 맛을 내고 상하지 않게 한다. 그런데 이 소금이 맛을 잃으면 어떤 운명에 처해지는가. 아무 쓸데 없어 밖에 버려져 사람에게 밟힐 뿐이다. 맛을 잃은 소금이라는 말보다 요즘의 한국교회를 더 잘 표현할 수 있는 말이 있을까. 교회가 교회됨을 잃어버리면 맛을 잃은 소금과 같은 운명에 처해진다.

  기독교는 복음과 예언의 가치를 모두 중시한다. 하나를 위해 다른 하나를 버릴 수 없다. 신앙은 복음적이며 예언적이다. 복음은 개인과 사회 모두에 유효하다. 그러나 한국교회는 복음을 전한다는 명분 아래이 사회에서 빛과 소금이 되는 역할을 소홀히 해왔다. 이 때문에 오늘날 한국교회는 사람에게 밟히는 존재가 되었다. 반면 김교신은 복음을 전하는 삶과 예언자적 가치를 보여주려고 노력하였다. 물론 시대의 압박으로 이 둘이 서로 충돌하거나 하나가 꺾이는 때도 있었다. 그럼에도 그에게 기독교 신앙은 대체로 복음적이면서도 예언적이었다고 평가할 수 있다. 성서조선사건은 이런 김교신의 삶이 농축된 결과였다.

한국적인 기독교를 꿈꾸다

1910-30년대 한국 기독교 안에서는 서구에서 전해준 그대로의 교회나 신학을 계승하기보다 조선인 스스로 성서에서 발견한 진리로 사도적이면서도 조선적인 기독교를 세우려 했던 움직임이 있었다. 서구교회와 관련 없는 독립적 교회를 세우거나 서구신학이 아닌 조선인 스스로의 신학을 추구했던 경향을 조선적 기독교 운동이라고 부르는데, 김교신은 이 운동의 중심에 있다.

김교신은 조선산 기독교를 이야기했다. 보통 물건을 살 때 확인하는 것 중 하나가 제조국이다. 나는 20여 년 전 미국 유명대학에서 기념품을 구입한 적이 있다. 모두가 선망하는 일류대학의 마크가 옷이나 볼펜 등에 새겨져 있었다. 그런데 그 기념품의 제조국을 살펴보니 중국(Made in China)이었다. 이 때문에 적잖이 실망했다. 중국산이라서가 아니라 미국산이 아니어서 실망한 것이다. 그 대학이 미국에 있으니 미국에서 만들었다면 더 의미가 있을 것으로 생각했던 것이다. 조선산이라는 말에 김교신이 의도했던 바를 분명하게 읽을 수 있다. 곧 기독교는 미국산이 아니라 조선산이어야 한다는 것이다.

김교신은 당시 조선교회가 따르고 있는 신앙은 서구 기독교 내지 미국산이라고 생각했다. 그가 소위 미국산 기독교를 거부했던 이유는 무엇이었을까. 그는 선교사들이 전했던 기독교에는 예수보다 교회를 우선으로 생각하는 교회주의가 물들어 있다고 생각했다. 교회주의는 교회와 기독교 신앙을 동일시하는 태도다. 그는 조선교회에서 교회를 절대시하고, 교회가 구원을 가져다주며, 교회가 기독교의 전부인 것처럼 생각하는 신앙태도를 발견하였다. 이런 생각은 성서가 말하는 핵심을 비켜가는 것이다. 기독교 신앙의 핵심은 예수 그리스도다. 우리에게 구원을 주시는 분도 예수이다. 이 때문에 기독교 신앙은 예수 자체이다. 김교신은 오직 구원은 예수께서 주시는 선물이며, 교회는 신앙인들의 모임이고, 예배당은 복음을 전달하는 곳이라고 생각했다.

김교신이 서구 기독교를 비판했던 두 번째 이유는 제도적 조선교회가 신앙의 본질과 비본질을 혼동했다고 판단했기 때문이다. 그는 신앙이란 그리스도를 통해 하나님과 직접 교제하는 것이라고 보았다. 하나님과의 관계가 가장 중요하기 때문이다. 그 이외의 것은 부차적인 것이다. 신앙이 무언가의 수단으로 사용되어서는 안 된다. 그러나 당시 조선교회는 농촌문제나 사회문제에 적극적으로 뛰어들었고, 이를 복음 전도의 수단으로 삼았다. 김교신은 이런 행태를 기독교가 하나의 사업으로 전락하는 것으로 보았고 이를 깊이 염려했다. 기독교는 신앙이 본질이 되어야 하고 그것 자체가 목적이어야 한다. 기독교의 정체성도 오직 신앙에서만 찾을 수 있다. 김교신은 서구 기독교가 전개했던 다양한 사회사업이 때로 기독교의 비본질을 본질로 주객전도 시키는 경향까지 갔다고 판단했던 것이다.

그렇다면 이런 기독교의 한계를 어떻게 극복할 수 있을까. 김교신이 주목했던 것이 바로 성서였다. 성서만이 기독교의 진리를 고스란히 담고 있고 우리의 신앙이 곁길로 빠지지 않도록 한다. 우리 신앙의 근본이자 최종적인 판단은 오직 성서에만 있다. 이것은 "오직 성서"를 주장했던 루터의 종교개혁을 재확인하는 것이다. 김교신이 조선산 기독교를 추구하면서도 '성서적'을 가장 중심에 두었기 때문에 조선산 기독교가 조선적이면서도 성서적일 수 있었던 것이다.

김교신은 기독교가 조선산이어야 한다고 보았다. 그는 조선인이 성서를 읽고 이를 체화하고 생활화하면 조선산 기독교가 실현될 수 있다고 생각했다. 그의 생각을 요약하면 다음과 같다. 조선인은 성서시대 이스라엘인들의 성정과 유사하다. 이스라엘 사람이 소중하게 생각하는 가치는 조선인의 것과 비슷했다. 그들의 문화적 관습도 마찬가지다. 근대화의 물결로 많이 퇴색되긴 했지만 조선인이 갖고 있는 정서는 이스라엘인의 정서와 상통하는 면이 많다. 조선인은 율법과 같은 복음의 그림자를 이미 가지고 있다. 그래서 참조선인은 조선의 나다나엘로서 그 안에 간사한 것이 없다(요한복음서 1:47). 정조관념은 하나님을 섬기는 근본도리로서 조선인의 좋은 장점이다. 구약적 의(義)와 조선인이 갖고 있는 유교적 엄격성은 닮아 있다. 그리스도인의 표준인 자비, 인자, 겸손, 온유, 관용은 조선인의 수덕(修德)의 이상과 가깝다. 성서는 이런 조선인의 마음으로 읽어야 한다. 그래서 참조선인의 마음을 통해 구현된 성서의 진리는 조선적인 동시에 성서적인 기독교가 된다. 조선산 기독교를 염두에 두었을 때 우리가 놓치지 말아야 할 사실은 김교신이 성서를 보는 주체를 강조했다는 사실이다. 주체는 다름 아닌 조선인이다. 여기에서 조선적인 가치를 중시한 김교신의 관점을 읽을 수 있다.

김교신은 복음의 보편성을 잘 인지하고 있었다. 그럼에도 그는 자신이 조선인이라는 것을 잊지 않았다. 복음은 아무것도 없는 빈 공간에 뿌리를 내리는 것이 아니다. 김교신이 오늘 지속적으로 묻는 질문은 우리가 누구냐는 것이다. 한국인이 그리스도의 복음과 접맥된다면 다른 나라의 기독교인과는 다른 모양일 것이다. 우리가 전통적으로 간직해왔던 한국인의 심성과 한국의 전통과 문화는 복음을 예비하는 요소를 가지고 있다. 그리고 그 바탕 안에서 복음은 더 한국적인 모습으로 꽃피울 수 있다. 복음은 한국인의 정체성을 서구적으로 바꾸어버리는 것이 아니라 한국적인 기독교인으로 바꾸는 것이다. 한국인의 정신과 문화는 늘 그리스도가 전한 복음에 의해 조명되어야 한다. 마찬가지로 그리스도의 복음도 하나님께서 각 민족에게 허락한 정신과 전통 안에서 구현되어야 한다.

김교신의 한계를 생각하다

오늘날 입장에서 보면 김교신을 통섭적인 기독교인이라고 평가할 만한다. 그는 복음적 신앙을 갖고 있으면서도 복음의 사회적 역할에도 어느 정도 관심을 두었기 때문에 기독교인의 길이 오로지 신앙의 영역에만 머물지 않는다는 것을 일깨워준다. 또 기독교 신앙을 바탕으로 인문학적이고 자연과학적인 지식을 소화하고 사회와 소통할 수 있는 개방적인 기독교인이 되라는 도전을 준다.

이런 장점에도 불구하고 김교신을 바라볼 때 고려해야 할 점이 있다. 그도 시대의 아들이라는 것이다. 김교신은 성서를 기독교의 핵심으로 삼았지만 그에게는 이미 우치무라의 무교회주의적 성서 이해가 전제되어 있었다. 쉽게 이야기하면 김교신은 우치무라가 제시한 안경을 쓰고 성서를 이해했다는 뜻이다. 그래서 김교신은 제도교회의 긍정적 기능에 대한 숙고가 부족했다. 교회가 하나님의 선한 도구로 사용될 수 있다는 점에 대해 좀 더 진지하게 고민할 필요가 있었다. 세례와 성찬에 대해서도 마찬가지다. 영적인 진리와 외적인 의식을 반드시 배치되는 것으로 볼 필요는 없다. 성례는 기독교의 진리와 신학을 전달하고 보존하는 중요한 수단이다. 성례는 수많은 상징과 행동을 통해 말한다. 신학적으로 성찬은 그리스도의 죽으심, 부활, 다시 오심을 상징한다. 세례는 우리가 그리스도와 함께 죽어 하나님의 백성으로 다시 태어났음을 드러낸다. 이것 자체가 의식화, 율법화되면 비판적으로 바라봐야겠지만 그 의식 자체를 버릴 필요는 없다. 오히려 영적인 것을 사수한다는 미명 하에 기독교의 중요한 전통까지 버릴 위험이 크다.

김교신에게는 오늘날 복음주의 기독교인들에게서 보이는 한계가 있다. 18세기 영미 기독교에 그 기반을 두고 있는 복음주의(evangelicalism)는 지금 대부분 한국교회의 신앙적 입장으로 자리잡고 있다. 물론 에큐메니컬 운동을 옹호하는 이들을 복음주의에 포함시킬 것인가는 학자들마다 의견이 다르지만 말이다. 전통적인 복음주의 선교에서는 "죄악된 인간이 먼저 회개하고 복음을 받아들이는 것이 가장 우선된 급선무였다. 개인들이 변화되면 그 결과로 사회는 변화될 것으로 기대했다."[394] 1974년 로잔회의를 통해 복음주의권에서도 사회복음을 강화하기 시작했지만 개인의 회심을 강조하고, 개인이 변해야 사회변화도 이룩할 수 있다는 전통적인 입장은 한국교회에 아직도 깊게 뿌리내리고 있다. 김교신도 이런 점에서 복음주의 신앙과 공통점이 있다. 그는 정신적 각성과 도덕적 기반이 그 무엇보다 우선이라고 생각했다. 어

---

394 안승오·박보경, 『현대 선교학 개론』(서울: 대한기독교서회, 2008), 305.

떤 일이든 정신으로부터 출발한다는 것이다. 그는 사회의 구조적 변화보다 개인의 정신적 각성이 우선이라고 생각했다. 그래서 김교신은 조선이 당하고 있는 현실을 신앙적인 관점으로 이해했다. 만약 이런 점이 과하면 모든 것을 신앙적 입장에서 해석하는 신앙 환원주의에 빠질 수 있다. 이런 입장이 조선인의 가난을 일제의 침략이라는 구조적인 문제보다는 조선인의 게으름이나 불신용 등으로 보게 하였다. 이 때문에 개인이나 민족의 정신적인 각성은 중시했으면서도 교회의 사회참여나 계몽적 활동은 교회의 역할에서 벗어나는 것이라고 생각하였다.

그런 의미에서 김교신은 현실참여나 사회개혁에 대한 오늘날 복음주의 기독교인들이 가지고 있는 한계점을 일부 공유하고 있다. 정치적이고 사회적인 부조리, 일제의 침략으로 벌어지는 역사적인 모순 안에는 신앙적 관점으로 환원시킬 수 없는 구조적 문제가 복잡하게 얽혀 있다. 김교신은 조선의 식민지화를 하나님의 섭리로 보았기 때문에 일본의 제국주의적 속성을 더 구조적으로 파악하지 못했다. 또 조선인의 능동적인 정치참여나 독립운동에 대해서도 인위적인 행위로 파악하였다. 김교신은 일본의 지나친 제국주의적·전체주의적 통치에 대해서는 비판적 입장을 갖고 있었지만 기본적으로는 섭리사관의 입장에서 일본의 통치를 수용했고, 일본을 정치 및 독립운동을 통해 전복시키는 노선에는 찬성하지 않았다.

김교신은 조선인이 신앙적·도덕적인 하나님의 백성으로 빚어질 때 조선의 독립이 가능하다고 보았기 때문에 조선인을 각성시키고 조선을 갱생하는데 온 힘을 모았다. 그는 조선인의 민족정신을 그 누구보다 강조했지만 이 에너지가 반드시 반일이나 항일로 향한 것은 아니었다. 그는 일제라는 틀 자체를 깨부수는 것이 아닌 그 체제 안에서 조선인을 각성시키는 것을 자신의 소명으로 여겼던 것이다. 이것이 김교신이 갖고 있었던 예언자적 정신의 한계이다. 이런 소신 때문에 군수공장이었던 흥남 일본질소비료회사에서도 큰 내면의 갈등 없이 일할 수 있었던 것이다. 그의 예언자적 모습을 평가할 때 신사참배 부분도 반드시 언급하고 넘어가야 한다. 기존에는 김교신이 신사참배를 반대한 것으로 보아[395] 그를 영웅시하는 시각도 있었으나 이런 관점은 재고가 필요하다. 신사참배는 당시 교사에게 강제된 당연한 의무였다. 그는 교직 때문에 신사참배를 국민의 의무로 수용했으며 국가가 개인의 신앙자유를 침해할 경우 순교로써 저항해야 한다는 평소의 소신을 관철시키지 못했다.[396]

---

395 박상익, "김교신 전집을 복간하면서," 『김교신 전집 1』, 10; 김길문, "우찌무라 간죠의 생애와 사상," 「일본문화학보」 39(2008), 206; 박상익, "김교신이 오늘 한국교회에 던지는 질문," 「기독교사상」(2015. 5), 56; 양현혜, 『김교신의 철학』, 200.
396 김교신의 신사참배에 대한 관점은 전인수, "김교신의 신사참배 인식 연구," 「신학논단」 제101집(2020. 9), 277-307을 참고하라.

참고문헌

1차 사료

기독교대한복음교회 신학위원회 편. 『최태용전집』(전6권). 서울: 도서출판 꿈꾸는 터, 2009.

김교신. "조선에 있어서의 무교회(상)." 「성서신애」 제247호(2002. 3), 14-21.

김교신선생기념사업회 엮음. 『김교신 일보』 서울: 홍성사, 2016.

김교신선생기념사업회 편. 『성서조선』(전7권). 서울: 홍성사, 2019.

김인서. "故富斗壹先生을 哀悼함." 「신학지남」 제51호(1930. 5), 1.

김인서. "無教會者의 批評에 答함." 「신학지남」 제54호(1930. 11), 33-38.

김인서. "무교회주의자 內村鑑三씨에 대하야." 「신학지남」 제52호(1930. 7), 37-42.

김인서. "신학교를 졸업하는 감상." 「신학지남」 제56호(1931. 3), 58-59.

노평구 편. 『김교신 전집』(전8권). 서울: 도서출판 부키, 2001-2002.

변종호 편저. 『이용도목사전집(제2판)』(전5권). 서울: 장안문화, 2004.

장도원. "나의 목회노트." 「기독교사상」 제58호(1962. 10), 76-77.

정인영 편. 『김인서저작전집』(전6권). 서울: 신망애사, 1976.

함석헌. "김교신과 나." 「나라사랑」 제17집(1974. 12), 90-95.

신문기사

"鮮人獻穀決定, 今明日中 地鎭祭擧行." 「每日申報」(1915. 5. 21)

"殖銀相談役會." 「每日申報」(1919. 8. 24)

"國民協會 시찰." 「每日申報」(1921. 2. 6)

"독립서류(獨立書類)를 총독관방(總督官房)." 「조선일보」(1921. 5. 7)

"함흥 사촌 교당 신설." 「동아일보」(1921. 9. 8)

"宗敎講演: 永同에서." 「中外日報」(1928. 7. 27)

이윤재. "한글순례: 흥남에서." 「동아일보」(1932. 8. 16)

"일본중학농구팀을 초빙키로 결정." 「동아일보」(1933. 5. 28)

"중등농구계의 패자: 양정농구 동경에." 「조선중앙일보」(1935. 10. 22)

"정상훈(鄭相勳)씨 부임(남해)." 「부산일보」(1936. 12. 12), 4.

"지방인사." 「매일신보」(1939. 1. 26)

"어장권의 瀆職, 전 수산국장의 增收賂사건 送廳." 「자유신문」(1946. 6. 3)

"李箕承事件言渡." 「중앙신문」(1947. 10. 18)

"大韓農會에 瀆職事件, 公金二億圓을 橫領, 眞犯柳錫東廿二日被逮." 「商工日報」(1950. 6. 25)

류달영. "칠십평생 세 번의 공짜 이발." 「경향신문」(1981. 11. 11)

조양욱. "나라위해 간디 같은 인물 나와야." 「조선일보」(1988. 3. 17), 4.

"서울대 명예교수 84세 유달영씨 '목욕할 때 비누 안써요." 「동아일보」(1995. 8. 5)

"가나안 교인 5년 전보다 8% 늘었다." 「뉴스앤조이」(2017. 6. 9)

단행본

국사편찬위원회. 『韓民族獨立運動史資料集69: 戰時期 反日言動事件Ⅳ』 69권. 과천: 국사편찬위원회, 2007.

김교신선생기념사업회 편. 『김교신, 한국 사회의 길을 묻다』 서울: 홍성사, 2016.

김균진. 『자연환경에 대한 기독교 신학의 이해』 서울: 연세대학교 출판부, 2006.

김복례. 『숨은 살림의 독립전도자 송두용』 서울: 신우디앤피, 2022.

김성수. 『함석헌 평전(개정판)』 서울: 삼인, 2011.

김정인·이준식·이송순. 『식민지 근대와 민족 해방 운동』 서울: 푸른역사, 2016.

김정인. 『대학과 권력: 한국 대학 100년의 역사』 서울: 휴머니스트, 2018.

김정환. 『金敎臣 : 그 삶과 믿음과 소망』 서울: 한국신학연구소, 1994.

김형목. 『최용신 평전』. 서울: 민음사, 2020.

김흥호 편. 『제소리: 다석 류영모 강의록』 서울: 솔, 2001.

니이호리 구니지. 『김교신의 신앙과 저항』 김정옥 역. 서울: 익두스, 2012.

독립기념관 한국독립운동사연구소. 『함흥지방법원 이시키와 검사의 3·1운동 관련자 조사자료I』 천안: 독립기념관, 2019.

杜维明. 『儒教』 陈精 译. 上海: 上海古籍出版社, 2008.

류대영. 『한 권으로 읽는 한국 기독교의 역사』 서울: 한국기독교역사연구소, 2018.

미우라 히로시. 『우치무라 간조의 삶과 사상』 오수미 역. 서울: 예영커뮤니케이션, 2000.

미즈노 나오키·문경수. 『재일조선인: 역사, 그 너머의 역사』 한승동 역. 서울: 삼천리, 2016.

민경배. 『순교자 주기철 목사』 서울: 대한기독교서회, 1985.

민경배. 『한국기독교회사』 서울: 연세대학교 출판부, 1993.

박경목. 『식민지 근대감옥 서대문형무소』 서울: 일빛, 2019.

박석현. 『박석현신앙문집(하)』 서울: 박석현신앙문집간행위원회, 1992.

박영효. 『다석 류영모』 서울: 두레, 2009.

박재순. 『다석 유영모』 서울: 홍성사, 2017.

박찬규. 『김교신, 거대한 뿌리』 서울: 익두스, 2011.

박찬승. 『한국독립운동사』 서울: 역사비평사, 2014.

백승종. 『그 나라의 역사와 말: 일제 시기 한 평민 지식인의 세계관』 서울: 궁리, 2002.

삼산학원 편. 『낮추고 숨겨도 그 빛은 세상을 밝히리』 서울: 학교법인 삼산학원, 2005.

서정민. 『겨레사랑 성서사랑 김교신 선생』 서울: 말씀과만남, 2002.

손기정. 『나의 조국 나의 마라톤』 서울: 학마을 B&M, 2012.

송찬섭. 『서당, 전통과 근대의 갈림길에서』 파주: 서해문집, 2018.

안승오·박보경. 『현대 선교학 개론』 서울: 대한기독교서회, 2008.

야나이하라 다다오. 『개혁자들』 홍순명 역. 서울: 포이에마, 2019.

양정창학 100주년 기념사업회. 『사진으로 본 양정백년』 서울: 다락방, 2006.

양현혜. 『윤치호와 김교신』 서울: 한울, 1994.

양현혜. 『근대 한일관계사 속의 기독교』 서울: 이화여자대학교출판부, 2009.

양현혜. 『김교신의 철학』 서울: 이화여자대학교 출판부, 2013.

양현혜. 『우치무라 간조, 신 뒤에 숨지 않은 기독교인』 서울: 이화여자대학교 출판문화원, 2017.

염복규. 『서울은 어떻게 계획되었는가』 서울: 살림, 2005.

오성철. 『근대 동아시아의 학생문화』 파주: 서해문집, 2018.

우치무라 간조. 『구안록』 양현혜 역. 서울: 포이에마, 2016.

우치무라 간조. 『우치무라 간조 회심기』 양혜원 역. 서울: 홍성사, 2001.

이기백. 『한국사를 보는 눈』 서울: 문학과지성사, 1996.

이덕주. 『사랑의 순교자 주기철 목사 연구』 이천: 한국기독교역사박물관, 2003.

이덕주. 『선교사와 한국교회 인물 연구』 서울: 한국기독교역사연구소, 2018.

이덕주. 『한국 교회 이야기』 서울: 신앙과 지성사, 2009.

이준식. 『일제강점기 사회와 문화: 식민지 조선의 삶과 근대』 서울: 역사비평사, 2014.

이치석. 『씨울 함석헌 평전』 서울: 시대의창, 2005.

전병호. 『최태용의 생애와 사상』 서울: 성서교재간행사, 1983.

전인수. 『김교신평전』 춘천: 삼원서원, 2012.

전택부 편저. 『두산 김우현 목사』. 서울: 기독문화사, 1992.

정근식·한기형·이혜령·고노 겐스케·고영란 엮음. 『검열의 제국: 문화의 통제와 재생산』. 서울: 푸른역사, 2016.

정미량. 『1920년대 재일조선유학생의 문화운동』. 서울: 지식산업사, 2012.

정재영. 『교회 안나가는 그리스도인: 가나안 성도를 어떻게 이해할 것인가』. 서울: IVP, 2015.

정종현. 『제국대학의 조센징』. 서울: 휴머니스트, 2019.

조선총독부 편집. 『국역 조선총독부 30년사(하)』. 박찬승, 김민석, 최은진, 양지혜 역. 서울: 민속원, 2018.

조성기. 『한경직 평전』. 서울: 김영사, 2003.

차승기. 『식민지/제국의 그라운드 제로, 흥남』. 서울: 푸른역사, 2022.

최규진. 『일제의 식민교육과 학생의 나날들』. 파주: 서해문집, 2018.

최종원. 『초대교회사 다시 읽기』. 서울: 홍성사, 2018.

한국기독교역사학회 편. 『한국 기독교의 역사II』. 서울: 기독교문사, 2012.

홍의표 편. 『성서조선지를 중심으로 살펴본 장도원 목사의 신학과 사상』 (미간행).

히우라 사토코. 『신사·학교·식민지: 지배를 위한 종교-교육』. 이언숙 역. 서울: 고려대학교출판문화원, 2016.

연구 논문 및 잡지

권진호. "펠라기우스와 어거스틴의 은총론 연구." 「한국교회사학회지」 제25집 (2009), 29-59.

김길문. "우찌무라 간조의 생애와 사상." 「일본문화학보」 39 (2008), 193-210.

김정곤. "한국무교회주의의 초석 김교신의 유교적 에토스에 대한 고찰." 「퇴계학논집」 10호(2012), 1-38.

김정환. "김교신: 민족적 기독교를 통한 종교입국 주창자."「한국사시민강좌」제30집(2002), 283-295.

류대영. "복음적 유자: 김교신의 유교적-기독교적 정체성 이해."「한국기독교와 역사」제50호(2019. 3), 5-41.

문정길. "김교신 선생의 만년기."「성서연구」제258호(1976. 5), 22-31.

박상익. "김교신이 오늘 한국교회에 던지는 질문."「기독교사상」제677호(2015. 5), 54-62.

박춘서. "김교신 선생 侍病記(하)."「성서연구」제344호(1983. 10), 1-22.

서정민. "김교신의 생명이해."「한국기독교와 역사」20호(2004. 3), 177-206.

서정민. "한국 무교회주의 운동사의 검토: 한국교회사적 평가를 중심으로."「신학사상」146집(2009. 가을), 213-244.

안경득. "김교신 선생에 대한 증언."「성서연구」제275호(1977. 10), 22-26.

양현혜. "김교신의 '전적 기독교' 신앙과 그의 기독교 사상."「한국기독교와 역사」제35호(2011. 9), 109-140.

양현혜. "일본 기독교의 조선전도."「한국기독교와 역사」제5호(1996. 9), 184-207.

양현혜. "우치무라 간조의 루터 이해와 그 비판적 계승 양식."「김교신선생기념학술대회」(2017. 11. 11), 62-87.

연창호. "김교신의 전통사상 인식: 유학 이해를 중심으로."「동양고전연구」제68집(2017. 9), 237-281.

연창호. "후지이 다케시, 함석헌, 그리고 유영모."「성서신애」(2018. 3), 30-52.

이덕주. "백색순교에서 적색순교로."「한국기독교와 역사」제40호(2014. 3), 147-190.

이상규. "해방 이후 손양원의 생애와 활동."「한국기독교와 역사」제35호(2011. 9), 219-250.

임옥인. "완벽한 생애, 단 하나의 삽화."「나라사랑」17 (1974. 12), 98-101.

전인수. "김교신의 '조선산 기독교': 그 의미, 구조와 특징."「한국기독교와 역사」제33호(2010. 9), 163-192.

전인수. "서평: 김교신, 한국교회의 지침으로 부활하다."「기독교사상」제653호(2013. 5), 116-121.

전인수. "최태용의 조선적 기독교 연구."「한국기독교와 역사」제39호(2013. 9), 69-96.

전인수. "조선적 기독교 운동과 성서적 민족주의."「교회성장」(2014. 4), 176-181.

전인수. "김교신 다시 읽기: 생태신학 이전의 생태신학자."「이제 여기 그너머」(2015년 봄호), 61-65.

전인수. "무교회주의와 복음주의."「복음과 상황」(2015. 4), 122-129.

전인수. "김교신 다시 읽기: 청량리역의 살풍경."「이제 여기 그너머」(2015년 여름호), 80-86.

전인수. "김교신의 장개석 인식 연구."「신학논단」제81집(2015. 9), 301-330.

전인수. "현실, 그리고 그 너머."「이제 여기 그너머」(2015년 가을호), 64-70.

전인수. "김교신 다시 읽기: 우리 문둥아!"「이제 여기 그너머」(2015년 겨울호), 64-70.

전인수. "방합(蚌蛤)을 대신하여 변호함."「이제 여기 그너머」(2016년 봄호), 50-55.

전인수. "김교신과 성서적 입장에서 본 조선역사."「이제 여기 그너머」(2016년 여름호), 62-69.

전인수. "김교신의 무교회주의: 최태용의 비교회주의와의 비교를 중심으로."「한국기독교와 역사」제45호(2016. 9), 225-249.

전인수. "영원한 저편의 가치로 이 땅을 변혁해 가는."「이제 여기 그너머」(2016년 가을호), 56-62.

전인수. "김교신의 유토피아: 검열이 없는 세상."「이제 여기 그너머」(2016년 겨울호), 23-28.

전인수. "우리민족의 아사셀."「이제 여기 그너머」(2017년 봄호), 33-40.

전인수. "네 길을 가라, 성서조선 외길 인생."「이제 여기 그너머」(2017년 여름호),34-40.

전인수. "김교신의 조선산 기독교에 대한 역사적 이해: 조선혼과 조선심을 중심으로."「한국기독교와 역사」제47호(2017. 9), 239-267.

전인수. "원조 가나안 성도, 김교신." 「이제 여기 그너머」(2017년 가을·겨울호), 90-97.

전인수. "김교신의 일기 연구: 삶에 대한 그의 철학과 그 구현 형태," 「신학논단」 제92집(2018. 6), 289-320.

전인수. "김교신의 신사참배 인식 연구." 「신학논단」 제101집(2020. 9), 277-307.

전인수. "'성서조선사건'의 재검토." 「한국기독교신학논총」 제122집(2021), 89-119.

전인수. "김교신과 일본질소비료회사의 관계에 대한 기존 논의의 재검토." 「한국기독교와 역사」 제56호(2022), 143-174.

최병택. "손양원과 구라(求癩)선교." 「한국기독교와 역사」 제34호(2011. 3), 191-215.

한병덕. "3월호 연창호님 글에 대한 반론." 「성서신애」(2018. 3), 28-35.

황미숙. "유우석(柳愚錫)의 민족운동과 아나키스트 활동." 「한국기독교역사학회 제391회 학술발표회 자료집」(2021. 3. 6), 1-22.

학위논문

김은섭. 「김교신의 역사인식」 연세대학교 박사학위논문, 2005.

오지원. 「김교신의 신앙연구」 백석대 기독교 전문대학원 박사학위논문, 2009.

전인수. 「1920-30년대 조선적 기독교 운동 연구」 연세대학교 박사학위논문, 2010.

- 연 표 -

1901년(1세)
4월 18일(목), 함경남도 함흥군 남주동면 사포리에서 아버지 김념희(金念熙, 1883-1903)와 어머니 양신(楊愼, 1882-1963) 사이에서 장남으로 태어나다.

1910년(10세)
열 살 무렵부터 일기를 쓰기 시작하다. 보통학교에 들어가기 전에는 서당에서 사서(四書)를 공부하다.

1912년(12세)
네 살 연상이자 동향 사람인 한매(韓梅, 1897-1989)와 결혼하다. 이른 결혼에는 당시의 조혼 풍속과 가문의 대를 잇기 위한 집안 어른들의 염려가 작용하다.

1916년(16세)
큰딸 진술이 태어나다. 이후 한매와의 사이에 총 8명의 자녀를 두다.

1919년(19세)
함흥농업학교 2학년 당시, 3·1 운동에 참여하다. 이 일로 기소유예 처분을 받다. 죽마고우이자 함흥고등보통학교 3년생이던 한림(韓林, 1900-?)이 3·1운동 참여로 기소되다.

1920년(20세)
3월경, 함흥농업학교를 졸업하고 한림과 함께 일본 도쿄로 유학을 떠나다. 상급학교 진학을 위해 세소쿠영어학교(正則英語學校)에서 공부하다. 시간을 정확히 지키고, 한시도 낭비하지 않으려고 했던 설립자 사이토 히데사부로(齊藤秀三郎, 1866-1929)의 태도에서 깊은 인상을 받다.

4월 16일(금) 저녁 동양선교회 성서학원 학생 마쓰다(松田)의 노방 설교에 깊이 감동하여, 4월 18일(일) 처음으로 교회에 출석하다. 우시코메 야라이정 홀리네스 교회에서 신앙생활을 하다가 6월 17일(일) 시미즈 쥰죠(清水俊藏) 목사에게 세례를 받다.

1921년(21세)
1월, 출석하던 교회가 분란을 겪으며 존경하던 목사가 쫓겨나자 기성교회를 떠나 우치무라 간조(內村鑑三, 1861-1930)의 문하생이 되다. 이후 우치무라는 김교신에게 가장 큰 영향력을 미친 스승이 되고, 무교회주의는 김교신의 기독교 신앙에 중심을 이루다.

1922년(22세)
4월, 중등학교 교원을 양성하는 도쿄고등사범학교 영어과에 입학하다.

1923년(23세)
영어과에서 박물과로 전과하다. 박물학은 동물학, 식물학, 광물학, 지질학, 지리학을 총체적으로 가리키는 말이다. 암석과 화석에 큰 흥미를 느끼고, 부친을 비롯한 조상들이 일찍 사망한 이유가 풍수지리설과 관련이 있는지 과학적으로 규명하고 싶어 했던 것이 동기가 되어 박물과로 전과하다.

1926년(26세)
우치무라 간조의 성서 집회에 참석하고 있던 조선인 유학생 정상훈(鄭相勳, 1901-?), 함석헌(咸錫憲, 1901-1989), 양인성(楊仁性, 1901-?), 류석동(柳錫東, 1903-?), 송두용(宋斗用, 1904-1986)과 함께 조선성서연구회를 조직하다. 이들이 「성서조선」 동인이 되다.

1927년(27세)
3월, 도쿄고등사범학교를 졸업하고 조선으로 귀국하다. 귀국 즉시 함흥 영생여자고등보통학교의 박물학 교사로 부임하다.

7월, 함석헌, 송두용 등 5인과 함께 조선을 성서화하기 위해 「성서조선」을 창간하다. 처음 책임 편집은 정상훈이 맡다.

1928년(28세)
서울의 양정고등보통학교로 부임하다. 담임 반 생도로 류달영(柳達永, 1911-2004)이 공부하다. 서울로 이사 온 직후 연희전문이 보이는 신촌 근처에 거주하다. 양정학교 학생들이 김교신의 강직한 성격 때문에 '양칼'이라는 별명을 지어주다.

함석헌이 귀국하여 오산학교에서 교편을 잡고, 학생들과 성서 모임을 시작하다. 훗날 이찬갑(李贊甲, 1904-1974)과 이승훈(李昇薰, 1864-1930)이 성서 모임에 참석하다.

1929년(29세)
4월, 서대문 밖 공덕리 활인동으로 이사하다.

1930년(30세)
4월, 정상훈이 집안일로 서울을 떠나 고향인 경상남도 남해로 떠나자, 동인지로서의 「성서조선」은 일단 폐간되다. 5월부터 김교신이 주필로서 집필, 교정, 인쇄, 우송 등 「성서조선」 사무 일체를 책임지다.

6월 1일(일), 성서연구회라는 이름의 공개 성서 집회를 서울 시내에서 시작하다.

7월부터 11월까지 「신학지남」(神學指南)의 편집인으로 있던 장로교의 김인서(金麟瑞, 1894-1964)와 우치무라 간조 및 무교회주의에 대해 논쟁하다.

1933년(33세)
1월 1일(일), 과학적이라는 이유로 설을 음력이 아닌 양력으로 지내다.

1월 3일(화)부터 5일(목)까지 윤독회(輪讀會)라는 이름으로 처음 동계 성서강습회를 갖다.

1934년(34세)
2월, 류석동이 「성서조선」과의 관계를 끊다.

1935년(35세)
3월부터 7월까지 일본 기후현(岐阜縣) 오가키시(大垣市)의 장도원(張道源, 1894-1968) 목사와 성서조선운동의 노선과 방법 때문에 논쟁하다.

문신활(文信活, ?-1938)이 보낸 편지를 인연으로 소록도 한센인과의 관계가 시작되다.

12월, 최태용(崔泰瑢, 1897-1950)이 복음교회를 설립하고, 류석동이 이 복음교회에 참여하다.

1936년(36세)
5월, 공덕리에서 정릉으로 이사하다. 이사를 준비하면서 자전거를 구입하다. 이후 자전거가 김교신의 트레이드마크가 되다. 자전거를 타고 다니며 일종의 생활신학인 '자전거 신학'을 구상하다.

9월부터 11월까지 복음교회 감독 최태용과 무교회주의의 본질에 대해 논쟁하다.

1937년(37세)
4월부터 두 달 동안 정릉 집에 석재로 5평 정도의 서재를 짓다.

봄, 무교회주의를 '전적 기독교'라 부르다. 야마모토 타이지로(山本泰次郎, 1900-1979)의 부탁으로 「성서강의」(聖書講義)에 글을 기고하여 일본 무교회가 화석화되는 현상을 깊이 우려하다.

1938년(38세)
11월, 아동을 대상으로 조선어, 일본어, 산수 등을 가르치는 북한학원 설립에 주도적으로 참여하다.

1939년(39세)
정초, 동계 성서강습회에서 최용신(崔容信, 1909-1935)에 대한 전기 출판을 결정하고, 이를 류달영에게 맡기다.

1940년(40세)
3월, 제2세대 무교회주의 지도자인 구로사키 고키치(黑崎幸吉, 1886-1970)가 '우치무라 선생 10주기 기념강연회'로 조선에 들어와 부산과 서울에서 강연하다.

3월, 양정중학교를 사직하다.

8월, 우치무라 간조의 제자 야나이하라 다다오(矢內原忠雄, 1893-1961)가 조선에 들어와 평양과 서울에서 강연하다.

9월 9일(월), 경기중학교에 임시교사로 부임하다.

1941년(41세)
9월, 갑산(甲山)공립농업학교 학생들에게 민족의식을 고취하고 창씨개명을 하지 말라고 했다는 혐의로, 양정고등보통학교 졸업생 김중면(金重冕)이 보안법 위반으로 검거되다. 경찰 조사에서 "담임교사 김교신에게서 민족주의에 관한 교양을 받고 심한 민족주의를 포지하기에 이르렀다"고 답변하다.

개성의 송도중학교에 교사로 부임하다.

1942년(42세)
3월 30일(월), 성서조선사건이 발생하다. 「성서조선」에 게재한 "부활의 봄(春)"과 "조와(弔蛙)"가 문제가 되어, 개성에서 체포되다. 이후 함석헌, 송두용 등이 수감되고, 「성서조선」 구독자들이 대거 경찰 조사를 받게 되다.

1943년(43세)
3월 29일(월) 밤, 성서조선사건에 연루된 김교신 등 13인이 서대문형무소에서 석방되다.

1944년(44세)
7월부터, 함경남도 흥남의 일본 질소연료공업 주식회사 용흥공장에서 일하다. 서본궁 사택촌의 관리계장으로 조선인 노동자들의 복지와 교육, 관리를 책임지다.

1945년(45세)
4월 25일(수), 조선인 노동자들을 간호하다 발진티푸스에 걸려 사망하다.

2010년
8월 15일(일), 대한민국 정부가 김교신의 공훈을 기려 건국포장을 추서하다.

2014년
11월 28일(금), 한국기독교회관 조에홀에서 김교신선생기념사업회 창립총회를 하다. 회장에 이만열, 총무에 전인수, 서기에 김철웅을 선출하다.